Öfelekopf
2478m
Seefeld 1200m
Wildsee
AULAND
1108m
Reith bei Seefeld
1130m
LEITHEN
1010m

BSO

Redaktion: Norbert Adam, Werner Czisek, Friedrich Holzweber
Herstellung: Bohmann Druck und Verlag Gesellschaft m.b.H. & Co. KG
Titelfoto: Leo Kral, 1140 Wien
Titelentwurf und Layout: Fritz Kobelhirt
248 Seiten, 27 Farbbilder, 60 SW-Bilder

sport 84/85

ÖSTERREICHISCHES SPORTJAHRBUCH

HERAUSGEGEBEN
VON DER
ÖSTERREICHISCHEN
BUNDES-SPORTORGANISATION

BSO

BMUKS

MIT UNTERSTÜTZUNG DES
BUNDESMINISTERIUMS FÜR
UNTERRICHT, KUNST
UND SPORT

edition SPORT
Bohmann Verlag

Inhaltsverzeichnis

Vorwort des Vorsitzenden der Österreichischen Bundes-Sportorganisation Dr. Josef Finder

Die Österreichische Bundes-Sportorganisation gibt auch heuer wieder mit Unterstützung des Bundesministeriums für Unterricht, Kunst und Sport das offizielle Sportjahrbuch als Informationsquelle und Rechen-schaftsbericht heraus.

Dabei wird nicht nur ein Überblick über das Sportgeschehen 1984/85 geboten, die wichtigsten Ereignisse von der Olympischen Goldmedaille Peter Seisenbachers bis zu einem Bericht über zehn Jahre Schülerliga in Wort und Bild dokumentiert, sondern auch „Österreichs Glanz im Sportjahrhundert" bis in die Zukunft der „Olympischen Bewegung 2000" behandelt.

Daneben wird das Buch in bewährter Weise wieder die wichtigsten Adressen und statistischen Daten (Titel, Wettkampfergebnisse, Länderkämpfe, Kurzdarstellungen etc.) der Verbände enthalten und damit ein breit gefächertes Publikum ansprechen.

Viel Spaß beim Lesen wünscht Ihnen die Österreichische Bundes-Sportorganisation!

Unterzeichnung des Sportvertrages und Austausch von Ehrengeschenken zwischen den Sportdelegationen der DDR und Österreichs. V. l. n. r. Prof. Mag. Holzweber, Geschäftsführer der PKA und BSO, Dr. Finder, Vorsitzender der BSO, Ewald, Staatssekretär für den Sport in der DDR

Vorwort des Herrn Bundesministers für Unterricht, Kunst und Sport, Dr. Herbert Moritz

Diese Ausgabe des traditionellen Jahrbuchs und der bewährten Dokumentation des österreichischen Sports steht im Zeichen einer entscheidenden Wende des gesamten Sportwesens in Österreich: Ab 1. Jänner 1985 ist der Begriff „Sport“ im offiziellen Titel des Ressortministeriums gesetzlich verankert. Diese große gesellschaftspolitische Aufwertung des Sports kann nicht genug herausgestellt werden . Sämtlichen Bereichen des Breiten-, Freizeit-, Hobby- und Hochleistungssports, ja selbst dessen professioneller Anwendung und Vermarktung, kommt nun eine wesentlich erhöhte Bedeutung zu, die noch intensiverer Beachtung und Förderung bedarf.

Die periodisch erscheinenden Sportjahrbücher analysieren und beleuchten das österreichische Sportgeschehen sachlich, mit entsprechendem Abstand und wenn nötig auch mit konstruktiver Kritik.

Für den Ausübenden soll trotz schöner Erfolge, aber auch ärgerlicher Mißerfolge der Sport die herrlichste Nebensache der Welt bleiben und dabei immer wieder unter dem Blickpunkt seines gesundheitlichen Wertes betrachtet werden. Gerade in diesen Belangen kommt den immer stärker in den Vordergrund tretenden Sportgruppen der Senioren und Behinderten besondere Bedeutung zu.

Ich wünsche der traditionellen Sportdokumentation ein interessiertes Publikum und hoffe darüber hinaus, daß dieses aufschlußreiche Jahrbuch in weitere Bevölkerungsschichten eindringt.

Sportminister Dr. Moritz überreicht Bronzemedaillengewinner Reiter ein Ehrengeschenk. Bildmitte ÖOC Präs. BR Heller (Foto Sündhofer)

Die Sportler des Jahres 1984

Peter Seisenbacher und Edith Hrovat

Das gab's nur einmal – und kommt nicht bald wieder. Frei nach diesem Schlagertext verlief die Sportjournalistenwahl zur Ermittlung der besten bzw. populärsten Sportler des Olympiajahres. Es war die 36. derartige Wahl, wobei nur der alpine Skilauf bisher das Kunststück zuwege brachte, die Sportlerin und den Sportler des Jahres im selben Jahr zu stellen. Nun gelang dies auch den Judokas, sozusagen als Tüpfchen auf dem „i" des Erfolgsjahres Nr. 1: Olympiagold und Bronze; WM-Silber und Bronze bei den Damen; EM-Sieg und je zwei zweite und dritte Plätze bei Europameisterschaften; dazu die Organisation der Damen-WM und des ersten Herren-Weltturniers; die Eröffnung des mit japanischen Geld erbauten europäischen Budo-Zentrums in Wien und die Wahl des österreichischen Verbandsvorsitzenden zum Europapräses und Welt-Vize.

Ein Modellathlet unserer Zeit

Peter Seisenbacher steht seit seinem siebenten Lebensjahr auf der Judomatte, die für ihn zu einem wesentlichen Teil seines Lebens wurde. Ursprünglich sollte er mit Judo seine „Überlebenschancen" bei Klassenraufereien verbessern, daraus wurde zuerst ein Aggressionsabbau, und bald danach erkannte er den enorm hohen sportlichen Wert des Judo und hatte nur noch ein Ziel: „Ich möchte ein perfekter Judoka werden. In der Schule ist es leider nicht gelungen, mich zu motivieren, dafür in umso reichlicherer Form beim Judo."

Der am 25. März 1960 in Wien-Favoriten geborene Athlet ist nun nahezu 20 Jahre bei ein- und demselben Klub: Beim ASKÖ-Judoklub Manner-Wien erhielt er die ersten Unterweisungen, später die notwendige Unterstützung für sein Leistungsstreben und danach die übungsmäßigen und materiellen Voraussetzungen, um sein Ziel, „zu den Besten der Welt zu gehören", zu realisieren. Dennoch war es kein leichter Weg bis zum Olympiasieg in Los Angeles. So mußte vorerst ein Beruf erlernt werden, denn vom Judo kann man nicht leben, auch wenn er zum Lebensinhalt wird und täglich bis zu acht Stunden trainiert wird. Was lag näher als das ehrsame Handwerk eines Goldschmieds zu erlernen, sozusagen als Vorstufe für weitere Goldarbeiten auf sportlicher Ebene.

Das Goldmedaillensammeln begann übrigens 1977 mit dem Titel eines österreichischen Jugendmeisters. 1979 war es dann der Juniorentitel und 1980 völlig überraschend Silber bei der Herren-Europameisterschaft in Wien. In dieses Jahr fällt auch der erste Staatsmeistertitel in der Herren-Kategorie. Seither sind es vier Einzel- und zwei Mannschaftsgewinne geworden. Die letzten Erfolgsstationen vor den Olympischen Spielen waren 1983 EM-Silber und EM-Bronze.

Aber es ging keineswegs nur aufwärts in der Karriere von „Peter dem Großen". So mußte er 1982 deprimiert die Vorherrschaft in seiner Gewichtsklasse auf österreichischer Ebene abgeben, und auch der fünfte WM-Rang 1983 entsprach keineswegs seinen Vorstellungen. Er stand vor einer schweren Entscheidung: Will ich einmal ganz vorne sein und mein gestecktes Ziel erreichen, dann muß ich jetzt grundlegende Konsequenzen ziehen. Später wäre es zu spät, und ich bleibe Mittelmaß.

Und es wurde eine gründliche Konzeptänderung daraus: Nach Gesprächen mit Trainern, Ärzten, Konditionsexperten und Verbandsgewaltigen erfolgte eine Umstellung und Intensivierung der Konditions- und Kraftarbeit; ständige Leistungstests auf sportwissenschaftlicher Basis, vor allem aber längere Trainingsaufenthalte in Japan, ergänzten diese Generalmobilmachung. Besonders den monatelangen Trainingslagern im Mutterland des Judosports kommt dabei größte Bedeutung zu: „Viele andere europäische Athleten sind an solchen Aufenthalten gescheitert. Dort gibt es hundert gleichstarke und körperlich sogar überlegene Partner, wobei vor allen den Ausländern von den Japanern nichts geschenkt wird. Ehe man sich da durchsetzt und das Letzte aus sich herausholt, neigt man – auf sich allein gestellt – dazu, nachzugeben, zu largieren. Deshalb wollte ich unbedingt meinen Trainer dabei haben. George Kerr, der schottische Coach unseres Teams, trieb mich täglich bis zur Grenze des Erträglichen, räumte aber auch so manche kleine Problemchen aus dem Weg, die einem todmüden Athleten an den Nerv gehen können."

Peter Seisenbacher trainiert gerne und sieht im Judo keineswegs nur körperlichen Wettkampfsport. „Im Training muß auch Zeit für die geistige Auseinandersetzung bleiben, denn nur wer physisch und psychisch auf voller Höhe ist, kann sich in der heute völlig gleichwertigen Weltelite durchsetzen".

Und gerade dies hat der Wiener in Los Angeles in der Gewichtsklasse bis 86 kg nachdrücklich unter Beweis gestellt: Je näher der Wettkampftag kam, um so ruhiger und zuversichtlicher wurde er. Seine Zuversicht ermöglichte ihm völlig sicher in die

Olympiasieger Seisenbacher erhält aus den Händen von Minister Dr. Moritz ein Anerkennungsgeschenk für seine Leistungen (Foto Sündhofer)

Wettkampfhalle zu fahren. Er vertraute einfach seiner technischen und konditionellen Stärke und brachte die notwendige Selbstsicherheit mit. Diese Zurschaustellung brachte auch all seine Gegner schon vor Beginn in eine Passiv-Situation; sein unbedingter Siegeswille beeindruckte nicht nur die Widersacher, sondern über die Matte hinaus auch die Zuseher in der ausverkauften Halle und vor den TV-Bildschirmen. „Ich habe mich mental darauf eingestellt, auf der Matte stets die Nr. 1 zu sein und hatte damit einen taktischen Vorteil. Selbst der von den 5.000 Zusehern mächtig angefeuerte Finalgegner Robert Berland aus den USA konnte mir nicht in die Augen sehen. Ich hingegen suchte den Augenkontakt, um ihm meine Siegeszuversicht zu signalisieren". Eine überheblich klingende Selbstdarstellung von Seisenbacher? Wer ihn sprechen hört und erlebt, wie selbstverständlich für ihn diese Einstellung nach einer seriösen Vorbereitung ist, wird solche Gedanken erst gar nicht aufkommen lassen: Hier spricht ein Topathlet, der weiß, worauf es ankommt, wenn man ein ganz großes Ziel erreichen will. So sind auch seine Worte nach der Rückkehr aus Los Angeles an die vielen jungen Leistungsathleten zu verstehen: „In Österreich gibt es eine ganze Reihe ebenso prädestinierter Klasseathleten wie mich. Allerdings neigen wir Österreicher dazu, uns vor Favoriten oder Wettkämpfern aus den großen Sportnationen zu fürchten. Das unbedingt notwendige Selbstvertrauen fehlt, wobei solch eine Selbsteinschätzung aber nicht der Ersatz für mangelhafte Vorbereitung sein darf. Wir glauben mitunter nicht an unsere Stärke und wundern uns dann, wenn das Quentchen Glück oder die entscheidenden Zehntel fehlen".

Für Peter Seisenbacher war der Rummel nach dem Olympiasieg eine selbstverständliche Begleiterscheinung, die er einerseits genoß, andererseits als Danksagung an all jene Menschen und Organisationen verstand, die ihm zu dem Sieg mitverholfen haben. Ab Oktober aber wurde er zusehends unruhig, denn er schlüpfte durch den Sieg aus der Rolle des Jägers in die eines Gejagten. Das nacholympische Jahr bringt mit den Europa- und Weltmeisterschaften gleich zwei Konkurrenzen, wo seine Konkurrenten ihre Chance wahrnehmen möchten, den Österreicher als Zufallssieger hinzustellen – und Seisenbacher wartet darauf, zu beweisen, daß er in seiner Gewichtsklasse zu den Allerbesten gehört, sowohl auf der Matte wie auch im Leben.

Einmalige Erfolgsserie einer Polizistin

Edith Hrovat begann vor 16 Jahren mit Judo und hat an der enorm raschen Verbreitung dieser Sportart im Frauenbereich sowohl national wie auch international großen Anteil. Damals, 1969, war selbst das Herren-Judo bei uns noch etwas exklusiv und wurde mit „Pyjamaraufen" abgetan. Weibliche Judokas gehörten zu den Außenseitern, Emanzen, Komplexbehafteten und hatten etwas Hexenartiges an sich. Übungspartner(innen) gab es nicht viele, denn Mädchen gabs so gut wie keine, und männliche Kollegen tobten entweder ihre Komplexe an dem zarten Mädchen ab oder hatten Scheu, etwas kräftiger zuzugreifen.

Die am 15. Jänner 1956 im fernen Sydney geborene hatte jedoch Gefallen am Judo gefunden und ging unbeirrbar ihren Weg. Als 1973 erstmals österreichische Meisterschaften ausgetragen wurden, stand sie bereits am obersten Siegespodest, und zwar in der leichtesten Gewichtsklasse bis 50 kg. Auch bei der Europameisterschafts-Premiere im Jahre 1975 eroberte sie auf Anhieb Gold. Und was in diesem Jahrzehnt seither geschah, ist so etwas wie weltrekordverdächtig: Zehn Europameisterschaften wurden bisher ausgetragen, und die Steirerin eroberte nicht weniger als acht Gold- und zwei

Bronzemedaillen – gewann also bei jeder Veranstaltung Edelmetall! In all diesen Jahren hatten sie Verletzungen oder Formschwankungen nicht davon abhalten können, an den Start zu gehen und stets auf dem Siegespodest zu stehen. Dazu kommt übrigens noch ein Weltmeisterschaftstitel im Jahre 1980 (erste WM) und im Vorjahr die Silbermedaille. Und noch etwas: Edith hat in diesem Jahrzehnt ihre Gewichtsklasse nicht geändert. Heute lautet das Limit 48 bis 52 kg, und Edith Hrovat hat dort ihren Stammplatz, heute wie damals.

Auch für diese Superathletin ist der Judosport zu einem wesentlichen Lebensinhalt geworden. Bei der Polizei in Leoben hat sie eine sehr sportverständige Umgebung gefunden, so daß sie täglich zweimal trainieren kann (vor- und nachher verteilt sie zwar keine Körbe, dafür aber Strafmandate an Parksünder). In ihrem Heim hat sie sich ein privates Trainingszentrum geschaffen, mit Matte, Kraftgeräten usw., die es ihr erlauben, jederzeit und ohne Zeitverlust zu üben.

Die Beispiele Seisenbacher und Hrovat zeigen, aus welchem Material die Großen des Sports von heute geschnitzt sein müssen: an Fanatismus grenzende Hingabe und Begeisterung für die Betreffende Sportart; Hintanstellen aller anderen Interessen und eine adequate Umwelt, denn sowohl Peter wie auch Edith leben mit Menschen, die für den Leistungssport viel Verständnis aufbringen, ja ihn nach besten Kräften unterstützen.

Finale bis 52 kg bei der Judoweltmeisterschaft der Damen in Wien. Hrovath wird im Finale von der Japanerin Yamaguchi geschlagen und erringt Silber (Foto Sündhofer)

Präsident BR Kurt Heller

Die olympische Bewegung in Richtung 2000

Es sei mir gestattet, gerade nach den Olympischen Spielen 1984, die abermals von Boykottmaßnahmen überschattet waren, ein paar Gedanken über die olympische Idee zu äußern. Diese Idee – der man da und dort die Existenzberechtigung aberkennen möchte – ihre Lebenskraft und ihr Widerhall in der Welt zeigen, daß eine große Idee nicht eine Frage ihres Alters ist, sondern letztlich eine Frage des Inhalts und ob es die Menschen verstehen, diesen Inhalt in jene Form zu kleiden, die auch für die Gegenwart verständlich und wirksam ist. Ich verkenne nicht die Schwierigkeiten, die dabei gerade jetzt bei der vielfachen Verquickung des Spitzensports mit wirtschaftlichen und politischen Aspekten zu überwinden sind. Aber letzten Endes ist es doch immer wieder ein Suchen nach einer neuen Form für diese großartige Idee. Wenn wir dabei auch alle jene Erscheinungen betrachten, die im Zusammenhang mit der heute zu sehr ins Gigantische strebenden Gestaltung der Olympischen Spiele die Verantwortlichen beunruhigen, zum Beispiel die überspitzt nationale Wertung des Sieges, die sich davon ableitende unterschiedliche Förderung einzelner Teilnehmer, das Problem der Teilnahme nur reiner Amateursportler, die Finanzierung der Spiele und andere Fragen, dann müßte es doch unter Beachtung des Inhalts der olympischen Idee möglich sein, auch diese komplizierten Probleme zu meistern. Die olympische Idee, die Idee des ritterlichen sportlichen Wettbewerbs, bei voller Achtung des Partners, hat neben einem hohen erzieherischen Wert für die einzelnen Menschen doch auch eine große Bedeutung für das Leben in einer demokratischen Gemeinschaft. Es ist ja nicht von ungefähr, daß diese Idee gerade dort geboren wurde, wo vor fast zwei Jahrtausenden das Streben nach der Volksherrschaft ihre erstmalige Realisierung in zeitgemäßen Formen gefunden hat.

Das zweite Element dieser Idee, wonach die Teilnahme an den Wettkämpfen wichtiger ist als der Sieg selbst, enthält gleichfalls eine Bedeutung, die weit über den sportlichen Bereich hinausgeht. Wenn wir auch nach wie vor der Auffassung sind, daß der Sportler im Wettkampf seine ganze Kraft, seinen Willen, seinen Geist und seine Gewandtheit für den Erfolg einsetzen soll, so dürfen wir doch nicht vergessen, daß bei der sportlichen Betätigung nicht unbedingt der Gedanke an einen zukünftigen Olympiasieg, sondern vielmehr die Sorge um die gesunde körperliche Entwicklung des jungen Menschen den Ausschlag geben muß. Die olympische Idee, die dem Sport so viel Breitenwirkung vermittelt, sollte daher nicht erlahmen, den wahren Werten des Sports mehr als bisher zum Durchbruch zu verhelfen.

Es unterliegt ja keinem Zweifel, daß die allgemein anerkannten und in der Charta des Internationalen Olympischen Comités festgelegten Ziele und Ideale der olympischen Bewegung bis heute nicht oder nur teilweise erreicht sind. Wer könnte, wer wollte die zahlreichen Verirrungen, Entfremdungen und Fehlentwicklungen der modernen Olympischen Spiele leugnen?

Mit Recht fragen Kritiker:

- wo führt die immer stärker werdende Kommerzialisierung hin?
- Ist der Hinweis auf die sogenannte Völkerverständigung im Hinblick auf die Anzeichen eines beängstigenden Chauvinismus und des politischen Mißbrauchs der Spiele berechtigt?
- Kann der Sport den jungen Menschen tatsächlich noch Freude bereiten, wenn er sich jahrelang mit tierischem Ernst auf den Tag „X" vorbereiten muß?
- Sind die jungen Menschen nicht von einem für sie undurchschaubaren raffinierten kommerziellen oder politischem Konzept manipuliert?
- Werden die Grenzen zwischen Sport-total und Sport-brutal noch beachtet?

Alles berechtigte Fragen.

Das Österreichische Olympische Comité ist deshalb der Meinung, daß auch im olympischen Sport der Mensch das Maß aller Dinge sein muß.

Im Mittelpunkt des Sports darf nicht der Sieg oder die Leistung stehen, die auf Biegen und Brechen, auch mit Hilfe von Anabolika und Spritzen, erbracht werden muß.

Im Mittelpunkt des Sports dürfen nicht das Geld oder sonstige materielle Vorteile stehen, die rücksichtslos erkämpft werden.

Der Sport, auch der olympische, wird, will er seinen deklarierten Grundsätzen treu bleiben, in Zukunft mehr als bisher auf einem soliden geistigen und ethischen Fundament stehen müssen.

Die fünf verschlungenen olympische Ringe, das Sinnbild der fünf Kontinente, die eine in Freiheit, Frieden, Freundschaft geeinte Welt symbolisieren, werden für die österreichische olympische Bewegung stets eine bedeutende Verpflichtung sein.

Kraftraubender Cross-Lauf! Staatsmeisterschaft 1984. 1986 findet im Raume Graz die Weltmeisterschaft der Studenten statt (Foto Votava)

Olympiasieger Peter Seisenbacher – ein Vorbild für die Jugend

Hartes Training, sportlicher Lebenswandel und so mancher Verzicht standen dem „kleinen Raufer“ zur Seite, bis sich die ersten großen Erfolge für den Judoka aus Leidenschaft einstellen. Waren es anfangs die Jugend- und Juniorentitel (1977 und 1979) in Österreich, kam 1979 der dritte Platz bei der Junioren-EM dazu. Erstmals ließ Seisenbacher aufhorchen und dankte seinem Trainer Lutz Lischka. Überraschend und unerwartet wurde er 1980 Zweiter bei der EM in Wien. (Bild: Siegerehrung EM 80 in Wien)

Sein oft ungestümes Kämpfen brachte so manche Niederlage, die jedoch seinen Ehrgeiz noch mehr entfachte. Er wollte perfekter werden und begab sich daher in das klassische Land der Judos, nach Japan, wo er an der Tokai-Universität sein Trainingslager aufschlug.

Die Weltbesten trainieren an der Tokai-Universität bei Tokio

Gerade in Japan lernt Seisenbacher die Härte gegen sich selbst, denn er mußte erkennen, daß er nur einer von vielen im Training war.

Nach seinem mäßigen Abschneiden bei der WM 1983 begann Seisenbacher sich gezielt auf Olympia 1984 vorzubereiten. Trainingspläne von Experten brachten die Voraussetzungen, um im Wettkampf zu bestehen und das Trainingspensum zu bewältigen. Trainingslager in Japan und Frankreich legten den Grundstein für den späteren Erfolg.

Bestens vorbereitet, mit nicht überbietbarem Selbstvertrauen und einem ausgezeichneten Funktionärsstab versehen, traf er in Los Angeles ein. Die Auslosung brachte schwierige Gegner, die jedoch alle vor der Zeit die Überlegenheit Seisenbachers anerkennen mußten. Trotz Heimvorteil und Publikum konnte der Amerikaner Berland den Weg zu Gold nicht versperren.

Der entscheidende Wurf

Der Triumph für den Modellathleten war perfekt.

Daß Seisenbacher keine „Judomaschine“ ist, zeigt seine private Seite. Die Vorliebe für „schnelle Eisen“, hier gemeinsam mit seinem Judokameraden und Bronzemedaillengewinner Reiter, geben das Bild eines jungen Mannes, für den es auch noch andere Dinge als Judo gibt, wo mit starken Armen zugepackt werden muß. Schwach wird Peter nur bei Freundin Caliope, die viel

Verständnis für Peters zweite Liebe und Leidenschaft, dem Judo, aufbringt, wenn sich auch der Nachwuchs in Peters Arme drängt. Durch Olympiagold zum Idol geworden, gibt Seisenbacher sein Können, sein Wissen dem Nachwuchs vorbehaltlos weiter und betreut im neuerrichteten Judozentrum, dem Matsumae-Euro-Budo-Centre, das am 12. November 1984 eröffnet wurde und von der Tokai-Universität um 50 Mio. Schilling errichtet worden ist.

Dieses Zentrum wird dem österr. Judosport weitere Impulse geben. Wo der Olympiasieger aufscheint, ist er der Mittelpunkt der Jugend, die von ihrem Idol Autogramme erbittet.

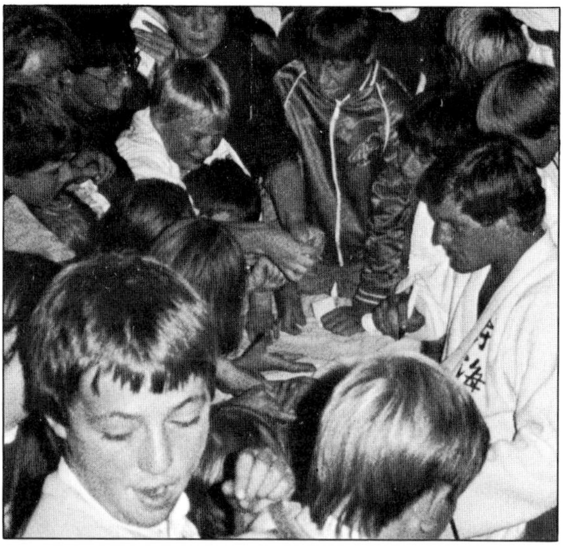

Sport braucht Geld, der Sportler benötigt die finanzielle Unterstützung – diese gewährt die Sporthilfe. Die Sporthilfe startet Aktionen, um zu Geld zu kommen. Die Sportler sind gerne bereit, ihre Popularität einzusetzen, um beim Super-Zehn-Kampf die Sponsorgelder aufzubringen. Auch Peter Seisenbacher stellt sich in den Dienst dieser guten Sache, denn er weiß nur zu gut, wie notwendig ein Spitzensportler die Unterstützung und Hilfe benötigt. Hier half

auch das Bundesheer zusätzlich: Seisenbacher wurde als Zeitsoldat in die HSNS aufgenommen, was eine große Hilfe für Seisenbacher bedeutet. Die Belohnung und Anerkennung für Gold: Zugsführer Seisenbacher.

Der „Vater des Goldenen Peters" ist der Präsident des österr. Judoverbandes Kurt Kucera, der immer für die Judokas da ist und keine Mühen scheut, seinen Schützlingen alles abzunehmen, nur nicht das Training und das Siegen.

Große Hilfe und Unterstützung für seinen Sport erhielt Seisenbacher aus seiner Familie. Seine Mutter war immer an seiner Seite, nicht nur im Augenblick des Triumphes, wie bei der Ankunft nach seinem Olympiasieg in Wien, sondern auch,

wenn Peter Aufmunterung und Unterstützung benötigte. Neben seiner Mutter ist auch der bekannte Sportmasseur Flenner, verheiratet mit Seisenbachers Mutter, immer mit Rat und Tat zur Stelle.

1985 – mehr als eine Jahreszahl

Die UNO hat das Jahr 1985 zum „Jahr der Jugend“ deklariert. Auch Österreich wird aus Anlaß dieses Mottos verschiedene Veranstaltungen, darunter auch sportliche, durchführen. So ist daran gedacht, Jugendgruppen aus den vier Signatarstaaten des Staatsvertrages (Frankreich, Großbritannien, UdSSR und USA) nach Österreich einzuladen, ihnen Sporteinrichtungen jener Bundesländer zu zeigen, wo ihre Väter oder gar Großväter in Österreich stationiert waren und abschließend sportliche Wettbewerbe mit österreichischen Jugendlichen auszutragen. Ferner soll dieses „Jahr der Jugend“ genützt werden, um zwei Wochen lang – vor den Sommerferien – eine Aktion „Verein der offenen Türe“ durchzuführen. Dabei stehen Interessenten nicht nur alle Sportstätten gratis zur Verfügung, sondern auch die entsprechenden Betreuer, um das Kennenlernen zu erleichtern.

Österreichs Sport hat aber noch genügend andere Gründe, um das Jahr 1985 besonders herauszustreichen.

Schülerligen und Sportschulen

So wurde vor einem Jahrzehnt die Fußball-Schülerliga gegründet. Eine Einrichtung, um die uns viele Länder beneiden, denn die so eng ineinandergreifende Aktion zwischen Schule – Wirtschaft und Sport gilt europaweit als beispielhaft. Zehntausende Jugendliche wurden bisher auf diese Art für den Fußball- oder einen anderen Sport gewonnen und hunderte Lehrpersonen auf diesem Weg zu einer Betreuer- oder anderen Funktionärstätigkeit bewogen. Im selben Jahr, 1975, wurde aber noch eine andere Einrichtung geschaffen, ohne die heute der Elitesport in Österreich kaum noch vorstellbar wäre: die Sportschulen als Sonderformen des Schulsports. Sie dürfen als Grundstein für das Springerwunder, Nachschubbasis der Alpinen, als Grundlage für die Heranbildung in vielen Sommersportarten und nicht zuletzt für sportinteressierte junge Menschen als Basis einer sportspezifischen Ausbildung, für deren weiteres Wirken im Berufs- bzw. Funktionärsbereich von größter Bedeutung sein kann, genannt werden.

Vierzig Jahre sind seither vergangen, aus dem zerstörten, ausgebluteten und zerstükkelten Österreich ist ein stolzes kleines Land geworden, das in der ganzen Welt Anerkennung und Wertschätzung gefunden hat. Vor 30 Jahren erhielt dieses Österreich auch seine äußerliche Freiheit: Nach Unterzeichnung des Staatsvertrages verließ am 26. Oktober der letzte Besatzungssoldat unser Land, und am gleichen Tag beschloß der Nationalrat die immerwährende Neutralität Österreichs. Der jährliche Nationalfeiertag soll daran erinnern und die Bedeutung unterstreichen. Der Verlauf dieser drei Jahrzehnte hat bewiesen, daß die Großmächte zurecht unserem Land die Freiheit gaben und wir uns dieser Gunst und der damit verbundenen Verpflichtung jederzeit gewachsen zeigten. Auch der Sport hat allen Grund, diese Jubiläen gebührend zu feiern, waren doch diese staatspolitischen Ereignisse die Basis des Wiederaufbaues und der vielen, vielen Erfolge, die Österreichs Sport im nationalen und internationalen Bereich seither erringen konnte und hoffentlich auch weiterhin kann.

Aber auch innerhalb der vielfältigen Sportorganisation bietet das Jahr 1985 viele Erinnerungsmöglichkeiten.

Viele Verbandsjubiläen

Der internationale Radsportverband feiert seinen 85-jährigen Bestand, und die Gewichtheber – damals noch Stemmer genannt – schlossen sich 1905 zu einer weltweiten Interessensgemeinschaft zusammen.

Wesentlich bedeutsamer für den Österreichischen Sport sind jedoch die nationalen Daten. So feiert heuer der nationale Skiverband sein 80. Bestandsjahr. Er hat paradoxerweise seine Wiege in München, denn dort fand die Gründung anläßlich einer Zusammenkunft aller deutschsprachigen Vereine statt.

Noch älter ist der österreichische Leichtathletikverband. Er wurde im Jahre 1900, also vor 85 Jahren, ins Leben gerufen, nachdem die kleine österreichische Olympiadelegation 1896 in Athen erstmals leichtathletische Wettbewerbe gesehen und davon so begeistert war, daß erste Versuche kurz danach auch in Wien gestartet wurden.

Die Bundesanstalten für Leibeserziehung, die Ausbildungsstätten für die Verbände, wurden 1946 gegründet. Die gesetzliche Fundierung erfolgte 1974. In diesen 40 Jahren konnte für den Sport durch diese Ausbildungen eine wesentliche Hilfestellung gegeben werden und die Lehrer ausgebildet werden, die für den Übungs- und Trainingsbetrieb notwendig waren.

40 Jahre 2. Republik – 30 Jahre Staatsvertrag

Aber auch aus staatspolitischen Gründen, 1945 wurde ja Österreich nach einer siebenjährigen Besatzung durch Deutschland wiedergeboren, muß das Jahr 1945 herausgestellt werden. Als im Frühjahr 1945 der Krieg über unser Land hinwegbrauste und wenig später beendet wurde, da blieben viele der besten Athleten auf dem Schlachtfeld oder kamen verkrüppelt in die Heimat zurück; da war ein Großteil der Sportanlagen zerstört oder durch Besatzungssoldaten beschlagnahmt; da fehlte es an den nötigsten Utensilien für eine Sportausübung und da hatte man vor allem täglich ums Überleben zu kämpfen und kaum Lust und Muße, sich einer Sportausübung widmen zu wollen. Und dennoch. Bereits am 1. Mai 1945 traten österreichische Fußballteams gegen sowjetische Soldaten an; wenig später fuhren die Radfahrer zwischen Schlaglöchern das erste Kriterium in der Wiener Innenstadt und kämpften dabei um einen Sack Äpfel als ersten Preis. Begehrlich schielten die Österreicher ins gelobte Ausland, wo Schokolade, Brot, Kartoffel, Fett und Fleisch vorhanden waren. Kein Wunder, daß daher schon im Sommer viele Sportverbände ins gelobte Schlaraffen-Ausland drängten. Fußballer, Radfahrer und Motorradfahrer waren die ersten, die mit vollbepackten Rucksäcken aus Ungarn oder der Schweiz heimkehrten. Die sportlichen Ergebnisse waren eher sekundär. Zu den schlechten körperlichen Voraussetzungen kam noch ein ungemein hinderlicher Umstand dazu: Das reichhaltige und fette Essen verschlechterte oft die sowieso miserable körperliche Konstitution.

Andere Sportarten waren und blieben auf Jahre von jeder Betätigung ausgeschlossen. Verständlich war da noch das Verbot für die Schützen; eventuell noch nachfühlbar die Angst vor einer Wiederbetätigung der Flugsportler, aber lächerlich etwa das Verbot für Judo oder Ringen. Zum Nichtstun waren aber z. B. auch die Tischtennisspieler und die Tennissparte verurteilt. Zelluloidbälle waren ebenso schwer zu beschaffen (und daher ebenso kostbar) wie ein Kilo Fleisch. Ähnliches galt auch für Tennisbälle, Eishockeyschläger und viele andere Sportutensilien.

Einige weitere Jubiläen

Da sind vor allem die Hand- und Faustballer zu erwähnen. Vor 60 Jahren, also 1925, entstand der Österreichische Handballbund, und 20 Monate später, 1945, unmittelbar nach Kriegsende, organisierten sich die Faustballer zu einer Interessensgemeinschaft im Rahmen des ÖHB, der später zum Hand- und Faustballbund umbenannt wurde.

In den letzten Jahren entstanden zahlreiche neue Sportverbände, wovon vor allem die Skibobfahrer bereits auf ein Vierteljahrhundert erfolgreiche Tätigkeit hinweisen können.

Die Karate-Sportler existieren 20 Jahre, die Modernen Fünfkämpfer haben sich vor 15 Jahren zur Schaffung eines Verbandes entschlossen, und die jüngsten Sprosse der österreichischen Sportfamilie, der Curling- und Frisbee-Verband, feiern heuer ihren fünfjährigen Bestand.

Nicht vergessen werden soll das Österreichische Olympische Comité, dessen Eigenleben auch vor genau 50 Jahren begann. Bis dahin wurden die olympischen Interessen und Aufgaben durch andere nationale Sporteinrichtungen wahrgenommen. Erst im Juni 1935 wurde das „Österreichische Olympische Comité" als selbständiger Verband gegründet, als es darum ging, die Vorarbeiten für die Winter- und Sommerspiele in Deutschland (1936 in Garmisch bzw. Berlin) sowie die Organisation des ersten Fackellaufes von Griechenland nach Berlin durch Österreich zu übernehmen.

1920 schlug die Geburtsstunde für den Segel- und Schachbund Österreichs. Beide Sportarten wurden zwar schon längere Zeit vorher ausgeübt, die Notwendigkeit, eigene Interessenvereinigungen zu schaffen, ergab sich jedoch erst nach dem Zerfall der Monarchie und einer starken Verbreitung dieser Sportarten nach dem 1. Weltkrieg.

Zwei Volkssportarten jubilieren

Genau vor einem halben Jahrhundert, also im Jahre 1935, schufen sich die inzwischen zu stark verbreiteten Sparten gewachsenen Kegler und Eisschützen ihre nationalen Dachorganisationen.

Vor genau 95 Jahren erhielt das schon in früheren Jahrhunderten als „Knödelschießen" betriebene Eisschießen ein fixes Reglement (übrigens kam das Wort „Knödelschießen" daher, weil die Unterlegenen den Siegern Gselchtes, Kraut und Knödeln zahlen mußten), doch dann dauerte es 45 Jahre, bis sich die österreichischen Klubs zu einem Verband zusammenschlossen. Die internationale Verbreitung läßt aber weiter auf sich warten. Erst 1950 wird in Innsbruck der internationale Eisschützenbund geschlossen und die Einführung von Europameisterschaften beschlossen. Heute gehören dem ÖEV 1.600 Vereine mit nahezu 90.000 Mitgliedern an, und aus dem reinen Wintervergnügen ist ein Ganzjahressport geworden, wobei Natur- und Kunsteis einerseits bzw. Terrazzo- und Asphaltbahnen andererseits die Basis bilden. Inzwischen gibt es bereits Welttitelkämpfe, und aus dem seit 1936 immer wieder als olympischer Vorführbewerb agierenden Sport ist ein echter Anwärter auf einen Platz im olympischen Wettkampfprogramm geworden.

Österreich hat seine führende Position in dieser Sportart in all diesen Jahren bewahrt und gilt als der erfolgreichste Initiator zur weiteren Verbreitung in Ost und West.

Auch das Kegelspiel ist seit langer Zeit bekannt und war Jahrhunderte ein beliebtes Freizeitvergnügen. Schon vor 800 Jahren wurde mit Kugeln aus Pferdeknochen

Alfred Kogler – Weltmeister auf der Naturbahn

Die bisher erfolgreichste Saison für Petra Huber (Foto Sündhofer)

Der letzte Mann der Gruppe, Wachtmeister Ernst Blaschke, landet einen Null-Fehler-Sprung und sichert damit der österreichischen Mannschaft den dritten Platz bei der WM im Fallschirmgruppenzielsprung in Vichy vom 29. 8. – 9. 9. 1984 (Foto Pflegerl)

Nach der Jugendeuropameisterschaft 1984 konnte Horst Skoff auch die „Orange Bowl", die inoffizielle Juniorenweltmeisterschaft, gewinnen (Foto Sündhofer)

Skibob – eine erfolgreiche österreichische Sparte. Maria Höller – 3fache Weltmeisterin (Abfahrt, Riesentorlauf, Kombination) und dritte im Slalom auf dem Weg zu weiteren Siegen

geschoben, als Preise winkten Geld oder alkoholische Getränke. Vor einem halben Jahrhundert war eine Kegelbahn sogar in der Wohnung des Türmers von St. Stephan untergebracht, und vor über 100 Jahren entstand in Wien die erste Kegelbahn mit den noch heute gültigen Ausmaßen. Gasthäuser sind zu dieser Zeit beliebte Aufenthaltsorte für die gemütlichen und trinkfreudigen Wiener, so daß dort auch die Kegelbahnen – bis zu acht Anlagen in einem Etablissement – installiert werden.

Als 1935 der „Österreichische Sportkegelbund" gegründet wird, gibt es bereits Weltmeisterschaften im Bowling (ein Spiel auf 10 Kegeln, das in den Vereinigten Staaten entwickelt wurde) und eine internationale Kegelvereinigung. Der sportlichere und damit immer „trockenere" Weg der Sportkegler beginnt nach dem 2. Weltkrieg. Schon 1945 wird der „Befreiungspokal" mit 42 Mannschaften aus 24 Wiener Vereinen durchgeführt, 1949 ist Wien Schauplatz einer Europameisterschaft, und acht Jahre später kommen in der Bundeshauptstadt erstmals Welttitelkämpfe zur Durchführung. Nachdem Österreich noch zweimal als Gastgeber für Weltmeisterschaften agiert, wird das Sportkegeln 1981 als olympisch anerkannt und wartet nun auf die definitive Aufnahme für eine der nächsten Spiele.

Österreichs Kegler stellten schon sehr viele Titelträger und waren lange Jahre Nr. 1 in dieser Sportart. Seit aus dem Sportkegeln ein harter Kampfsport mit täglichem Training wurde, mischen immer mehr die Sportgroßmächte mit. Österreichs Kegler träumen inzwischen von einer leistungsgerechten Anlage, die Tag und Nacht den Spitzenkeglern zur Verfügung steht. Die 8.200 Mitglieder in den 540 Kegelvereinen sind nicht alle Freizeit- oder Hobbykegler. Im Gegenteil, sie nehmen ihren Sport genau so ernst wie Skifahrer, Fußballer oder Leichtathleten.

Norbert Adam

Die besten Sportler des Jahres 1984. Ehrung beim Sportpressefest am 5. 10. 1984 im Dusika Stadion. V. l. n. r. Alfred Eder/Biathlon; Armin Kogler/Schispringen; Franz Klammer/Schilauf; Dr. Gerda Winkelbauer/Judo; Petra Huber/Tennis; Gerda Haas/Leichtathletik (Foto Votava)

Sportler über den Sport

Alfred Kogler
Weltmeister im Rennrodeln auf Naturbahn

Mit 14 Jahren bin ich in meiner engeren Heimat entdeckt worden und kämpfte mich in meiner Jugendzeit immer weiter vorwärts. Natürlich gab es in dieser Zeit Höhen und Tiefen. Es gelang mir immer wieder, mich selbst zu überzeugen, daß ich hart an mir selbst arbeiten muß, und so zeigten sich dann mit der Zeit Erfolge. Ich konnte seit Beginn meiner sportlichen Laufbahn insgesamt 10 Tiroler und 4 Österreichische Meistertitel gewinnen. Auch international konnte ich mich bald gut placieren, und so gelang es mir 1974, 1975 und 1981, Europameisterschaften zu gewinnen. In den Jahren 1976 und 1977 konnte ich bei der 3-Bahnen-Tournee insgesamt vier erste Plätze erringen.

Der große Durchbruch gelang mir bei der Weltmeisterschaft 1982 in Feld/See gemeinsam mit meinem Doppelsitzerpartner Franz Huber. Wir errangen den Vizeweltmeistertitel.

Auch bei der Weltmeisterschaft 1984 in Kreuth-Tegernsee schnitt die österreichische Nationalmannschaft gut ab, und es gelang 3 Medaillen nach Österreich zu holen. Ich selbst krönte mit dem Weltmeistertitel im Einsitzerbewerb und dem 3. Platz gemeinsam mit Huber im Doppelsitzerbewerb meine sportliche Laufbahn. Doch gerade, wenn man am Gipfelpunkt seiner sportlichen Karriere steht, soll man auch abtreten können. Daher habe ich mich entschlossen, meine sportliche Laufbahn zu beenden, um mich voll und ganz meiner Familie und meinen Kindern widmen zu können. Außerdem sind auf Dauer die großen finanziellen Belastungen nicht länger tragbar, da es sich bei den Rodelsportlern generell um Amateure reinsten Wassers handelt und alle Strapazen und Mühen praktisch aus reiner Liebe zur Rodelpartie und für den österreichischen Sport auf sich genommen werden.

Helmut Aglassinger, Europameister Eisschießen

Schon in meiner frühesten Jugend hat mich das Stockschießen, welches in meiner Pinzgauer Heimat „Nationalsport“ ist, fasziniert. Der ehrliche Wettkampf und die Auseinandersetzung auf sportlichem Gebiet mit älteren und erfahreneren Schützen war für mich immer Anreiz, besonderes Augenmerk auf diesen Sportzweig zu richten.

Nachdem Spitzenleistungen, wie sie mir gerade im Laufe der letzten Jahre gelungen sind, niemandem in den Schoß fallen, ist vorstellbar, daß sich Erfolge nur durch hartes Training und asketischen Lebenswandel einstellen.

Seit dem Jahre 1975 ist es mir laufend gelungen, bei allen namhaften Wettbewerben im vordersten Feld zu agieren. Der dreimalige Gewinn der Europameisterschaft war gegen die beeindruckenden Leistungen der Mannen aus Bayern, Südtirol und nicht zuletzt aus Österreich ein freudiges Ereignis. Mein Erfolgserlebnis schlechthin war die Erringung des Weltmeistertitels in Frankfurt am Main im November 1983. Es war die erste Weltmeisterschaft, und es erfüllte mich mit besonderer Freude, diesen begehrten Titel in mein Heimatland entführt zu haben. So habe ich an sich alles gewonnen, was in der von mir ausgeübten Sportart zu gewinnen ist.

Für die Zukunft beabsichtige ich, so Gesundheit und Glück mir treu bleiben, diesen Sport weiter auszuüben. Ich glaube, behaupten zu dürfen, daß durch meine Erfolge der Breitensport und im speziellen der jugendliche Nachwuchs einen gewissen Aufschwung im Eisschießen erlebt.

Im übrigen wünsche ich mir, daß der ehrliche Wettkampf, wie er unter uns Stockschützen hochlebt, immer oberstes Prinzip bleiben möchte.

Maria Höller
Skibob-Europameisterin

Die Austragung der 8. Weltmeisterschaft der Skibobfahrer 1981 in Lungötz war für mich ausschlaggebend für meine spätere Karriere. Ich beendete meine Laufbahn als Skirennläuferin (ich war bereits Siegerin des Tennengauer Skicups) und verschrieb mich ab nun mit Hingabe dem Skibobfahren.

Mein Vater war damit einverstanden. Ohne seine Bereitschaft, mich in materieller und ideeller Weise zu unterstützen und als erster Trainer zu betreuen, wären die späteren Erfolge sicher nicht möglich gewesen. Sehr positiv wirkte sich auch die Möglichkeit aus, mit Hans Irausek aus Badgastein und Rochus Krallinger aus St. Martin zu trainieren. Sie erkannten mein Talent und ermunterten mich. Es folgten Wochen und Monate härtesten Trainings. Es galt, die nötige Technik zu erlernen und Kondition zu tanken. Bei der Landesmeisterschaft 1982 gewann ich 3 Titel. Dieser Erfolg sicherte mir als Nachwuchsläuferin die Teilnahme an internationalen Rennen und schließlich ab 1983 die Aufnahme in die österreichische Nationalmannschaft.

Die Erfolge garantieren aber keine Existenz und sind keine Lebensversorgung. Meine Ausbildung als Kindergärtnerin in Bischofshofen darf durch das harte Training und durch die oft Tage und Wochen beanspruchenden Rennen nicht leiden. Der versäumte Lehrstoff in der Schule muß nachgeholt werden. Auch die tägliche Fahrt von Lungötz nach Bischofshofen stellt eine zusätzliche Belastung dar. All diese Strapazen sind aber vergessen, wenn sich die sportlichen Erfolge einstellen. Der erste große internationale Erfolg wurde 1983 mit dem Jugendweltmeistertitel in der Abfahrt und dem 2. Platz im Riesentorlauf und in der Kombination errungen. Besonders aber freute mich die Goldmedaille im Abfahrtslauf bei der Europameisterschaft 1984. Begeistert wurde ich in meinem Heimatort Lungötz empfangen, und alle freuten sich mit mir.

In der Folge wurde in Lungötz ein eigener Verein gegründet.

Jeder Rennsport ist mit Risken verbunden. Auch ich blieb von Sportverletzungen nicht verschont. Bei der Staatsmeisterschaft 1983 verletzte ich mich beim Abfahrtslauf und bei einem Weltcuprennen 1983 in Dorfgastein in derselben Disziplin.

Mit Bedauern muß ich feststellen, daß die Unterstützungen durch die öffentliche Hand oder durch Firmen, im Vergleich zum alpinen Rennsport, doch sehr weit nachhinken.

Meine Lieblingsdisziplinen sind der Abfahrtslauf und der Superriesenslalom. Da ich das jüngste Mitglied der österreichischen Nationalmannschaft bin, hoffe ich, daß unsere Sportart „Skibob“ bald als olympische Disziplin anerkannt wird.

Karl Lintner
Europameister im Modellflug

Ich möchte mich als Europameister in der Klasse F1E, das sind selbstgesteuerte Hangflugmodelle mit einer Spannweite von 1,8 bis 3,0 m und einem Gewicht von 0,3 bis 1,0 kg, vorstellen.

Mein Interesse für das Modellfliegen begann 1943, als ich bei den Wiener Neustädter-Flugzeugwerken im Zweigwerk Ober-Grafendorf eine Lehre für Metallflugzeugbauer begann. Wir bauten zweimal wöchentlich, unter Aufsicht eines Werkstättenleiters, mit viel Eifer an den Flugmodellen. Nach ca. 50 bis 70 Baustunden, das richtete sich nach der Größe des Flugmodelles, war es dann endlich so weit. Das Modell war fertig und konnte bei Windstille eingeflogen werden. Für uns junge Modellflieger war dies ein besonderes Erlebnis. Nun konnten die ersten längeren Starts geflogen werden, und waren sie zufriedenstellend, dann war der Zeitpunkt zum ersten Wettbewerb nicht mehr weit. Beim Wettbewerb zeigte sich die Genauigkeit der Arbeit. Wenn verzugsfrei und genau gearbeitet wurde, ergab sich ein wunderschöner Flug. Dies gab uns wieder neuen Auftrieb zum Bau des nächsten Modells – natürlich immer größer. Die Wettbewerbe wurden zahlreicher, und vereinzelt kamen auch schon Erfolge, die jedoch bald durch Enttäuschungen – wenn sich ein Flugmodell selbständig machte und auf Nimmerwiedersehen davonflog – eingedämmt wurden.

Nach Kriegsende schlossen sich einige Kollegen zusammen und gründeten einen neuen Verein mit dem Namen „UMSC-Kolibri". Und los ging's! Mit viel Eifer bauten wir die ersten Flugmodelle. Natürlich hatten wir Schwierigkeiten mit der Materialbeschaffung, jedoch mit viel Geduld konnten wir auch diese Hürde schaffen. Mit der Zeit kamen die ersten Wettbewerbe und auch die Erfolge. Auch Neuheiten bei den Flugmodellen machten sich positiv bemerkbar, u. a. Kunststoffrümpfe, Folien, Zeitschalter, Summer und neue Profile. So gesehen mußten die nationalen und internationalen Erfolge kommen.

Es begann 1963 in Italien beim Coppa-Europa – 2. Platz in der Einzelwertung. Erst nach einer längeren Pause klappte es wieder:

1974 Europameisterschaft – 1. Platz
1978 Europacup – 1. Platz
1981 Europameisterschaft – 2. Platz
1982 Europameisterschaft – 2. Platz
1984 Europameisterschaft – 1. Platz

Zum Schluß möchte ich ganz besonders die Jugend ansprechen, ihr viel Erfolg, gutes Gelingen und viel Ausdauer wünschen, und daß Sie in kürzerer Zeit als ich Europameister werde.

Ein gutes Jahr im Kommentar:

Von Sarajevo aufwärts

Als flüchteten sie vor sich selbst, so flogen unsere drei Spezialisten unter den Abfahrern inmitten der Olympischen Winterspiele von Sarajevo heim nach Österreich. Die Bjelasnica, auf der ihnen der wilde Bill aus Amerika schon in den Zeitrennen auf und davon fuhr, mochte sie nicht. Also trainierten sie lieber zwei Tage in Moosbach, in Haus im Ennstal und in Mariapfarr, als auf dem jugoslawischen Berg, der sie dann auch abwarf. Den Beweis, wie falsch sie handelten und wie sie sich damit die Niederlage selbst zuzuschreiben hatten, lieferte Anton Steiner, der nicht vor sich selbst davongelaufen, sondern im olympischen Dorf geblieben war. Der 26jährige Osttiroler, der sich als Nichtspezialist, als Kombinierer, für die Abfahrt qualifiziert hatte, gewann mit der Bronzenen unsere einzige Medaille bei diesen XIV. Winterspielen.

Sarajevo ist ja Österreich noch nie gut bekommen und lehrt uns zudem, daß uns Bescheidenheit, ja Demut auszeichnen muß, bevor wir nach Auszeichnungen greifen können.

Das „Prost, Lauda!“

Das rechte Maß zu finden, fuhr uns 1984 wieder einmal Niki Lauda vor, die richtige Einstellung des Autos und die richtige Einstellung des Ich. „Wer resigniert, der gewinnt nichts“, heißt ein Leitsatz dieses Realisten, der erstmals in seiner Laufbahn nicht verbarg, daß außer dem Auto und seiner Körperlichkeit auch das Seelische stimmen muß, ein menschlicher Hintergrund, wenn er das Ziel gut erreichen will. Seinen französischen Widerpart Alain Prost schätzte er schneller ein als sich selbst. Also mußte er um so mehr seinen Geist einschalten, wollte er besser sein.

Weltmeister geworden zu sein, nun schon zum dritten Mal, hat ihm darum kaum einmal mit so viel Genugtuung erfüllt wie diesmal. Das „Prost, Lauda!“, mit dem ihm bei den Feiern danach zugeprostet wurde, war ihm denn auch viel mehr als nur ein Wortspiel.

Gas gab auch der Tiroler Heinz Kinigadner, der den ersten Weltmeistertitel im Moto-Cross heimfuhr.

Der Motorsport hatte in Österreich aber schon immer eine Heimat.

Welch unbezahlbare Reklame Niki Lauda für Österreich ist, merkte heuer auch ich in meinem Hotelzimmer in Los Angeles, wenn ich auf den Knopf 3 des Fernsehapparats drückte. Da flimmerte nur Sport über den Schirm, da reimte sich immer wieder Lauda auf Austria, und da sehnte sich unsereiner danach, daß ein wenig von dem Ruhm unseres Formel-I-Rennfahrers auch auf unsere Sportler bei den eben anlaufenden Olympischen Sommerspielen abblätterte. Doch da spießte es sich leider lang.

Einer wurde 11. Unter 58. Schlecht?

„Ich bin zufrieden“, betonte er.

„Ich kann 25. werden“, steckte ein anderer seine Ziele noch tiefer.

„Zuerst ficht der Grazer Robert Blaschka wie ein junger Gott, und tags darauf verkrampft er sich derart, daß er gegen denselben Gegner, den er vorher sicher schlug, glatt verliert", seufzt Peter Ulrich-Pur, der Präsident des Österreichischen Fechtverbandes. Die Österreicher könnten halt Siege generell nicht verkraften.

Dann strahlt uns aber doch noch ein vierter Platz im Mannschaftsfechten fast wie eine Medaille.

Heimlich den Anzug eingepackt

Wie einer, der an sich glaubt, aber doch eine Medaille gewinnen kann, zeigt das Beispiel des Andreas Kronthaler. Obwohl „nur" Österreicher und obgleich bei der Weltmeisterschaft mit dem Luftgewehr ein Jahr vorher auf dem 41. Platz, schätzte er sich als etwas Besseres ein. Nachdem er sich mit ebendiesem Luftgewehr versilbert hatte, erzählte er mir diese unglaubliche, doch wahre Geschichte:

„Meine Schießkameraden hätten mich ausgelacht, und darum nahm ich ganz heimlich meinen Olympiaanzug mit zur Schießstätte, wo es so heiß war, daß ihn sonst niemand einpackte. Dort verstaute ich ihn in einen Kasten. Ich dachte, daß ich ihn zur Medaillenüberreichung brauchen würde ..."

Dabei war der 32jährige von dieser Siegerehrung ursprünglich noch recht weit entfernt gewesen. „Alles ist aus", hatte er seinem Betreuer zugerufen, als die Jury drei Tage vor dem Wettkampf herausgefunden hatte, daß sein Gewehr um 75 Gramm zuviel wog. Ein amerikanischer Büchsenmacher machten den illegalen Stutzen aber wieder „korrekt", indem er vom Schaft Holz wegbohrte. Es wurde ein Meisterstück des Amerikaners, der ja dabei die Balance des Gewehrs nicht verändern durfte.

„Ich spürte, wie die Knie weich wurden", schilderte Andreas Kronthaler seine Nervosität. Von 600 möglichen Ringen erreichte er 587, eine Präzisionsarbeit. Damit wurde er als Dritter geführt (hinter einem Franzosen und einem Engländer).

„Wo ist unser Silberner?" Von seinem zweiten Platz erfuhr er erst, als der Mannschaftsführer, der Steirer Ing. Schattleitner, hereinstürzte. Eine Überprüfung hatte ergeben, daß der Österreicher bei gleich vielen Ringen wie der Brite öfter ins Schwarze getroffen hatte.

Wie schon 1960 der Vorarlberger Hubert Hammerer in Rom und wie später der Tiroler Rudolf Dollinger in München und Montreal und der Salzburger Gerhard Petritsch in Moskau, so hatte uns also nun auch in Los Angeles wieder ein Schütze herausgeschossen, ein Durch- und Durchösterreicher:

In Erl (Tirol) geboren (dort wohnen auch seine Eltern), in Leoben (Steiermark) zum Dipl.-Ing. geworden, in Wien nun im Beruf und bei Königsstetten (Niederösterreich) als Schütze.

Da er als Verkaufsleiter fast drei Monate pro Jahr im Ausland verbringt, in Schweden, in den USA, in Afrika, schießt er noch weit übers österreichische Ziel hinaus, ein wahrer Olympionike ...

Inmitten der Nacht ...

„Wenn i net Sport betreibat, war i aus 'm Mühlviertel no nia außikemma", weiß übrigens der Niederwaldkirchner Pepi Reiter sein Judo zu schätzen. Und als wir nach den Spielen in San Francisco in einem der Busse der österreichischen Olympia-Auswahl über die Golden-Gate-Bridge rollen, schüttelt er nur immer wieder den Kopf:

Da hatte er seine Medaille am Vorabend im feinsten Restaurant der Stadt bei einem Abendmahl feiern dürfen, bei vielen Gängen, bei einem immer wieder anderen passenden Wein dazu, und dann muß er an die Unterschiede denken – „dahoam fahrt da a Kuah mit 'm Schwoaf übers Gsicht".

Um den Bauernhof in Niederwaldkirchen zu bestellen, 17 Hektar, 12 Kühe und 12 Kälber, blieb ein Bruder von der Arbeit zu Hause („nur darum konnte ich nach Los Angeles fahren"), die Mutter, zwei andere Brüder und Schwester Herta, die Europameisterin, alle halfen zusammen, damit Pepi Reiter überhaupt olympisch werden konnte.

Eine Medaille? Das sei nicht realistisch, davon könne er nur träumen, winkt er ab. Ihm fehlten nach seiner Verletzung noch Kämpfe. Mag schon sein, daß er auch ein wenig Bauernschläue hineinspielen ließ, auf jeden Fall wollte er keinesfalls nur aus Gnade nach seiner verletzungsbedingten Pause mitgenommen werden.

„Mitten in der Nacht" wachte er im olympischen Dorf auf und mußte aufpassen, seinen Zimmerkollegen Peter Seisenbacher nicht zu wecken. Da sinnierte er darüber, „wie du am besten kämpfen sollst und daß du ja keinen blöden Fehler machst".

Als der 25jährige aber als erster Österreicher eine olympische Judomedaille gewonnen hatte, Bronze in der Klasse bis 65 Kilo, hinter einem Japaner und einem Koreaner, da glaubte er es zunächst selbst gar nicht. Er war unsagbar stolz: „Was sagst zu mir?" Insgeheim hatte er ja damit gerechnet: „Sonst brauch ich gar nicht anzutreten." Nach dem entscheidenden Kampf gegen einen Italiener, den WM-Dritten, hatten die zwei Seitenrichter unentschieden geurteilt. Jetzt hatte der brasilianische Hauptschiedsrichter das letzte Wort, der auf den Österreicher zeigte: „Er war aggressiver."

Dieser geradezu leidenschaftliche Kampfgeist ist es auch, der ihn zuerst über sich selbst siegen ließ (er mußte nach einem Bänderriß Schmerzen überwinden und dann in Los Angeles bei einer Niederlage gegen vier Gegner).

„Wirst sehen, die lassen mich nicht allein", spielte er nach dem Gewinn der Bronzemedaille auf den Ehrgeiz in seiner Judo-Mannschaft an. Robert Köstenberger schlug dann auch akkurat seinen Angstgegner, den Europameister, „übersah" aber einen „sonst um zwei Klassen schlechteren Gegner", wie Judo-Präsident Kucera bedauerte, und schied aus. Er hatte es Peter Seisenbacher nachmachen und jeden Kampf so rasch wie möglich beenden wollen: „Um Kraft zu sparen." Dabei war Köstenberger in eine Falle getappt.

Was golden glänzt, muß eben nicht Gold sein. Nicht jede Taktik paßt jedem.

Hellhöriger Kucera

Was den Goldmedaillengewinn des 24jährigen Wieners Peter Seisenbacher so strahlend macht:

Mit ihm gewann ein Modellathlet, und mit ihm gewann einer sein Olympiagold im Stil eines Carl Lewis, ein Start-Ziel-Sieg in Rekordzeit von 12.10 Minuten. Dabei hätte er sich für einen Kampf sieben Minuten Zeit lassen können.

Unsereinem wurde freilich angst und bang, denn in der mit 4.500 Zuschauern brechend vollen Halle war nichts anderes zu hören wie: „USA! USA! USA!" Mit solch frenetischen Sprechchören stimmten sich die Zuschauer vor dem Finalkampf auf Sieg ein, ein Psychokrieg, der die Kampfrichter schon in anderen Disziplinen in die Knie gehen ließ.

„Go on, Bobby, you get Gold!“ peitschte hinter mir ein US-Trainer seinen Schützling auf, auf den Olympiasieg loszugehen.

Hellhörig geworden, schaute darum Österreichs Judo-Präsident Kurt Kucera beim Oberschiedsrichter, einem früheren brasilianischen Weltmeister, eine halbe Stunde vor dem Finalkampf vorbei. Worum es ihm nur ging: „Um Gerechtigkeit.“ Dann brauchten wir keinen Richter: Peter Seisenbacher hob den Amerikaner schon nach 2.28 Minuten aus.

Und schon lagen sich Peter und sein Stiefvater Pepi Flenner in den Armen. Der bekannte Olympia-Masseur war in Los Angeles ja viel mehr als Muskelkneter, er war Betreuer, er war väterlicher Freund, und als er seine Frau anrief, in Los Angeles war's vier Uhr früh und daheim 19,30 Uhr am Abend, brauchte er nicht viel zu erzählen. Peters Mutter überraschte das Gold nicht. „Sie hat mir zu Hause so oft gesagt, ich werde Olympiasieger, daß ich es schon kaum mehr hören konnte,“ verriet einer, der als gelernter Goldschmied ja schon immer mit dem Edelmetall zu tun hatte, und als er nach den Spielen bei der Fahrt der Olympiamannschaft nach San Francisco von der Küste hinunterschaute auf die stürmischen Wellen und sich seiner Brust ein „Traumhaft!“ entrang, wußte der Journalist nicht recht, ob er nun den Pazifischen Ozean meinte oder seinen Olympiasieg.

Seine Intelligenz und seine Reaktionsschnelligkeit hatte er übrigens nach dem Erklingen unserer Hymne bei der Pressekonferenz in der Judohalle unterstrichen, als er das Verfahren abgekürzt und noch vor den Dolmetscherinnen in schulgerechtem Englisch selbst auf die Fragen geantwortet hatte. Es war sein siebter Blitzsieg an diesem „Österreich-Abend“ gewesen.

Beppos Nikolo

Gar keine Sternstunde war für unser Land der Rücktritt von Fußball-Teamchef Erich Hof. Er fühlte sich nicht genügend unterstützt und glaubte nach dem Sieg über Holland den günstigsten Moment gewählt zu haben, bei gutem Wind abzutreten. Sich für die Weltmeisterschaft zu qualifizieren, wird ja auch wirklich nicht leicht sein. Wird Österreich nicht Erster, muß es ja als Zweiter Ausscheidungsspiele bestehen. „Wir müssen Ungarn zu Hause und Holland auswärts schlagen, wir müssen den ersten Platz in unserer Gruppe belegen“, steckte denn auch der neue Teamchef, der Jugoslawe Prof. Dr. Branko Elsner, sein Ziel ab. Der neue ÖFB-Präsident, Peppo Mauhart, hatte mit Elsner und Gustl Starek, der Georg Schmidt ablöst, mit einem verspäteten Nikolo aufgewartet, Elsner als Nikolaus (Dekan, Dozent, Dr.) und Starek als Krampus („Hauts eini!“). Die Bestellung des „schwarzen Gustl“ überraschte insoweit, als er ja auch für den Nachwuchs wirken soll und in einer Vorbildfunktion nicht gerade der ideale Mann zu sein scheint.

56.000 die lange Nase gezeigt

Das Ansehen des Fußballsports wurde dagegen auf der Europacupfront viel besser gewahrt. Da machte es Rapid der Austria nach und qualifizierte sich fürs Viertelfinale. In roten Leiberln, wie sie sonst der Heimverein Manchester United trägt, drehten die Hütteldorfer in diesem Wiederholungsspiel 56.000 Zuschauern die lange Nase. Das Gros der Besucher hatte nämlich eine vernichtende Niederlage der Wiener erhofft.

Was aber noch viel mehr beeindruckte als Rapids 1:0-Sieg über Celtic Glasgow war die

Bundespräsident Dr. Kirchschläger verabschiedet die Olympiamannschaft für Los Angeles (Foto Votava)

Eröffnung der Olympischen Spiele in Los Angeles. Einmarsch der erfolgreichen österreichischen Mannschaft. An der Spitze Hubert Raudaschl als Fahnenträger (Foto Bissuti)

Die Medaillengewinner von Los Angeles jubeln! V. l. n. r. Reiter–Judo/Bronce, Seisenbacher–Judo/Gold, Dipl. Ing. Kronthaler–Luftgewehr/Silber (Foto Sündhofer)

Die Europameisterschaft in der Rhythmischen Sportgymnastik brachte neben einen organisatorischen auch einen sportlichen Erfolg. Österreichs Mannschaft konnte sensationell den 5. Rang belegen. (Foto Sündhofer)

Art und Weise, wie er sichergestellt wurde: Mit Disziplin, mit Fairneß, mit Klugheit, mit Kampfgeist, mit spielerischer Brillanz, mit dem guten, alten klassischen österreichischen Fußball.

Gleichsam zum Drüberstreuen wartete im abklingenden Jahr der steirische Abfahrts-Skirennläufer Helmut Höflehner noch mit einem Weltcupsieg in Gröden auf, eine verspätete Rehabilitierung für Sarajevo. Aber auch dieser Erfolg rundete 1984 ab:

Nehmt alles nur in allem, war es ein gutes Jahr für Österreichs Sport.

Leo Strasser

Durch den 1 : 0 Sieg über Holland blieb die Qualifikationschance für die WM 1986 vorerst gewahrt. Tor durch Jara (Foto Votava)

Der große Augenblick des Dipl. Ing. Kronthaler! Siegerehrung in Los Angeles im Luftgewehr. V. l. n. r. Kronthaler/Silber; Heberle/Frankreich – Gold; Gagger/Großbritannien – Bronze (Foto Votava)

Wintersportsaison 1984/85

Nordische Ski-MW
Seefeld im Zeichen Siitonens und Gunde Svans

Als Seefeld beim FIS-Kongreß 1983 in Sidney die Aufgabe übertragen bekam, die 35. Nordischen Skiweltmeisterschaften zu organisieren und auszurichten, mutmaßte so mancher, daß die Seefelder und mit ihnen der Tiroler Landesverband bzw. der ÖSV nicht im Stand wären, diese Aufgabe in so kurzer Zeit zu bewältigen.

Die nordischen Experten des Österreichischen Skiverbandes, zuvorderst FIS-Vorstandsmitglied Prof. Fred Rösner und ÖSV-Präsident Arnold Koller, wußten aber um die große Erfahrung im nordischen Bereich nach den beiden Olympischen Winterspielen 1964 und 1976 und stützten sich andererseits auf organisatorische Flexibilität und die Gewißheit der personellen Bewältigung dieser skisportlichen Großveranstaltung.

Ohne auf die erst später auftauchenden skitechnischen Probleme im Langlaufbereich zu achten, verpflichtete man zuallererst sportorganisatorische Experten, um möglicherweise aufkommende Organisations-Probleme raschest zu lösen.

An den Loipen waren nur geringfügige Veränderungen, Verbesserungen und kleinere Korrekturen vorzunehmen. Auch an der kleinen Schanze, der Toni-Seelos-Anlage, waren nur unbedeutende technische Verbesserungen erforderlich. Für die immer intensivere und umfangreichere Berichterstattung von derartigen Großereignissen in aller Welt mußte ein neues Medienzentrum errichtet werden. Bei der Toni-Seelos-Schanze wurde eine Liftanlage installiert, die vor allem während der Trainingsperioden einen raschen und flüssigen Übungsbetrieb ermöglichen sollte.

Für die Sprungbewerbe auf der 90-m-Schanze am Berg Isel in Innsbruck mußten, da auf dieser Anlage jährlich ein Bewerb der Vier-Schanzen-Tournee abgewickelt wird, keine größeren Baumaßnahmen vorgenommen werden.

Das tatsächliche Problem, der wirklich gravierende Umbruch im sportlichen Bereich wurde im Langlauf vollzogen: der bisher vereinzelt, unbemerkt, geduldet angewandte Siitonen-Schritt schaffte in Seefeld unwiderstehlich den Durchbruch, und revolutionierte den Langlauf. Mit diesem entscheidenden Schritt wurde in Seefeld ein Meilenstein gesetzt.

Die Langlaufkonkurrenzen

Für die Österreicher waren Hoffnung und Erwartung, vor allem in den Sprungbewerben, nicht zuletzt auch in der Nordischen Kombination berechtigt. Im Langlauf ging es eher darum, den Anschluß an die dominierenden Skandinavien- und Oststaaten-Teams zu finden bzw. sich mitteleuropäischen Nationen, wie etwa Italien, zu nähern.

Die Damenbewerbe standen im Zeichen der Norwegerinnen, deren überragende Läuferin Anette Boee zwei Goldmedaillen gewann. Schon im ersten Bewerb, im 5 km-Lauf, setzte sie sich entscheidend durch und siegte vor der Finnin Kervesniemi und einer weiteren Norwegerin, Nykkelmo. Die beiden Österreicherinnen Cornelia Sulzer und Margot Kober landeten im Mittelfeld. Das Siegerphoto des 10 km-Langlaufes hätte gar nicht erst angefertigt werden müssen. Eine Kopie des Bildes vom 5 km-Lauf hätte genügt, denn der Einlauf lautete Boee, Kervesniemi und Nykkelmo. Cornelia

Sulzer erreichte Rang 32, aber doch schon nahezu vier Minuten hinter der norwegischen Siegerin.

Total war der Triumph der Norwegerinnen im 20 km-Bewerb. Hier siegte Nykkelmo vor Britt Pettersen und der bereits zweifachen Goldmedaillen-Gewinnerin Anette Boee. Eine Überraschung brachte der Staffelbewerb über 4 x 5 km. Die hochfavorisierten Norwegerinnen mußten sich mit der Silbermedaille begnügen, Gold ging an die Sowjetrussinnen und auch der dritte Platz der DDR-Mädchen muß als Überraschung bezeichnet werden.

In der Nordischen Kombination hatte man von dem jungen Kitzbüheler Klaus Sulzenbacher eine gute Placierung oder zumindest einen Rang im Vorderfeld erwartet. Der Österreicher hatte aber Materialprobleme und, was aufgrund seiner Jugend verständlich ist, auch nicht die besten Nerven. Er kam über den achtzehnten Platz bei dieser ersten großen Belastungsprobe nicht hinaus.

Die Goldmedaille eroberte einigermaßen überraschend der Deutsche Hermann Weinbuch vor dem Norweger Anderssen und dem Finnen Karjalainen.

Im Mannschaftsbewerb erreichte Österreichs Aufgebot mit Sulzenbacher/Csar/Schwarz den siebenten Rang, Gold ging an die BRD in der Besetzung Müller/Schwarz/Weinbuch; Silber für die Norweger und Bronze für die Finnen.

Begeisterung riefen die spannenden, ja mitreißenden Langlaufkonkurrenzen der Herren hervor, da man einerseits die Läufer immer wieder im Zielstadion beobachten konnte, zum anderen aber vom Geschehen auf der Strecke mittels einer großen Bildanzeigetafel mit exakten Zeit- und Streckenangaben ausgezeichnet informiert wurde.

Zwei Fakten beherrschten und beeinflußten das Langlaufgeschehen: Zum einen die ungeheuer starken Italiener, die so manchem Skandinavier das Fürchten lehrten. Die Südländer waren derart stark, daß es alle Experten überraschte und man sogar Blutdoping oder andere, medikamentöse Hilfen, vermutete. Allein, dem war nicht so. Die Italiener hatten sich einfach mit Gewissenhaftigkeit, allen erlaubten technischen Hilfsmitteln und einem ausgezeichneten Betreuerstab in extremer Höhenlage vorbereitet. Die zweite Überraschung war der von der Weltklasse bereits perfekt beherrschte Siitonen-Schritt, dessen Anwendung im Mittelpunkt zahlreicher Diskussionen stand. Dieser neuartige Abstoßschritt wurde jedoch gestattet, und wer ihn nicht beherrschte, hatte bei dieser Weltmeisterschaft keine Chance.

Im 15 km-Bewerb siegte der Finne Kari Haerkoenen vor dem schwedischen Senior Thomas Wassberg und dem zähen Italiener Maurilio de Zolt. Mit Giorgio Vanzetta ein weiterer Italiener auf Rang Vier, noch vor dem hochfavorisierten Schweden Gunde Svan. Andre Blatter landete als bester Österreicher auf Rang 27.

Nächster Höhepunkt war der 30 km-Bewerb, in dem allerdings die Skandinavier unter sich blieben. Gunde Svan siegte vor dem Norweger Ove Robert Aunli und dem Finnen Harri Kirvesniemi; diesmal waren die Italiener nicht so stark und erreichten durch Vanzetta und Ploner nur die Ränge 7 und 9. Franz Gattermann als bester Österreicher schaffte Rang 31.

Höhepunkt aller Langlaufbewerbe ist die Marathonstrecke über 50 km. In diesem Königsbewerb unterstrich der Schwede Gunde Svan seine Sonderklasse und holte sich mit einer Laufzeit von 2:10:49,9 Stunden die Goldmedaille. Mit nur etwas mehr als einer Sekunde Rückstand eroberte der kleine Italiener Maurilio de Zolt die Silbermedaille und Norwegens Ove Robert Aunli gewann Bronze. Alois Stadlober erreichte mit Platz 28 – nur zwei Plätze hinter dem berühmten Schweden Thomas Wassberg – einen ausgezeichneten Rang unter den 58 klassierten Läufern.

Am stärksten schnitten die Österreicher in der 4 x 10 km-Staffel ab. In der Besetzung Gumpold/Stadlober/Blatter/Gattermann schafften sie den ausgezeichneten siebenten Rang, der sie zugleich als drittstärkste mitteleuropäische Nation hinter Italien und der Schweiz einordnete. Gold für die Norweger, Silber mit nur 6,5 Sekunden Rückstand an die neuerlich großartigen Italiener und nur Bronze für die Schweden. Die Österreicher ließen starke Nationen wie CSSR, Frankreich, BRD oder die DDR hinter sich.

Erfolgshoffnungen im Springen

Die Hoffnungen der Österreicher ruhten jedoch bei den Sprungkonkurrenzen. Zum einen hatten Felder, Vettori und Co. intensiv auf der Berg Isel-Schanze in Innsbruck, aber auch auf der 70 Meter-Schanze in Seefeld trainiert. Zum anderen hatten die jungen Österreicher die ersten Weltcupkonkurrenzen im Dezember 1984 in Übersee klar beherrscht, so daß selbst der Leistungsrückfall während der Vierschanzentournee nicht allzu ernst genommen wurde.

Allein die erste Konkurrenz am 90 Meter-Bakken in Innsbruck brachte eine Ernüchterung. Zunächst ärgerten sich die Veranstalter über eine nur kümmerliche, ja beschämende Zuschauerkulisse: kaum 10.000 Besucher waren gekommen. Aber auch die sportliche Ausbeute enttäuschte aus österreichischer Sicht, denn Sieg und die Goldmedaille gingen an den Norweger Per Bergerud vor den beiden Finnen Jari Puikkonen und Matti Nykänen. Erst auf Rang Fünf mit Ernst Vettori der beste Österreicher. Andreas Felder wurde Siebenter, Armin Kogler nur Dreizehnter und der junge Günter Stranner Sechsundzwanzigster.

Zum Mannschaftsspringen waren dann dank einer geschickten Aktion des Organisationskomitees mehr Besucher, vor allem Jugendliche gekommen. Es war eine spannende und hochklassige Konkurrenz, bei der die Österreicher in der Besetzung Felder/Kogler/Stranner/Vettori lange Zeit das Feld angeführt hatten. Die Entscheidung fiel erst mit dem letzten Sprung: Ernst Vettori kam nicht gut vom Bakken und so fehlten dann in der Endabrechnung wenige Punkte zum Sieg. Gold ging an die Finnen mit Yilipulli/Kokkonen/Nykänen/Puikkonen, Österreich blieb nur um 3,8 Punkte hinter den Skandinaviern und holte die Silbermedaille, Bronze für die DDR mit Sauerbrey/Deckert/Ostwald/Weissflog.

Die Abschlußkonkurrenz der Springer wurde auf der 70 Meter-Schanze in Seefeld ausgetragen. Der ostdeutsche Leichtgewichtler Jens Weissflog war seinen Konkurrenten deutlich überlegen und gewann die Goldmedaille. Hervorragend diesmal der Österreicher Andi Felder, der im zweiten Durchgang die größte Weite erreichte und die Silbermedaille eroberte. Bronze für den norwegischen Sieger vom Berg Isel, Per Bergerud. Ernst Vettori wie schon auf der 90 m-Schanze Fünfter, Günter Stranner wurde Dreizehnter, Armin Kogler Zwanzigster.

Gesamt gesehen durften die Österreicher zufrieden sein: Zwei Silbermedaillen durch Felder und die Mannschaft und erfolgversprechende Leistungen von Ernst Vettori und auch vom jungen Günter Stranner.

Alpine Ski-WM

Nach Cortina d'Ampezzo (1956) und dem Grödnertal (1970) wurde dem Italienischen Skiverband für 1985 neuerlich die Aufgabe übertragen, Alpine Ski-Weltmeisterschaften auszurichten. Die Italiener entschieden sich für die bislang eher unbekannten Skiorte Bormio und St. Caterina. An sich reizvolle und attraktive, sportlich anspruchsvolle Skiregionen, die allerdings im verkehrstechnisch schwer erreichbaren Valtellina keine Besucherrekorde erwarten ließen. Bormio hatte schon für die Alpine Ski-WM 1982 kandidiert; damals wurde dem ÖSV bzw. der steirischen Skiregion Schladming/Haus der Zuschlag erteilt.

Nach dem unbefriedigenden Abschneiden des ÖSV-Aufgebots bei den Weltmeisterschaften 1982 in Schladming mit drei Medaillen (Weirather Gold, Resch und Steiner Bronze) und den Olympischen Winterspielen 1984 in Sarajevo mit einer einzigen (Bronze)Medaille durch Anton Steiner in der Abfahrt, hatte man sich für diese Weltmeisterschaft in der italienischen Grenzregion einiges vorgenommen.

Erfolgserwartungen für die Kombination

Zunächst wollten die ÖSV-Verantwortlichen schon in der Vorbereitungsperiode geeignete Läufer auf die möglichen und in Griffnähe scheinenden Medaillen in der Alpinen Kombination, bestehend aus Abfahrtslauf und Slalom, orientieren. Neben dem prädestinierten Anton Steiner dachten die Experten an Hans Enn, an den Riesentorlaufspezialisten Guido Hinterseer sowie an den Abfahrtsolympiasieger von Lake Placid, Leonhard Stock.

Allein diese Wunschvorstellung ließ sich nicht realisieren: Enn und Hinterseer überzeugten nur in ihrer Spezialdisziplin, dem Riesentorlauf, und Leonhard Stock schaffte die WM-Qualifikation erst gar nicht. Schade, daß in diesem, immer noch über die Schulter belächelten Bereich, Medaillenchancen nicht voll realisiert wurden. Denn in der Endabrechnung zählen letztlich nur Medaillen, alle anderen Ränge und Placierungen befriedigen bestenfalls die Statistiker. Gefragt um die Zielsetzung im Weltmeisterschafts- und Weltcupwinter 1984/85, deponierte Herren-Cheftrainer Karl Kahr ganz eindeutig: „In einem WM-Winter zählt nur die WM. Natürlich wollen wir im Weltcup punkten, mitmischen und Erfolge bringen. Schwerpunkt und Zielsetzung aber ist eindeutig die Weltmeisterschaft."

Stark hatte man in der Alpinen Kombination mit Anton Steiner gerechnet. Doch der Dominator dieses WM-Winters, der ohne Zweifel kompletteste Skiläufer, der bescheidene Schweizer Pirmin Zurbriggen, deklassierte in der Kombinationsabfahrt seine Mitbewerber; Anton Steiner landete auf einem enttäuschenden achten Rang. Für den ÖSV mußte Zufallsstarter Ernst Riedlsperger aus Salzburg die Kastanien aus dem Feuer holen. Der nur als Ersatzmann aufgebotene Slalom- und Riesentorlaufspezialist erkämpfte einen beachtlichen zweiten Rang hinter dem überragenden Zurbriggen und gewann die Silbermedaille noch vor dem Schweizer Thomas Bürgler. Deklarierte Favoriten wie Anton Steiner oder der Schweizer Peter Lüscher waren im Slalom gescheitert.

Mit ausgezeichneten Abfahrtserfolgen der Österreicher, vor allem durch Helmut Höflehner, begann die Saison. Daß es zusätzlich noch achtbare Placierungen in den technischen Bewerben gab, ließ das ÖSV-Aufgebot mit einem gewissermaßen gedämpften Optimismus zu dieser Weltmeisterschaft fahren. ÖSV-Präsident Arnold Koller, in seinen Prognosen eher vorsichtig, äußerte sich zaghaft optimistisch: „Billig wäre es zu sagen, daß wir die Bilanz von Sarajevo (eine Medaille) um 100 % verbessern werden. Ich glaube aber, daß es unseren Läuferinnen und Läufern gelingen müßte, vier bis fünf WM-Medaillen zu erobern. Eine Medaille erwarte ich zumindest von den Damen, drei von den Herren."

Was die Anzahl betrifft, hat Koller, wie man heute weiß, unterspielt oder, wenn man will, mehr als recht behalten: fünf Medaillen für das ÖSV-Team sind sicher nicht schlecht, wurden aber im nachhinein von internationalen Experten als Enttäuschung bezeichnet. Denn vor allem fehlt eine alles überstrahlende Goldmedaille. Zusätzlich aber schmerzt, daß die Österreicher in ihrer Parade- und Königsdisziplin, der Herrenabfahrt, leer ausgingen.

Einmarsch der österreichischen Delegation bei der WM in Bormio (Foto Bissuti)

Enttäuschende Herrenabfahrt

Programmierter Höhepunkt, vor allem aus österreichischer Sicht, war der Herrenabfahrtslauf in Bormio. Allen fünf österreichischen Abfahrern – der Weltmeister von Schladming, Harti Weirather, war automatisch startberechtigt – räumte man Medaillenchancen ein. Helmut Höflehner war von allen Konkurrenten taxfrei zum besten Abfahrer der Saison erklärt worden, Peter Wirnsberger hatte den Weg zurück aufs Siegespodest in mehreren Weltcuprennen bestätigt, Anton Steiner war jederzeit für einen Platz „unter den ersten Drei" gut und vom Senior der Österreicher, dem Rekordsieger in Weltcupabfahrten, Franz Klammer, wußte man, daß er Kraft, Kondition und den erforderlichen Biß hat, um nach eher mäßigen Leistungen wieder ganz in die Spitze zu fahren.

Das Ergebnis war eine einzige Ernüchterung, und es ist nicht zu verurteilen, wenn erfolgverwöhnte Skifreunde von einem Debakel der Kahr-Truppe sprachen. Als Bester des rot-weiß-roten Aufgebots erreichte Franz Klammer den fünften Rang, Peter Wirnsberger wurde Sechster und Helmut Höflehner Siebenter. Ex-Weltmeister Harti Weirather landete im geschlagenen Feld und der mit viel, fast geheimnisvoll ausgesprochenen Vorschußlorbeeren ins Rennen gegangene Anton Steiner beendete die WM-Konkurrenz mit einem Sturz im oberen Streckendrittel.

Strahlender, klarer und von allen nahezu neidlos anerkannter Sieger: Pirmin Zurbriggen vor seinem glücklich-unglücklichen Landsmann Peter Müller.

Auf Rang Drei sensationell der von kaum einem Experten dort erwartete Amerikaner Douglas Levis. Unplaciert übrigens auch jener Mann, der in Sarajevo gewann und später mit seinen frechen Sprüchen die Skiwelt schockte, Olympiasieger Bill Johnson.

Unerwartete Slalommedaille

Die Hoffnungen der Österreicher galten danach dem Riesentorlauf, wo zuletzt Hans Enn und Hubert Strolz gute Leistungen gebracht hatten. Aber es sollte nicht sein. Nicht die Top-Favoriten Zurbriggen oder Girardelli holten sich Gold, sondern der bislang eher unbekannte Bayer Markus Wasmaier setzte sich in einem entfesselten ersten Lauf an die Spitze und verteidigte auch im zweiten Durchgang diese Position. Goldmedaille also für einen krassen Außenseiter. Auf den Rängen die beiden perfekten Allrounder der Skigegenwart, Pirmin Zurbriggen und Marc Girardelli.

Noch einmal hofften die Österreicher. Im Slalom hatten Robert Zoller, aber auch Klaus Heidegger gute und beständige Leistungen vollbracht. Der vor der WM stark vorgepreschte Thomas Stangassinger fiel verletzungsbedingt aus, aber irgendwie hoffte man auf den Durchbruch oder die Explosion des Mollners Franz Gruber. Bis zur Weltmeisterschaft hatte der zuvor verläßlichste Slalomspezialist des ÖSV kaum eine bemerkenswerte Placierung erbracht. Leider endete auch der WM-Slalom für den Oberösterreicher enttäuschend: sein katastrophaler Rückstand aus dem 1. Lauf zwang ihn zu einem Harakiri-Experiment, das mit dem Ausscheiden endete. Auch Klaus Heidegger landete im zweiten Durchgang im Kunstschnee von Bormio. Nur Robert Zoller, ein Phlegmatiker, mit hervorragenden Nerven und einem durchaus gerechtfertigten Maß an Selbstvertrauen, rettete am letzten Tag dieser Ski-WM die Bronzemedaille für Österreich.

Hinter dem Überraschungssieger Jonas Nilsson aus Schweden und dem künftigen

Feierliche Eröffnung der nordischen Weltmeisterschaft in Seefeld (Foto Sündhofer)

Die erfolgreichste Athletin bei der WM in Seefeld – Anette Boe, Norwegen (Foto Sündhofer)

Die strahlenden Silbernen im Mannschaftsspringen bei der nordischen WM in Seefeld.
V. l. n. r. Felder (auch Silber auf der 70 m Schanze), Kogler, Vettori, Stranner (Foto Sündhofer)

Gutensohn fand in Bormio die „richtige Linie" und erreichte Silber in der Abfahrt (Foto Sündhofer)

Die vier Medaillengewinner von Bormio!
V. l. n. r. Kirchler (Riesenslalom), Riedelsperger (Kombination), Eder (Kombination), Gutensohn (Abfahrt) (Foto Bissuti)

Silvia Eder auf dem Weg zu Silber (Foto Sündhofer)

Im Slalom sicherte sich Riedelsperger Silber in der Kombination bei der WM in Bormio (Foto Sündhofer)

Trotz dreier Siege konnte Höflehner weder in Kitzbühel noch bei der WM in Bormio sein Können in Siege ummünzen (Foto Sündhofer)

Luxemburger aus Vorarlberg, Marc Girardelli, der mit zwei Starts immerhin zwei Medaillen erreicht hat.

Zwei Medaillen bei den Herren also, wo man zumindest mit drei gerechnet hatte. Nach wie vor schmerzt das fehlende Abfahrtsmetall am meisten. Statt der im Riesentorlauf hochgerechneten Medaille durch Hans Enn schaffte Robert Zoller diese im Spezialslalom.

Facit: Das ÖSV-Herrenteam blieb um einiges hinter den Erwartungen – vor allem, wenn man die Zielsetzung des Cheftrainers in Betracht zieht.

Die Damen überraschten angenehm

Mit einem Paukenschlag begannen die Damenkonkurrenzen. Nachdem zunächst – gewissermaßen lautlos – die Kombinationsabfahrt abgewickelt wurde, erwartete man gespannt die erste „echte" Disziplin der Damen, den Abfahrtslauf in St. Caterina. Die Konkurrenz begann, leicht beeinträchtigt durch Windböen und Schneetreiben im oberen Streckenbereich. Sensationell lag nach zwölf von insgesamt 36 Konkurrentinnen die Österreicherin Sylvia Eder an der Spitze und hatte die Goldmedaille gewissermaßen schon in der Tasche. Da wurde das Rennen wegen der Sturmböen abgebrochen. Die Frage ist, ob der Bewerb auch dann unterbrochen bzw. beendet worden wäre, hätte zu diesem Zeitpunkt eine der Schweizer Läuferinnen das Feld angeführt. Egal. Die Konkurrenz wurde storniert und neu ausgetragen. Für Sylvia Eder war es, und da muß man ihre Wut verstehen, eine gestohlene Goldmedaille.

Bei der zweiten Konkurrenz dann siegte die erklärte Favoritin Michela Figini vor ihrer Schweizer Teamkollegin Ariane Ehrat, die zeitgleich mit der Österreicherin Katrin Gutensohn Rang Zwei belegte. Unglückliche Vierte Sigrid Wolf: die Österreicherin verfehlte um eine Hundertstelsekunde Silber. Auf Rang 10 die „verhinderte" Goldmedaillengewinnerin Sylvia Eder, nur Zwölfte Co-Favoritin Elisabeth Kirchler. Mannschaftlich ein starker Erfolg der Österreicherinnen, dennoch durfte man trotz der großartigen Leistungen und Placierungen von Gutensohn und Wolf nicht ganz zufrieden sein.

Aber die Basis war mit Gutensohns Silbermedaille zumindest erreicht und der Bann nach den Nullergebnissen von Haus 1982 und Sarajevo 1984 gebrochen. In der Alpinen Kombination setzten die Österreicherinnen die Erfolgsserie fort. Zwar fiel die favorisierte Elisabeth Kirchler bereits im ersten Slalomdurchgang aus, dafür aber überraschte die Salzburgerin Sylvia Eder mit einer ausgezeichneten Slalomleistung, die ihr den fünften Rang in diesem Bewerb einbrachte und in der Kombinationswertung hinter der Siegerin Erika Hess die Silbermedaille bescherte. Dritte in dieser Disziplin die Amerikanerin Tamara McKinney.

Schließlich holten die überraschend starken Österreicherinnen auch im Riesentorlauf noch eine Medaille. Die nach ihrem schwachen Abschneiden in der Spezialabfahrt und dem Ausscheiden in der Kombination enttäuschte und verärgerte Elisabeth Kirchler, explodierte förmlich im Riesentorlauf und gewann nach Laufbestzeit im ersten Durchgang hinter der amerikanischen Überraschungssiegerin Diane Roffe die Silbermedaille, noch vor einer weiteren Amerikanerin, Eva Twardokens.

Mit drei Medaillen hatten die von Trainer Andreas Rauch auf diese Weltmeisterschaft hervorragend eingestellten jungen Österreicherinnen bereits alle Erwartungen übertroffen.

Aber noch stand als letzter Bewerb der Slalom auf dem Programm, und in diese Disziplin hatte man eigentlich die höchsten Erwartungen gesetzt. Anni Kronbichler und Roswitha Steiner waren in Weltcuprennen schon mehrfach am Siegespodest gestanden. Aber für diesen WM-Slalom gab es gut ein Dutzend Siegesanwärterinnen. Diesmal allerdings fehlte das zweifellos erforderliche Quentchen Glück: Um 20 Hundertstelsekunden verfehlte Anni Kronbichler die Bronzemedaille und mußte sich mit Rang Vier begnügen. Roswitha Steiner, die aufs Ganze gegangen war, schied im zweiten Durchgang aus. Die kompletteste Läuferin des ÖSV-Teams, Sylvia Eder, schaffte immerhin in der Endabrechnung noch den 12. Rang. Gold für die routinierte Französin Perrine Pelen vor ihrer jungen Landsmännin Christelle Guignard. Für Italien als Veranstalterland reichte es durch die Olympiasiegerin von Sarajevo 1984, Paoletta Maghoni, zu Bronze und damit zur einzigen Medaille der WM.

Mit drei Medaillen haben die ÖSV-Damen nicht nur ihre männlichen Kollegen, sondern auch alle Erwartungen übertroffen. Dieser jungen Mannschaft, bei der noch dazu einige Mädchen verletzungsbedingt fehlten, ist in den kommenden Jahren noch einiges zuzutrauen.

Alpines Weltcupteam weiter im Wellental

Selbst wenn man berücksichtigt, daß die Weltmeisterschaft den Schwerpunkt darstellte, muß man doch klar erkennen, daß die Alpinläufer und -läuferinnen des ÖSV im Weltcup klar hinter den Erwartungen geblieben sind. Die von Präsident Koller verlangten Änderungen im Vorbereitungs- und Trainingsprogramm wurden nur teilweise realisiert und der erwartete und erhoffte Durchbruch des Nachwuchses zeichnete sich wohl im Europacup ab, fand jedoch im Weltcup, gewissermaßen der Formel I des alpinen Skirennsportes, nicht statt. Nach dem starken und hoffnungsvollen Saisonbeginn der ÖSV-Abfahrer mit Höflehner-Siegen und guten Plätzen des wiedererstarkten Wirnsberger glaubte man an eine neue Erfolgsserie des ÖSV-Teams.

Doch der Faden riß. Und die Bilanz ist ernüchternd und erfordert zweifellos Konsequenzen. Von den fünf Einzelwertungen der Damen im Weltcup gewannen die Schweizerinnen vier, einmal, im Riesentorlauf, setzte sich die Deutsche Marina Kiehl an die Spitze. Einzelerfolge von Elisabeth Kirchler und Katrin Gutensohn reichten nicht aus, das Mannschaftsklassement zu verbessern. So mußte sich Österreich neben den überragenden Schweizerinnen auch von der BRD noch um 16 Punkte geschlagen geben und mit dem dritten Rang begnügen. Die beste Einzelplacierung erreichte Elisabeth Kirchler mit Rang Fünf in der Abfahrt.

Etwas besser, wenn auch nicht befriedigend sieht es bei den Herren aus: als großer „Abräumer“ entpuppte sich jener Mann, der möglicherweise in den kommenden Jahren den Weltcup dominieren wird, der Vorarlberger Marc Girardelli, dessen Siege allerdings der Luxemburgische Skiverband für sich in Anspruch nimmt. Neben dem Gesamtweltcup gewann Girardelli noch die Slalom- und Riesentorlaufwertung, im Kombinationsbewerb siegte der Liechtensteiner Andreas Wenzel.

Österreich behauptete sich nur in seiner langjährigen Domäne, dem Abfahrtslauf: Helmut Höflehner gewann vor dem Schweizer Peter Müller, auf Rang Drei mit Peter Wirnsberger ein weiterer Österreicher. Enttäuschend auch die Weltcup-Gesamteinzelwertung: als bester Österreicher muß sich Helmut Höflehner mit Rang Acht begnügen – noch um einen Platz schlechter als die Siebente, Elisabeth Kirchler, im Damen-Gesamtklassement. In der Mannschaftswertung reichte es bei den Herren mit einem

Punkterückstand von 559 hinter der Schweiz zum zweiten Rang. Auch im Nationencup, in dem Österreich jahrelang dominierte und sich werbewirksam in aller Welt „Skination Nr. 1“ nennen durfte, liefen uns die Eidgenossen neuerlich den Rang ab. Mit 2677 Punkten erreichten sie mehr als das Doppelte der zweitplacierten Österreicher, die es auf 1315 Punkte gebracht hatten.

Daß auch Erfolge aufzuweisen sind – bei Europacup-, FIS- oder Nachwuchsrennen – soll nicht verschwiegen werden. So ist vor allem das Abschneiden bei den Junioren-Weltmeisterschaften in der CSSR beeindruckend. Dort holten die Mädchen von zwölf möglichen Medaillen vier, darunter dreimal Gold. Ausgezeichnet auch die männlichen Junioren, die fünf Medaillenränge, darunter zwei erste Plätze erreichten. Die Frage ist nur, wie diese Erfolge in die Weltcupbilanz der nächsten Jahre umgesetzt werden, oder ob es den Skirennläufern ähnlich wie den Tennisspielern ergeht: großartige Erfolge in Juniorenbewerben, aber kaum international beachtliche Leistungen in der allgemeinen Klasse. Die ÖSV-Junioren schnitten in den vergangenen Jahren stets hervorragend ab, doch auch Christian Orlainsky, Günther Mader oder Guido Hinterseer haben ihre seinerzeitigen Versprechen bisher nicht eingelöst.

Keine Frage, daß nach der heurigen Bilanz Maßnahmen gesetzt werden müssen. Der Trainingsablauf muß geändert, individualisiert werden. Das frühe Spezialisieren in Verbindung mit Leistungsanforderungen hat sich ebenfalls nicht als zielführend erwiesen. Daß es Maßnahmen und Wege zur Leistungssteigerung gibt, haben die Springer bewiesen. An diesem guten Beispiel sollten sich auch die Alpinen orientieren.

Springerweltcup: Nach Trainereffekt wieder in der Weltspitze

Im Gegensatz zu den Alpinen haben die Nordischen gegenüber der Vorsaison stark aufgeholt und bedeutende Erfolge erzielt. Mit eine Rolle spielte zweifellos die Neubesetzung der Trainer: für die Springer wurde vom Skigymnasium Stams Prof. Ganzenhuber geholt und zum Cheftrainer bestellt, für die Langläufer engagierte man den Tschechoslowaken Jaroslav Honcu. Neben beachtlichen Einzelplacierungen erreichte vor allem die Staffel mehrfach ausgezeichnete Placierungen.

Noch deutlicher setzten sich die Junioren in Szene. Im 15-km-Bewerb erreichte Andre Blatter den unbedankten 4. WM-Rang, wobei ihn nur knapp 7 Sekunden vom Medaillenrang trennten. Besser ging es in der Staffel, wo die Mannschaft Schwarz/Gandler/Blatter den dritten Rang erreichte und somit die erste Medaille im Langlauf für Österreich eroberte. Der Rückstand auf die siegreiche sowjetrussische Staffel betrub übrigens nur 1,14 Sekunden.

In der Nordischen Kombination vermochte der talentierte junge Kitzbüheler Klaus Sulzenbacher die von seinen Betreuern sehr hochgeschraubten Erwartungen nicht ganz zu erfüllen. Immerhin schaffte der Tiroler in fünf Weltcupbewerben dreimal eine Placierung unter den ersten Zehn.

Eindrucksvoll hingegen die Leistungen der Springer, bei denen sich mit dem dominierenden Duo Felder/Vettori ein Nachfolgepaar der erfolgsträchtigen Teams Innauer/Schnabl und Kogler/Neuper in der Weltspitze zu etablieren scheint. Insgesamt landeten die österreichischen Skispringer Andreas Felder, Ernst Vettori, Richard

Schallert und Franz Wiegele in zwölf der insgesamt zwanzig Weltcupkonkurrenzen unter den ersten Drei.
Stark auch der Nachwuchs bei den Springern: Bei der Junioren-Weltmeisterschaft in der Schweiz holte sich Werner Haim die Goldmedaille, Günter Stranner wurde Dritter. Im Mannschaftsbewerb, bei dem es keine offizielle Wertung gab, siegte Österreichs Team mit Margreiter/Pürstl/Haim/Stranner.

Als bester Österreicher erreichte Alfred Eder bei der Biathlonweltmeisterschaft in Ruhpolding im 10-km-Bewerb den vierten Rang. Viermal schaffte Eder, bei insgesamt fünf Weltcupkonkurrenzen, einen Platz unter den ersten Drei. Österreichs 31-jähriger Paradebiathlet eroberte im 20-km-Bewerb vor Olympiasieger Peter Angerer aus der BRD die Goldmedaille bei den Militärweltmeisterschaften in der Schweiz.

Eishockey
Traditionsmeister KAC gewinnt Krimifinale

Geradezu katastrophal begann die Meisterschaft in der obersten Spielklasse der Bundesliga: drei Tage vor Meisterschaftsstart meldete Memphis-Team EC Kapfenberg den Konkurs an. Bedauerliche Folge: Die Bundesligameisterschaft 84/85 wurde mit nur sieben Vereinen gespielt. Erstmals versuchte man einen neuen Modus und – vorweggenommen – dieser hat sich bestens bewährt.

Vier Durchgänge der sieben Klubs wurden vorweg absolviert; der Grazer Sportverein landete abgeschlagen als Letzter und schied aus. Die verbleibenden sechs Vereine ermittelte im „Play-offBewerb" jene vier Klubs, die dann in der sogenannten Superplay-off-Runde um den Titel kämpften. Der Villacher SV und Stadlau schieden aus; für die Endrunde qualifizierten sich neben Vorjahrsmeister Feldkirch der Kärntner Traditionsklub und Abonnementmeister KAC, der zweifellos „teuerste" Klub dieser Liga, EC Innsbruck, sowie als echte Überraschung, Aufsteiger Lustenau.

Großer Favorit in dieser Super-play-off Runde waren die Innsbrucker mit ihren Neo-Österreichern sowie den kanadischen und sowjetischen Stars. Außenseiterchancen räumte man bestenfalls Vorjahrsmeister Feldkirch ein. Fachmeinungen und Prognosen haben jedoch nur begrenzten Wert: nachdem Rekordmeister KAC den Einzug ins Finale geschafft hatte und dort auf Innsbruck traf, erwartete man einen klaren Titelgewinn der Tiroler. Aber das Innsbrucker „Millionenteam" versagte in der Entscheidungsphase und die routinierten Kärntner holten sich mit schwer erkämpften, aber klaren Erfolgen in Innsbruck und Klagenfurt den Meistertitel.

Erfreulich der überraschend gute Besuch, ausgenommen die Spiele in Wien und Graz. Innsbruck schoß mit der mehrmals ausverkauften Olympiahalle den Vogel ab: die Tiroler registrierten nahezu 120.000 Besucher in 20 Meisterschaftsspielen.

Unmittelbar nach Ende der Meisterschaft begannen die Vorbereitungen für die B-Gruppen-WM in der Schweiz. Österreichs Team nahm an einem Turnier in Alaska teil und holte sich dort gewissermaßen „zur Einstimmung" den Sieg.

Nachdem die Nationalmannschaft mit großen Erwartungen und Hoffnungen zur B-Gruppen-WM in die Schweiz gefahren war, manche „Experten" sogar vom Aufstieg in die A-Gruppe träumten, mußte die Killiastruppe letztendlich froh sein, den Klassenerhalt geschafft zu haben. Die Österreicher wirkten in diesem Turnier ausgebrannt und verbraucht, sie fanden nie zu ihrem gewohnten Spiel.

Eislauf
Wird Österreich ein Land der Schnelläufer?

Im Eislaufsport haben sich Interesse und Aktivitäten des Verbandes stark auf das Schnellaufen verlegt. Verständlich, da Österreichs Eiskunstläufer seit Jahren im Schatten der Weltspitze stehen. Einzig Katrin und Christoff Beck, das Geschwisterpaar aus Wien, hat sich in diesem Winter international einige Male in Szene gesetzt.

Bei der Weltmeisterschaft in Tokio stießen sie auf Rang Neun vor, bei der Europameisterschaft in Göteborg schafften sie den ausgezeichneten sechsten Platz und bei der Universiade, der Studentenweltmeisterschaft, holten sie die Bronzemedaille. Fast müßig zu sagen, daß sie den Staatsmeistertitel unangefochten gewannen. Bei den Herren eroberte Ralph Burghard den Staatsmeistertitel und bei den Damen gewann überraschend die Grazerin Sabine Paal.

Im Aufwind sind die Eisschnelläufer. Vor allem ein Verdienst der Innsbrucker Gruppe, von der sämtliche Aktivitäten ausgingen. Leistungsmäßig zeichnet Verbandstrainer Günter Schumacher für die Verbesserung verantwortlich. Allerdings muß man Trainingseifer, Begeisterung und volles persönliches Engagement der Aktiven ebenfalls herausstreichen. Absolute Vorrangstellung genießt der Innsbrucker Michael Hadschieff, der gegenwärtig sämtliche österreichische Rekorde hält. Neben dem österreichischen Meistertitel erreichte er bei der Weltmeisterschaft den fünften Rang und bei einem internationalen Bewerb in Davos wurde er Zweiter. Neben Hadschieff schuf in diesem Jahr noch Christian Eminger den Durchbruch, Heinz Steinberger hatte eine gute Saison. Auch Werner Jäger ist sehr stark, wie auch der aus den USA heimgekehrte Anton Meiböck.

Die Aktivitäten haben sich nun auch auf den Osten Österreichs erweitert, wo auf dem Wiener-ASKÖ-Eisring Süd bereits internationale Konkurrenzen ausgetragen wurden und in Wr. Neustadt auf der dortigen Kurzbahn gute Trainingsmöglichkeiten bestehen. Der Eisschnellaufboom schlug sich auch im Präsidium nieder; Dr. Oskar Madl wurde als Präsident vom ehemaligen Kärntner Eisschnelläufer, Dkfm. Manfred Zoyer, abgelöst.

Eisschießen
Vier EM-Medaillen für Österreich

Traditionell erfolgreich bleiben die in Mitteleuropa so populären Eisschützen. Schon bei den Europameisterschaften der Damen in Ruhpolding erreichte Österreich im Nationenbewerb (Zielschießen) die Silbermedaille. Aber auch im Mannschaftsbewerb hielten die Österreicherinnen tapfer mit: das Team Österreich II, vertreten durch den EV Bregenz, errang Silber. In Jesenice kämpften die Herren um die Europameistertitel. Nur ganz knapp wurde der ESV Kindberg hinter dem Team BRD III Zweiter im Mannschaftsbewerb, im Nationencup (Zielschießen) errangen die Österreicher ebenfalls den zweiten Rang. In der Einzelwertung holte der Lochauer Franz Gauster die Bronzemedaille im Zielschießen.

Rodeln
Hinter den WM-Erwartungen geblieben

Anläßlich des „Großen Preises von Österreich“ auf Naturbahn in Prein an der Rax, bei dem vom Internationalen Olympischen Komitee Prof. Dr. Csernusak aus der CSSR anwesend war, stellte der österreichische Präsident des Internationalen Rodelverbandes, Bert Isatitsch, den Antrag, Naturbahnrodeln ins olympische Programm aufzunehmen. Das Problem der Naturbahnsportler ist nach wie vor zweifellos, daß nur wenige Nationen diese Sportart ausüben. Bei den Europameisterschaften in Polen siegte im Einsitzer der Österreicher Manfred Danklmeier, Rang Drei eroberte Robert Tomelitsch.

Bei den Kunstbahnfahrern setzten sich die Österreicher bei der Drei-Bahnen-Tournee nur im Doppel durch: Georg Fluckinger und Franz Wilhelmer gewannen alle drei Konkurrenzen.

Der Weltcup wurde auf sechs Bahnen ausgetragen. Österreichs Vertreter erreichten beachtliche Erfolge. Im Herren Einsitzer wurde Markus Prock Zweiter, Gerhard Sandbichler landete auf Rang Drei. Annefried Göllner wurde im Damenbewerb Vierte und im Doppelsitzer placierten sich Fluckinger/Wilhelmer auf dem zweiten Rang.

Weniger gut erging es den Österreichern bei der Weltmeisterschaft in Oberhof. Prock und das Gespann Fluckinger/Wilhelmer landeten jeweils auf Platz sieben, Annefried Göllner mußte sich mit dem neunten Platz zufriedengeben.

Bob/Skeleton
Schwache Saison

Während die Zweier- und Vierer-Bobs der Österreicher bei den Weltmeisterschaften in Cervinia und den Europameisterschaften in St. Moritz unplaciert blieben, setzte sich bei den Junioren-Europameisterschaften im Zweierbob die Mannschaft Appelt/Muigg mit dem Gewinn der Goldmedaille erfolgreich durch. Auch der Vierermannschaft mit Appelt/Muigg/Redl/Mayerhofer gelang bei der Europameisterschaft in Igls der Sieg vor den favorisierten Schlitten aus der BRD.

Besser schnitten die Österreicher im Skeleton ab: bei den Europameisterschaften in Sarajevo errang der Österreicher Andreas Schmid unter 36 Startern aus 8 Nationen die Silbermedaille. Martin Thaler, der in Sarajevo auf Rang Fünf landete, gewann hingegen die Internationalen Meisterschaften der BRD und der USA.

Skibob
Österreich weiterhin die Nummer eins

Österreichs Skibob-Auswahl wurde entscheidend verjüngt und ging mit gedämpften Erwartungen in die Saison 1984/85. Aber die Österreicher unterstrichen einmal mehr ihre Vorrangstellung in dieser Sportart und eroberten bei den 10. Weltmeisterschaften im italienischen Zirog acht Gold-, drei Silber- und vier Bronzemedaillen; weit mehr als man erwartet hatte. Immerhin nahmen an der Konkurrenz nahezu 120 Aktive teil. Das bestärkt natürlich die Verantwortlichen die Anerkennung ihrer Sportart als olympische Disziplin vermehrt zu betreiben. Die Erfolge im vergangenen Winter haben die Vorrangstellung der Österreicher in dieser Sportart neuerlich bestätigt. Im Weltcup landeten die Österreicherinnen mit Maria Höller, Manuela Geuze und Hannelore Gigler einen Triplesieg, und bei den Herren verteidigte Walter Kroneisl seinen Titel mit Erfolg.

Dr. Fritz Negrini

Ein Heer von Sportlern

Bis vor wenigen Jahren mag es ja noch Leute gegeben haben, die HSNS als fachärztlichen Kürzel verstanden. Mit Hals, Nasen oder gar Ohren hat es aber sicher nichts zu tun. Mit einer Art Medizin hingegen schon.

HSNS – Heeressport und Nahkampfschule, das Österreichische Gegenmittel auf Ostblock-Professionalismus und US-College-Kaderschmieden.

HSNS – eine der zahlreichen Sportfacetten des Bundesheeres. Seit Peter Seisenbacher olympisches Gold im Judo nach Hause brachte, haben die Menschen neben dem glitzernden Edelmetall auch drei Sterne bemerkt. Drei Sterne auf der Schulter: Zugsführer Seisenbacher, HSNS.

Nun sei, der Fairneß halber, hinzugefügt, daß der Peter aus Favoriten seinen Triumph in Los Angeles noch als Gefreiter errang. Und, daß er den nächsten militärischen Chargenrang, den „Korporal“, quasi per „Ipon“ übersprang. Wer, außer einem wahrlich kleinen Korporal, würde ihm diesen Aufstieg mißgönnen?

Seisenbacher ist nicht allein „der Sport beim Heer“. Aufmerksamen Sportfans ist es nicht entgangen, daß plötzlich neue Vornamen in der täglichen Berichterstattung auftauchten: Gefreiter Felder, Korporal Höflehner ...

Das Prestige der Armee ist in der Tat im Abfahrtstempo und mit einem Weitenrekord gestiegen.

„Einfach ideale Trainingsbedingungen“, stellte Peter Seisenbacher trocken fest. Und sein Judoboß Kurt Kucera fügt hinzu: „Die militärische Umgebung, die Härte und die Gewißheit, daß mit Trainingsfaulheit jede Vergünstigung dahin ist – in dieser Atmosphäre gedeihen Sieger.“ HSNS-Chef Oberstleutnant Dieter Böhm unterscheidet nicht zwischen Gold und viertem Platz, sondern nur zwischen echtem Schrot und Korn und dem Holzweg.

Im Militärischen Fünfkampf, der Königsdisziplin, des internationalen Militärsports stellen die österr. Soldaten und Heeressportler noch immer ihren Mann. Gfr. Kölk beim Hindernis.

Ein Jahr vor dem Sieg in Los Angeles hatte sich Peter Seisenbacher wochenlang in japanischen Judo-Zentren herumgequält. „Er kennt den Weg zur Spitze", sagt Kucera, „und das Heer bietet ihm die Wegweiser."

Der Wegweiser – das leitet elegant über zu einem Thema, das irgendwann einmal alle männlichen Staatsbürger dieses Landes zu „besprechen" hatten: Es geht um den Grundwehrdienst. Und im besonderen: um den Sport als Präsenzdiener.

Alljährlich kommen rund 60.000 Jungmänner in die „Stellungsstraße", einer zweitägigen Untersuchungsserie mit 14 Stationen, die Psyche und Physis durchleuchtet. Im Bundesschnitt erweisen sich etwa zehn Prozent davon als untauglich. Detail am Rande: Das Durchschnittsgewicht aller Stellungspflichtigen liegt um drei Prozent über den gesundheitlich vertretbaren Werten.

Ein Drittel aller Untauglichen leidet an seelisch-geistigen Krankheiten. An zweiter Stelle folgen Augenfehler, dann Unfallfolgen, und im weiteren sind es Herz- und Kreislauferkrankungen sowie hoher Blutdruck, die vom ordentlichen Grundwehrdienst befreien.

„Der Zustand unserer Präsenzdiener", meint dann auch Oberstleutnant Bruno Binder, der Armeesportoffizier, „ist ein Spiegelbild der Gesellschaft." Binder sieht das Heer als „letzte Bastion des Staates, den jungen Mann zum Sport zu bewegen".

Nun dient der Sport im Heer nicht der Verfolgung griechischer Körperideale oder der Vorbereitung auf „Mister-Universum"-Wahlen. Die Ziele sind wehrpolitisch klar abgesteckt: Gefechtsausbildung. Im amtlichen Ton heißt das: „KGA – Körpergrundausbildung."

Bruno Binder: „Wir gestalten diese Ausbildung so, daß auch das schwächste Glied in der Kette mithalten kann. Aber wir müssen zu unserem großen Bestürzen immer wieder feststellen, daß kaum einer der Grundwehrdiener regelmäßig Sport betreibt." Die Ungeschicklichkeit und vor allem der Unwillen sorgen hüben wie drüben für Hemmnis und Unbehagen.

Wobei, oft nicht zu Unrecht, das Schlagwort auftaucht: „Sport als Strafe." Ein Grundwehrdiener berichtet: „Mir ist bei einer Schießübung eine Patrone hinuntergefallen. Der Ausbildner hat mich sofort angeherrscht: ‚Fall um auf zehn!'"

Ins „Zivildeutsch" übersetzt: „Machen Sie zehn Liegestütz!" Womit sich eine Art Pawlowscher Reflex züchten läßt – Sport ist gleich Bestrafung.

Wer erinnert sich nicht in diesem Zusammenhang an manche Extrarunde über den Exerzierplatz und an die Kommandos: „Was, ihr könnt nimmer laufen? Na, dann werden wir halt robben!"

Und vielleicht erinnern sich einige auch – um einen etwas versöhnlicheren Ton anzuschlagen – an jenen gutgelaunten Leutnant, der Raufball oder Fußball ins Programm nahm. Sport ist gleich Belohnung.

Plötzlich waren auch die Lebensgeister der lahmsten Largierer erwacht. Und in einem fulminanten Match brachen aufgestaute Frustrationen und Aggressionen explosionsartig hervor. Am Ende hatte man doppelt soviele Kalorien verbraucht wie beim „Rundenfressen" oder beim stupiden „Vorwärts, Sprung, Decken!"

Anmerkung: Eine militärische Auseinandersetzung, also der Ernstfall, für den die Grundwehrdiener ausgebildet werden, läuft leider nicht als Rauf- oder Fußball ab. Die Mächte dieser Welt haben sich noch nicht dazu entschließen können, obwohl viel Schmerz und Unheil damit erspart bliebe . . .

Unter dem Strich bleibt die Erkenntnis: Pädagogisch besser geschultes Kaderpersonal mit der Fähigkeit, Menschen mitzureißen und zu begeistern, aber vor allem mit dem Talent, militärische Notwendigkeiten logisch zu erläutern, könnten die Muskeln der Armee aufs Doppelte aufpumpen.

Denn die (wohl unausrottbaren) Nachfahren des „Schleifer-Platzek“ bewirken im Grunde nichts anderes als einen „Totstellen-Reflex“. Man trickst und schummelt sich irgendwie durch die allmorgendliche (Straf-)Sportlerei und betrügt im Endeffekt nur sich selbst. Statt die Chance wahrzunehmen, das Heer als Aufbau-Camp für den eigenen Körper zu benützen, wird der Tachinierer-Slalom perfektioniert.

Ein Beispiel „next door“ zeigt, was Motivation und freier Wille bewirken können:

Der ÖHSV, der österreichische Heeressportverband. Neben dem „dienstlichen“ Armeesport in der HSNS und den Wettkampfkadern ist dieser Dachverband gewissermaßen die Betriebssportvereinigung des Heeres. Nicht nur Heeresangehörige oder Angehörige der Reserve, sondern auch deren Familienmitglieder und vor allem jeder Österreicher, der „Lust und Liebe“ dazu hat, kann mitmachen. Generalsekretär Ahammer: 1956 wurden die ersten Vereine gegründet, seit 1967 besteht der Verband. Damals hatten wir 7 Vereine, 162 Sektionen und 5.700 Mitglider. Heute gibt es 68 Vereine, 4 Landesverbände, 403 Sektionen, von denen 249 bei offiziellen Meisterschaften vertreten sind. Wir bieten unseren Mitgliedern 55 Disziplinen in 43 verschiedenen Sportarten.“ Und diese Mitgliederzahl ist inzwischen auf 21.518 angewachsen.

Kurt Ahammer fügt hinzu: „Ich muß betonen, daß bei uns der Breitensport und die Freizeitgestaltung an vorderster Stelle stehen. Wo wir Leistungssport betreiben können, da tun wir es. Dann aber richtig. Wir sind stolz auf bisher 1.005 österreichische Meistertitel, 40 Olympiateilnehmer und mehr als 200 WM-, EM- oder Europacupteilnehmer.“

Vor einigen Jahren wurde eine Erhebung durchgeführt, warum gerade so viele Schüler und Jugendliche zum ÖHSV stoßen: „Bei uns geht es sicherlich manchmal zackig-militärisch zu. Viele Eltern haben uns mitgeteilt, daß ihnen ein gewisser Drill für ihre Kinder gefällt. Da passiert's dann nicht, daß die Burschen oder Mädchen bei Trainingskursen irgendwo herumflanieren.“

Und daß es nicht nur den Eltern gefällt, beweisen zahlreiche Gespräche mit jungen Sportsleuten. Der Gewinn des Europacups im Orientierungstauchen geht nicht zuletzt auf Andi Weichberger und Martin Glotz zurück. „Unsere Jungen sind heuer schon erfolgreicher gewesen als wir.“

Ehgartners Riege umfaßt auch zwei Zivilisten: Ingenieur Floderer und Felix Weichberger, seines Zeichens Fliesenlegermeister. Ingenieur Floderer, Angestellter der Gemeinde Wien: „Im Orientierungstauchen gibt's keinen militärischen Vorgesetzten. Es gibt höchstens einen Besseren.“ Was ihm an der Armee-Umgebung gefällt? „Es trägt viel effektiver zur Sache bei. Es dient keiner Vereinsmeierei, sondern dem Sport.“

Und, um die letzte Bastion des Heeressports „abzuräumen „ – es sind natürlich auch Frauen dabei. Christiane Strahalm etwa, vom HSV Aigen, die 1984 WM-Silber mit der Luftpistolen-Mannschaft eroberte. Ihre Tochter Marion führt bereits dieselbe Waffe. Wie ihre Freunde auf das militärische Hobby reagieren? Marion mit Augenzwinkern: „Die sagen: A scharfe Frau ...“

Dieter Chmelar

Österreichs Glanz im Sportjahrhundert

Vor über 100 Jahren entwickelten sich in England die ersten Anfänge des modernen Leistungs- und Spitzensportes. Voraussetzung dafür war die industrielle Revolution, die technische Entwicklung, die verbesserten und billigeren Möglichkeiten der Information, die leichteren und schnelleren Reisemöglichkeiten durch die Eisenbahn, etc.

Dies alles bewirkte eine tiefgreifende Veränderung der Gesellschaft, in der auch der moderne Leistungs- und Spitzensport seine bleibende Heimstätte fand.

Vom Mutterland ausgehend, exportierten die Engländer als Kolonialherren ihr Freizeithobby „Sport" nicht nur in die Dominions, sondern auch beruflich bedingt in die ganze Welt.

So kam bereits 1862 der Rudersport durch Studenten nach Wien und konnte hier bald Fuß fassen, 1892 wurde der Fußballsport von englischen Gärtnern des Baron Rothschild als ihr Freizeitsport nach Österreich gebracht, und die zusehenden Österreicher fanden bald Gefallen daran.

Olympia aus anderer Sicht

Eine große Bedeutung als weltweiter Bote des Sports kommt natürlich auch den Olympischen Spielen zu. Selbst ein so kultiviertes Land wie Österreich hat davon profitiert: So fuhr ein Drei-Mann-Team 1896 zu den ersten Spielen der Neuzeit nach Athen, um sich dort in den Sparten Schwimmen, Radfahren und Fechten zu betätigen. Sie sahen auch bei anderen Wettkämpfen zu und waren dabei von den Darbietungen der Amerikaner in der Leichtathletik begeistert. Nach Wien zurückgekehrt, versuchten sie es den US-Boys nachzumachen und importierten so diesen Sportzweig. Bald fanden sich weitere Interessenten und schließlich auch Vereine, die sich der Pflege des Laufs sowie der Sprung- und Wurfarten annahmen.

Österreich und seine Meriten

Andererseits kommt aber auch Österreich eine bedeutende Rolle hinsichtlich der Verbreitung des Sports zu. Darunter auch im Schwimmen, was nur wenige wissen werden. In der internationalen Chronik dieser Sportart steht meist zu lesen, „schon 3.000 vor Christi war in Ägypten das Schwimmen bekannt". In Ägypten selbst ist man mit solchen Aussagen weit vorsichtiger. Ein ägyptischer Wissenschaftler, der auch Schwimmexperte ist, meint dazu trocken: „Wo hätten meine Landsleute damals schwimmen sollen? Im Nil, um von Krokodilen und anderen Tieren verschlungen zu werden? Und ins Meer traute man sich damals schon gar nicht. Viel eher waren es die Römer, die uns weit später diese Kunst des Fortbewegens im Wasser lehrten." Und damit könnte – so paradox dies auch klingt – die Donau im heutigen Österreich mit ihren klaren temperaturgünstigen Flüssen in der Nähe der römischen Legionen eine der Geburtsstätten des Schwimmens sein. Aber das ist Theorie.

Schwimmen und Fechten – einstige Domäne Österreichs

Sicher ist auf jeden Fall, daß Österreich Mitte des 19. Jahrhunderts der Schwimmnabel der Welt war. 1842 wurde mit dem Dianabad das damals größte Hallenbad der Welt in Wien eröffnet, und drei Jahre später kam mit dem Sofienbad (wo heute die Sofiensäle stehen) ein zweites Groß-Hallenbad dazu. In den vielen Badeanstalten der damaligen Zeit wurde nicht nur ein lustig-lustbetontes Gesellschaftstreiben verzeichnet, sondern auch den sportlichen Aktivitäten Augenmerk gewidmet. Deshalb ist es auch kein Wunder, daß noch um die Jahrhundertwende Österreichs Schwimmer international ganz vorne zu finden waren, wie der Olympiasieg 1896 durch Paul Neumann über 500 m Freistil und andere Schwimm-Olympiamedaillen aus dieser Zeit beweisen.

Noch stärker ist Österreichs Beitrag zur internationalen Entwicklung des Fechtsports. Diese Sportart hat sich ja aus einer vorerst ausschließlich kriegerischen Aspekten dienenden Tätigkeit heraus entwickelt. Der Kampf Mann gegen Mann zu Fuß oder zu Pferd mit dem Schwert in der Hand ist sehr alt und wurde durch die Ritter „veredelt". Das Rittertum war bekanntlich in Österreich sehr stark vertreten, so daß unser Land hierbei eine große Tradition hat. Das erste Fechtlehrbuch kam 1516 unter dem Titel „Ergründung ritterlicher Kunst des Fechtens" vom Österreicher Andre Pauernfeindt heraus, und 1623 gründete sich der zweitälteste Fechtklub Europas in Graz. Später dominierten einige Zeit die Italiener, doch ab 1885 übernahm wieder Österreich die Führung in der Lehrmethodik. Aus der Militär-Fechtschule in Wr. Neustadt entwikkelte sich im Laufe der Zeit die „Wiener Neustädter Fechtschule", die bis zum 2. Weltkrieg weltweit tonangebend war.

Wien – die Stadt der starken Männer

Weltweit anerkannt waren auch die Wiener Gewichtheber. Weltmeister durfte sich nur nennen, wer in Wien gegen die „stärksten Männer der Welt" bestanden und gewonnen hatte. Bestmarken, die im Ausland erbracht wurden, ernteten nur ein sanft-mitleidiges Lächeln, denn die Wiener Bierkutscher schupften sich um 1870 volle Bierfässer meterweit zu. Man agierte einarmig, kniend, liegend, hockend, hob mit Haaren, Fingern und Zähnen schwerste Lasten vom Boden auf oder balancierte hunderte Kilo in anderen unüblichen Körperstellungen, nur um eine Weltbestmarke verzeichnen zu können (so wie heute, um ins Buch der Rekorde zu kommen). Und als etwa 1895 die wilde Stemmerzeit zu Ende ging, sich ein internationales Reglement durchsetzte, da blieben die Wiener tonangebend und heimsten Weltrekorde und Weltmeister- bzw. Europameistertitel en masse ein.

Von 1898, dem Jahr der ersten Weltmeisterschaften, bis 1954 wurden 4 Olympia-, 32 Welt- und 27 Europameisterschafts-Goldmedaillen gewonnen, wobei einer der erfolgreichsten österreichischen Stemmer Josef Grafl war, der zwischen 1907 und 1913 6 Weltmeister- und 2 Europameistertitel eroberte. 1954 riß allerdings die lange Serie mit dem letzten Europameisterschaftserfolg durch Franz Hölbl ab.

Ein Blick zum Wintersport

Natürlich hat Österreich auch großen Anteil an der Entwicklung und Verbreitung des Wintersports. Beginnen wir mit dem Eiskunstlauf: Nirgendanderswo wurde die Verschmelzung athletischer Darbietungen ausländischer Akteure mit der Kreativität und Musikalität des Österreichers so erfolgreich unter Beweis gestellt, wie in dieser Sparte. Das geschickte, melodiöse Gleiten („Schleifen") auf dem Eis war in Wien schon 1680 bekannt und beliebt – wie auch in anderen Ländern, wo aber das Gleiten nicht tänzerisch beschwingt, sondern als Streckenlauf (z. B. in Holland auf den Kanälen) betrieben wurde. Als im Jahre 1868 der kanadische Berufsläufer Jackson Haines in Wien sein athletisch-sprungbetontes Programm zeigte, da ahnte er nicht, welche Wirkung er damit erzielen werde. Die Wiener ahmten seinen Vortrag nach und mixten dazu tänzerische Figuren zur heimischen Musik. 1883 erschien das Buch „Spuren auf dem Eis“, das erstmals Vergleichs- und damit auch Wertungsgrundlagen für diese Sportart beinhaltete

Die weltberühmte Wiener Schule war geboren und blieb viele Jahrzehnte tonangebend.

Vom Brauchtum zu Olympia

Alpenländisches Brauchtum bildete die Grundlage des Eisstockschießens. Im 17. Jahrhundert war es unter der Bezeichnung „Platteln“ ein vor allem bei den Tiroler Bauern beliebtes winterliches Freizeitvergnügen. Aus diesem geselligen, meist feuchtfröhlichen Treiben (im Winter muß man eben für innere Wärme sorgen!) entwickelte sich eine Wettkampfsparte, die 1936 und 1964 Olympischer Vorführbewerb war und von Österreich ausgehend nun in vielen Alpenländern betrieben wird. Die Weiterentwicklung führte unter der Bezeichnung „Stockschießen“ zum Ganzjahres-Leistungssport, der auf Natureis, Kunsteis, aber auch auf Terrazzo und Asphalt ausgeübt wird. Es blieb aber auch ein sehr beliebtes Freizeitvergnügen für Zehntausende Österreicher und Österreich-Urlauber.

Millionen in den Bann gezogen

Die Rolle Österreichs im Alpinen Skilauf als Wegbereiter zum internationalen Massensport ist hinlänglich bekannt. Die Entwicklung der Lehrmethodik, der Fahrtechnik und des Wettkampfes stellen ein österreichisches Geschenk an viele Millionen Menschen in aller Welt dar: angefangen von Matthias Zdarsky, dem legendären Geburtshelfer des Slaloms in Lilienfeld im Jahre 1905, aus dem sich das heutige Wettkampfgeschehen teilweise noch immer ableitet, den anderen Pionieren, die in den letzten Jahren des 19. Jahrhunderts diese aus dem Norden Europas kommende Fortbewegungsart unserem Alpingelände angepaßt und zum Freizeitvergnügen umgemodelt hatten, bis zu Prof. Kruckenhauser und seinem Nachfolger Prof. Hoppichler zieht sich dieser Trend durch die Jahrzehnte. Hier hat Österreich als Wegbereiter von Sportarten einen internationalen Stellenwert, der kaum zu überbieten ist, was sich natürlich auch in Zahlen und Erfolgen niederschlägt.

Ein wenig Bilanz

Wer waren denn die ersten österreichischen Titelträger? Interessanterweise steht am Beginn Schach, eine Sportart, die seither nie wieder internationale Medaillen aufzuweisen hat. Der Wiener Wilhelm Steinitz bezwang 1866 den damals weltbesten Spieler und nannte sich ab diesem Zeitpunkt „Weltmeister“, ohne damit offiziell geschmückt worden zu sein. Erst zwei Jahre später war es dann soweit: der Wiener bezwang in New York den dort lebenden Russen Zuckertort im ersten offiziellen WM-Kampf der Schachgeschichte. Er behielt den Titel bis 1894, nachdem es ihm 1889, 1890 und 1892 gelungen war, die Würde erfolgreich zu verteidigen.

Die Körpersportarten folgen erst Jahre später mit regulären Titelkämpfen. So wurde die erste Europameisterschaft im Eislaufen 1891 ausgetragen, und schon der zweite Titel ging 1892 durch Eduard Engelmann an Österreich. Er gewann auch zwei Jahre später und wurde zu einem Wegbereiter des Eiskunstlaufsports. Neben seinen EM-Titeln lieferte er vor allem wissenschaftliche Arbeiten über den Eiskunstlauf und faßte 1896 den Plan, eine Kunsteisbahn zu errichten. Aber die Technik war noch nicht so weit, die Fabriken erklärten sich außerstande, die Vorstellungen von Ing. Eduard Engelmann, der inzwischen Oberbaurat geworden war, zu realisieren. Erst 1909 wurde aus dem Traum Realität: in Hernals entstand die erste Kunsteisbahn der Welt und fand viele, viele Nachfolger.

Wie populär Eislaufen in Österreich war, ist auch daraus zu entnehmen, daß schon 1867 der „Wiener Eislaufverein" ins Leben gerufen wurde; der „Österreichische Eislaufverband" wurde 1889 gegründet und darf darauf stolz sein, daß aus seinen Reihen im Verlaufe seines 96-jährigen Bestehens 86 Sieger bei Welt- und Europameisterschaften sowie bei Olympischen Spielen kamen, insgesamt wurden 254 Medaillenplätze errungen – also nahezu ein Sieg und 3 Medaillen pro Jahr!

Vor 80 Jahren wurde der „Österreichische Skiverband" gegründet, er darf auf 77 Siege bei Olympischen Spielen und Weltmeisterschaften verweisen, insgesamt immerhin auch auf 238 Medaillen oder ebenfalls auf rund 1 Sieg und 3 Medaillen pro Jahr. Dabei gibt es keine Europameister-Titel bei den Skiläufern,und auch die Grasski- und Trickskiläufer der jüngeren Vergangenheit wurden in dieser Bilanz nicht berücksichtigt.

Aber kehren wir nach diesem statistischen Seitensprung wieder zu den Athleten zurück:

Weitaus erfolgreichster Eiskunstläufer Österreichs war der legendäre Karl Schäfer. Er war in den dreißiger Jahren praktisch unschlagbar und gewann 7 Weltmeister-, 8 Europameister- und 2 Olympia-Titel. Schäfer war gleichermaßen Athlet und steht auf dem Eis, dem das Schöpferische sehr am Herzen lag. Seine Figuren, sein tänzerischleichter Vortrag, gespickt mit schweren Sprüngen und immer neuen Kombinationen bezauberte alle Zuseher. Nur wenige Menschen wissen aber, daß Schäfer nicht nur auf dem Eis, sondern auch im Wasser daheim war: er war österreichischer Meister und Rekordler im Brustschwimmen und galt in seinen Jugendjahren auch als talentierter Fußballer. Als jedoch seine einmaligen Möglichkeiten auf dem Eis erst einmal erkannt worden waren, setzten die Funktionäre alles daran, dem Karl sein „Kickerl" zu untersagen, denn ein Beinbruch hätte das Ende der Karriere bedeuten können.

Noch erfolgreicher war nur noch der Schwede Salchov, der 10 Welt- und 9 Europameistertitel gewann. Sein Name ist bis heute durch einen Sprung im Kunstlaufvokabular erhalten geblieben.

Während bei den Männern mit Kachler (dreimal Weltmeister), dem in Wien trainierenden Kärntner Böckl (viermal Weltmeister) und Emmerich Danzer (dreifacher WM-Sieger) immer wieder überragende Könner WM-Gold gewannen, schaut die Bilanz auf dem weiblichen Eislauf-Sektor wesentlich schlechter aus: nach Helene Szabo, die es zwischen 1922 und 1926 en suite auf 5 WM-Titel brachte (ihr wurde der sechste Titel durch die Kampfrichter vorenthalten: bei der WM 1927 in Oslo werteten nur 2 Österreicher und 3 Norweger, und prompt lautete das Ergebnis 3 : 2 für Sonja Henie, die dann bis 1936 ungeschlagen blieb), konnte nur noch eine Österreicherin WM-Gold erringen: Trixi Schuba 1971 und 1972. Sie brachte aus Sapporo 1972 bekanntlich auch die einzige Gold-Medaille von den Olympischen Winterspielen heim und war das sportliche Opfer der Karl Schranz-Hysterie, denn ihr Sieg ging im Disqualifikationsrummel von dem Arlberger völlig unter.

Ebenso wie die Eisläufer können auch die Skifahrer auf eine Ausnahmeerscheinung hinweisen, auf den 7-fachen Weltmeister Toni Sailer: er gewann 1956 (Cortina) und 1958 (Bad Gastein) 7 von 8 möglichen Titeln, sozusagen nebenbei auch noch 3 Goldmedaillen, da ja in den Olympiajahren die WM nicht separat ausgetragen wird.

Bei den Damen liegt Annemarie Moser-Pröll mit 5 WM-Titel und 1 Olympiasieg an dritter Stelle der ewigen Besten-Liste: Nur Christl Cranz, die zwischen 1934 und 1939 nicht weniger als 14 Titel (darunter einmal Olympiagold) erzielte und Mariell Goitschell, die 6 WM-Goldmedaillen und 5 Olympiasiege erkämpfte, waren besser.

Schlußbilanz

Aber nicht nur im Eislauf und Skilauf allein errang Österreich Medaillen, sondern Sportler nahezu aller Sportarten waren erfolgreich: 326 Weltmeister- und 400 Europameistertitel wurden von österreichischen Athleten in 39 Sportarten erobert, dazu kommen noch 43 Olympiasiege, inklusive der zwischen 1936 und 1948 ausgetragenen Kunstbewerbe. Insgesamt 2.200 erste bis dritte Plätze bestätigen eindeutig: Auch ein kleines Land wie Österreich kann mit den Großen der Sportwelt durchaus mithalten, wenngleich dieses Mithalten in jüngster Zeit immer schwieriger geworden ist.

Norbert Adam

Ein arbeitsreiches Jahr für die Österreichische Bundes-Sportorganisation

Der vorliegende Bericht über das Arbeitsjahr 1984 der Österreichischen Bundes-Sportorganisation zeigt nicht nur die Vielfältigkeit der Tätigkeiten auf, sondern auch, daß die interne Koordination zwischen den Verbänden funktioniert, ebenso wie die Verbindung zu den verschiedensten Institutionen der öffentlichen Hand. Hier muß in erster Linie das Bundesministerium für Unterricht und Kunst erwähnt werden, mit welchem die traditionell gute Zusammenarbeit fortgesetzt werden konnte, als auch das Bundesministerium für Gesundheit und Umweltschutz und natürlich die Landessportorganisationen bzw. die Sportämter der Landesregierungen, mit denen die Beziehungen enger geknüpft werden könnten.

Der Bericht zeigt, daß sich Erfolge positiv auf den Sport auswirken, die Mißerfolge, die nicht ausblieben, werden die Bundes-Sportorganisation nicht ruhen lassen.

Finanzen, Steuern, Toto

Die allgemein angespannte finanzielle Lage konnte natürlich auch an den Sportverbänden nicht vorübergehen und hat zum Teil einschneidende Einsparungsmaßnahmen zur Folge gehabt, die sich leider auch in Einsparungsmaßnahmen auf dem Jugend- und Ausbildungssektor von Funktionären, Lehrwarten und Trainern äußerten. Wenn man die allgemeine Teuerungsrate, den Rückgang des Sporttotos und die nun schon einige Zeit nicht gestiegenen Subventionen des BMUKS in Rechnung stellt, wurde dem Sport annähernd die Hälfte seiner finanziellen Basis entzogen.

Umso wichtiger waren daher die Verhandlungen mit dem BMUKS über die Subventionen. Es konnte dankbar vermerkt werden, daß hier, entgegen dem allgemeinen Trend, keine Kürzungen stattfanden. Es konnten wohl keine neuen, spektakulären Aktionen ins Auge gefaßt werden, doch war man bemüht, die in Angriff genommenen Arbeiten womöglich ohne Einbußen weiterzuführen. Lediglich die „Trainersubvention" wurde geändert, da sich alle Fachverbände zu einer leistungsbezogenen Subventionierung bekannten. Die Erfahrungen der vergangenen Jahre haben sich dahingehend ausgewirkt, daß hauptamtliche Verbandstrainer nur mehr bei wenigen Verbänden installiert sind, dafür wird der aufgabenbezogene und regional tätige nebenamtliche Trainer bevorzugt. Eine Entwicklung, die die Fortführung der Leistungs- und Spitzenarbeit auch bei geringeren finanziellen Mitteln sichert.

Das ganze Jahr hindurch wurden die Verhandlungen mit dem Bundesministerium für Finanzen zur Regelung der Besteuerung von Sportvereinen fortgesetzt, und es konnten bedeutende Fortschritte erzielt werden.

Trotzdem blieben einige Fragen offen. So die Aufstockung der Freibeträge für Großvereine, die Möglichkeit, Einnahmen über mehrere Jahre zur Verwirklichung von teuren Vorhaben anzusparen und die Gleichstellung der selbständigen Funktionäre mit den unselbständigen in Frage der monatlichen Freibeträge.

Der Rückgang des Totos beschäftigte den Sport ja schon seit einiger Zeit. Das Jahr 1984 brachte hier wechselnde Erfolge: Der Wechsel der Minister brachte es mit sich, daß in dieser Frage bis Jahresende keine konkreten Schritte zustandekamen. Deswegen kam der neu eingesetzten „Paritätischen Totokommission“ große Bedeutung zu, die während des ganzen Jahres versucht hat, einerseits die Betriebskosten des Sporttotos zu senken und andererseits durch verschiedene Maßnahmen, vor allem durch entsprechende Werbemaßnahmen, den Umsatz zu heben. Das Jahr 1984 wird das zweitbeste in der Totogeschichte sein, wenn auch der Erfolg sicher zum Teil den angehobenen Wettspieleinsätzen zuzuschreiben ist.

Heeressport- und Nahkampfschule – Neukonzeption

Aufgrund eines BSO-Konzeptes konnte 1984 mit der Sportstelle des Armeekommandos und mit der Heeressport- und Nahkampfschule eine Neuordnung erreicht werden, welche auch international Beachtung gefunden hat:
So werden auf Vorschlag der BSO alljährlich zu den 4 Einrückungsterminen insgesamt 160 Leistungssportler, meist der Spitzennachwuchs, einberufen, wobei alle Sportler einer Sparte jeweils so einberufen werden, daß sie durch diese Versetzung zur HSNS eine gemeinsame optimale Vorbereitungs- und Wettkampfzeit haben.

Der Erfolg zeigt sich bereits in zwei Richtungen: Sportler, welche nicht die unumgänglich notwendige Einstellung und Härte zu sich selbst aufbringen, scheiden meist aus dem Spitzensport aus, andere, welche diese Eigenschaften besitzen, erreichen binnen Monaten enorme Leistungssteigerungen.

Die besten dieser Athleten, welche mindestens die Olympia-B-Qualifikation besitzen, können dann als „Zeitsoldaten“ weiter verpflichtet werden, haben alle Möglichkeiten, ihrem Training und ihren Wettkämpfen nachzukommen und bekommen außerdem als „Beamte“ noch Gehalt. Eine jährliche Überprüfung nach der Wettkampfsaison gewährleistet, daß -Sportler, welche entsprechende Leistungen nicht oder nicht mehr erbringen, ausscheiden. Derzeit kommen rund 120 Sportler aus 30 Sparten auf Vorschlag der BSO in den Genuß dieser Sportförderung.

Das tägliche Brot: Tagungen

Die Bemühungen der BSO, die Interessen des Sportes möglichst überall zu vertreten, bringt natürlich eine Flut von Besprechungen und Sitzungen mit sich. Die dabei erzielten Ergebnisse werden meist in Form von Tagungen allen zur Kenntnis gebracht.

Für die Fachverbände wurden mehr Fach-Tagungen denn je mit Finanzhilfe des BMUKS organisiert, so über Massage, sportgerechte Ernährung, sportmotorische Grundlagen, gruppendynamische und sportpsychologische Fragen und über eine langfristige Planung der diversen Ausbildungen. Die Frage der Ausbildung fachlicher Leitungskräfte beschäftigte die BSO vorrangig, weil nach 10 Jahren staatlicher Verankerung der Ausbildungen von einer mittelfristigen auf eine langfristige Planung übergegangen werden muß.

Es gibt heute eine kontinuierlich verlaufende Ausbildung vom Übungsleiter bis zu den staatlichen Lehrwarten und Trainern. Die Aufeinanderfolge der verschiedenen Ausbildungen muß effektiv und geplant erfolgen. Es hat daher gemeinsam mit dem BMUKS und den Bundesanstalten für Leibeserziehung eine Koordinationstagung stattgefunden, wobei die Ausbildungen bis 1986 im Detail und bis 1990 im Grobplan erstellt wurden.

Die Stabhochspringer konnten mit ausgezeichneten Leistungen aufwarten. Fehringer in Aktion (Foto Sündhofer)

Schon beim ersten Mal stürmten die Läufer den Wiener Frühjahrsmarathon und machten daraus ein Volksfest. (Foto Votava)

Österreichrundfahrt 1984 – Anstieg zum Glockner. 1987 wird die Radweltmeisterschaft (Bahn und Straße) in Österreich durchgeführt werden (Foto Votava)

Niki Lauda 1984 zum dritten Mal Weltmeister! Hier gewinnt er erstmals in Zeltweg (Foto Votava)

Bei den Olympischen Spielen in Los Angeles konnte Hausladen den 7. Platz (200 m Delphin) belegen (Foto Sündhofer)

Sommerbauer/Niedermayer – Österreichs erfolgreicher Zweier (Foto Sommerbauer)

Auf einem ganz anderen Sektor scheint nach jahrelangen Bemühungen ein entscheidender Fortschritt erzielt worden zu sein:

Die Vergabe von Schulturnsälen und die Honorierung der Schulwarte war Gegenstand vieler Diskussionen. In Bundesschulen stellt das BMUKS seit einigen Jahren Anlagen den Sportvereinen kostenlos zur Verfügung, und in einer Tagung mit der Gewerkschaft öffentlicher Dienst wurde vereinbart, daß auf Landesebene Verträge über die Honorierung zwischen dem Sport und der Gewerkschaft abgeschlossen werden. Alle Partner – BSO, BMUKS und Gewerkschaft – zeigten sich an einer reibungslosen und dem Sport dienlichen Zusammenarbeit interessiert.

Im Rahmen der Kommission „Schule und Sport" konnten die schulischen Sportanliegen deponiert werden. So vor allem die Erhaltung und der Ausbau der Neigungsgruppen und der Schülerligen, die Aus- und Weiterbildung von Schulärzten, insbesonders für die Schulen mit sportlichen Schwerpunkten, die verpflichtende Einführung des Schulturnens auch an Berufsschulen, worin kein Fortschritt erzielt wurde, und die bessere Fortbildung von Kindergärtnerinnen und Studenten der Pädagogischen Akadamien im Fache „Leibeserziehung", wo die neuen Lehrpläne einen kleinen Fortschritt erkennen lassen.

Ferner gab es eine Reihe von Tagungen im Rahmen der Europäischen Sportkonferenz, des Donaupokals, der Internationalen Beziehungen, der „Non governmental organisations" und der Fit-Aktionen.

Internationale Beziehungen: Ein arbeitsreiches Jahr

Die „Paritätische Kommission für sportliche Auslandsbeziehungen", zusammengesetzt aus BMUKS, BSO, ÖOC und BM f. Auswärtige Angelegenheiten zur Koordinierung internationaler Fragen, hatte Schwerarbeit zu leisten, insbesondere im Dienste der „Europäischen Sportkonferenz" (ESK), des einzigen gesamteuropäischen Sportforums.

An erster Stelle sind hier die Tätigkeiten der ESK-Arbeitskommissionen zu erwähnen, wobei die Kommission für Jugendsport in Österreich zu Gast war. Auf einem zweiten Gebiet, den Sportstätten, ist Österreich federführend und hat in Fortsetzung eines ersten Seminares über Sommersportanlagen in Seefeld ein weiteres Seminar über Wintersportanlagen abgehalten.

Bei diesem Seminar wurden nicht nur Sicherheitsfragen aller Wintersportanlagen – Skipisten, Loipen, Bob-, Skeleton- und Rodelanlagen, Sprungschanzen, Eislauf- und Eishockeyanlagen etc. – besprochen, sondern auch an alle internationale Fachverbände und an entsprechende Sportgremien, z. B. auch an das IOC, in Form einer Resolution appelliert, Sportanlagen für internationale Wettkämpfe nicht so oft ändern zu wollen, weil dies finanziell nicht mehr verkraftbar ist.

Außerdem war die „NGO", das Gremium der nichtstaatlichen Sportorganisationen, zu einer Koordinationstagung in Wien, weiters eine Delegation des Norwegischen Sportbundes (erster Kontakt), des Französischen Ministeriums für Jugend und Sport, woraus ein Experten-, Trainer- und Jugendaustausch resultierte, eine Delegation japanischer Jugendleiter (auch daraus erwuchs ein Austausch von Funktionären und kleiner Jugendgruppen) und Delegationen aus den sozialistischen Ländern, mit denen die BSO Sportverträge hat.

Im Rahmen dieser Sportverträge wurden mit Bulgarien, der CSSR, der DDR, Polen, Ungarn und der UdSSR die Jahrespläne und damit die Wettkämpfe auf Nationalmannschaftsebene, der Traineraustausch, der Austausch von Experten und Trainingslager auf Gegenseitigkeit vereinbart.

Österreichintern wurde ein „Kamingespräch" mit allen Verbänden über internationale Fragen abgehalten und dabei erstmals versucht, durch gegenseitige Information und Meinungsaustausch künftig in internationalen Gremien eine österreich-einheitliche Linie zu vertreten.

Dopingregelung

Ausgelöst durch einen österreichischen Dopingfall bei den Olympischen Spielen in Los Angeles befaßte sich das BMUKS und in der Folge auch der Bundes-Sportfachrat mit grundsätzlichen Fragen der Leistungssteigerung durch unerlaubte Mittel. Als Resultat der Diskussionen erklärte sich die BSO bereit, intern Dopingrichtlinien und Sanktionsmaßnahmen zu beschließen. Der VMSB wurde beauftragt, eine Dopingliste zu erstellen, Dopinguntersuchungen in Zusammenarbeit mit der BSO durchzuführen und für die Zukunft den Aufbau einer österreichischen Untersuchungsstelle zu prüfen. Aus diesen Überlegungen wird eine gesamtösterreichische Lösung in Zusammenarbeit BSO-VMSB-BMUKS resultieren.

Fit: Das zweite Bein der BSO

Neben dem Leistungs- und Spitzensport setzte die BSO ihre Bemühungen um eine aktive Freizeitbetätigung der gesamten Bevölkerung fort und hat daher auch wieder ihre drei Standard-Volkssporttage mit viel Erfolg weitergeführt: Beim „Nationalen Skiwandertag" am 26. Februar waren 110.000 Österreicher auf der Loipe, am „Nationalen Radwandertag" beteiligten sich 120.000 Radler, und bei Fitlauf und Fitmarsch zum Nationalfeiertag waren wieder 480.000 Menschen in 520 Orten dabei.

Die Erfahrungen zeigen, daß insbesonders das Radfahren einen Boom aufweist und am Staatsfeiertag die Zahl der Läufer deutlich zugenommen hat. Bei den Wanderern hat im Zuge der Sensibilisierung der Bevölkerung in Umweltfragen ein neues Interesse an der Natur stattgefunden.

In Zusammenarbeit mit dem Fremdenverkehr wurde der „Österreichische Wanderschuh" (20.000 Teilnehmer), „Spielfeste" (wo die BSO nur mit „Know how" und und Material half) und das „Österreichische Wanderrad" fortgeführt.

Gerade die Aktion „Wanderrad" war für die Radwege-Infrastruktur Österreichs von immenser Bedeutung: In den letzten Jahren wurden im Zuge dieser Aktion und mit Hilfe beigestellter Schilder von Gemeinden, Fremdenverkehrsvereinen und anderen Institutionen 8.000 km Radwege ausgeschildert, wobei die Kosten dafür die Arbeitsgemeinschaft der Fahrradwirtschaft trug. In Zusammenarbeit mit der AFRA hat die BSO einen Überblick über alle vorhandenen Radwege und Radverleihe der Bundesbahnen bekommen. Dieser Radplan wird 1985 publiziert und soll dazu führen, noch vorhandene Lücken im Radnetz zu schließen.

Die Aktion „Spielfeste" ging 1984 zu Ende: Die BSO glaubt, daß nach 4 Jahren das Ziel, nämlich die Bevölkerung zu Spielen im weitesten Sinn des Wortes zu bringen, erreicht ist. Organisatoren von großen Spielfesten bis zu 40.000 Teilnehmern wurden ebenso gefunden wie kleine Gruppen und Vereine im Lokalbereich.

1984 wurden in ganz Österreich 120 Spielfeste durchgeführt (50 % Zunahme gegenüber 1983), die Teilnehmerzahl lag zwischen 350.000 – 400.000.

Und 1985?

Neben den ständigen Arbeiten der BSO, die fortzuführen sind, wird vorrangig die Steuer- und Totofrage behandelt werden müssen. Weiters wird die Fortbildungstätigkeit, insbesondere in Richtung administrativer Funktionäre, fortgesetzt werden, auch einige Trainertagungen sind geplant. Für den Fitneßsektor soll eine neue Aktion „Sport – Gesundheit – Ernährung" gestartet werden, und im Rahmen des „Jahr der Jugend" der UNO wird die BSO mit Hilfe der Vereine eine Aktion „Jugend zum Sport" durchführen. Es kann jetzt schon behauptet werden, daß diese Aktion die größte im Rahmen des Jahrs der Jugend in Österreich werden wird.

Prof. F. Holzweber

Olympiadritter Steiner beim Sporthilfe 10-Kampf (Foto Gundi Schober)

Neue Basis: Sport im Umbruch

Neben den üblichen sportlichen Schwerpunkten im Jahr 1984, wie die Vorbereitung und Durchführung von Großsportveranstaltungen und der aktiven Mitarbeit von Experten der Abteilung Sport des BMUKS, der Subventionierung von haupt- und nebenamtlichen Trainern, Intensivierung der Sportkontakte mit den zuständigen Behörden in Ost und West, führte Ressortminister Dr. Helmut Zilk intensive Gespräche im Nationalrat, um die Einbeziehung des Begriffes „Sport" in den Titel des ihm überantworteten Ministeriums zu erreichen.

Bereits im Jänner 1984 gab es eine gut organisierte Sportveranstaltung, die weltweit Anerkennung fand: die 3. Weltwinterspiele der Versehrten in Innsbruck, die neben hervorragenden sportlichen Kämpfen dadurch ausgezeichnet wurden, daß IOC-Präsident Juan Samaranch der Veranstaltung beiwohnte und ihr solcherart einen Hauch von Olympia verlieh. Nach wie vor ist geplant, sportliche Wettkämpfe der Versehrten in das olympische Programm aufzunehmen.

Hypobank Südstadt konnte zum zweiten Mal den Donaupokal gewinnen. Siegerehrung durch Min.Rat Mag. Mader (Mitte), Sykora (links), Reg.Rat Hruschka (rechts) (Foto Sündhofer)

Intensiviert wurde die Arbeit in den Leistungszentren: So wurde Judo als sechste Sparte nach Leichtathletik, Fechten, Radsport, Schwimmen und Tennis im Bundessportzentrum Südstadt eingeführt; in Stockerau wurde ein Leistungszentrum für Tischtennis und Damen-Judo eingerichtet, und die Aktivitäten des Leistungssportes in den Heeressport- und Nahkampfschulen entsprechend intensiviert.

Der von Min.Rat Mader initiierte Donaupokal wurde neuerlich in den Sparten Basketball, Handball und Volleyball ausgetragen. Erfreulicherweise setzten sich österreichische Vereinsmannschaften im 2. Bestandsjahr entscheidend durch, und bei den Damen gewann im Handball Hypo Südstadt im Volleyball Post SV den Pokalbewerb. Bei den Herren setzte sich in der Basketballkonkurrenz Österreichs Vertreter, Landis & Gyr, entscheidend durch.

Intensiviert wurden Ausbildung und Betreuung ausländischer Skiteams durch österreichische Trainer: So wurden die Nationalteams der VR China für die Nordische Ski-WM in Seefeld, aber auch für die Alpine Ski-WM in Bormio vorbereitet. Für letztere wurde auch die zypriotische Nationalmannschaft von einem österreichischen Betreuer trainiert.

Überhaupt stand das Jahr 1984 im Zeichen intensiver Vorbereitungen für die nordische Ski-WM in Seefeld. Dr. Helmut Zilk als Präsident des Organisationskomitees weilte mehrmals im Austragungsort und bemühte sich persönlich um den Stand der Vorbereitungsarbeiten. Über Initiative des Bundesministeriums kam es zu der zukunftsträchtigen Entscheidung, eine Sport- und Mehrzweckhalle, die für die Zeit nach der Weltmeisterschaft als Nordisches Skizentrum dem ÖSV zur Verfügung stehen wird, zu erreichen. Für die Zeit während der Weltmeisterschaft wurde diese Sporthalle zum Medienzentrum umfunktioniert.

Österreichs Wintersportler waren mit gedämpften Optimismus zu den Olympischen Winterspielen nach Sarajevo gefahren. Obwohl es letztlich mit nur einer Bronzemedaille im Ski-Abfahrtslauf durch Anton Steiner ein enttäuschendes Abschneiden gab, über dessen Ursachen noch monatelang diskutiert wurde, war Bundesminister Dr. Zilk noch knapp vor Beginn der Spiele nach Sarajevo gekommen, um die Aktiven an Ort und Stelle nochmals aufzumuntern.

Welch breiten Raum der Sport überhaupt einnimmt und wie weitläufig Ausstrahlungen und mögliche Folgen sind, kam in der Enquete „Risikofaktoren im Schulsport", die unter aktiver Teilnahme zahlreicher Experten aus allen Bundesländern Ende Februar in Wien abgehalten wurde, zu Tage. Die wichtigsten Referate so wie das Resümee der Enquete wurden später in einer Broschüre zusammengefaßt und den Interessenten zur Verfügung gestellt.

Immer erfolgreicher werden die Bewerbe im Rahmen der Schülerligen. Nach wie vor dominieren bei den Buben die Fußballkonkurrenzen und bei den Mädchen die Volleyballturniere. Zur Finalveranstaltung der Schülerliga im Fußball wurde eine Pressefahrt mit dem Bundesminister organisiert. Die Veranstaltung seiner Bestimmung übergeben. Dabei wurde erstmals eine sportpolitisch bedeutende Regelung getroffen: Während sechs Monate fungiert die gesamte Anlage mit allen Einrichtungen als Bundessportheim, die restlichen sechs Monate pro Jahr steht sie dem Land Kärnten als Landessportschule zur Verfügung.

Im Rahmen der genannten Pressefahrt wurde auch der im benachbarten Pörtschach tagende Weltkongreß des Eishockeyverbandes besucht. Dabei gelang es Bundesminister Dr. Zilk, nachdem er schon bei vorangegangenen Auslandsbesuchen entsprechende Vorkehrungen getroffen hatte, gemeinsam mit dem Präsidenten des Österreichischen Eishockeyverbandes, Dr. Hans Dobida, die Ausrichtung der Eishockey-Weltmeisterschaft 1987 für Österreich zu gewinnen. Somit hat wieder ein bedeutender Weltsportverband Österreich als Organisator das Vertrauen geschenkt.

Wenige Wochen später betraute auch der Internationale Radsportverband Österreich mit der Ausrichtung der Weltmeisterschaften 1987. Diese Veranstaltung wurde nach der Bewerbung mehrerer Bundesländer schließlich an Kärnten (Straße) und Wien (Halle) vergeben.

Im September wurde der Bundesminister Dr. Zilk zum Bürgermeister der Stadt Wien bestellt. Sein Nachfolger wurde der bisherige Landeshauptmannstellvertreter von Salzburg, Dr. Herbert Moritz. Schon bald nach seinem Amtsantritt war festzustellen, daß Dr. Moritz aufgrund seiner langjährigen Tätigkeit als Sportverantwortlicher im Lande Salzburg nicht nur über große Erfahrung verfügt, sondern sich gleichermaßen für den Spitzen- wie auch Breitensport interessiert. Geradezu sensationell war das Statement von Dr. Moritz anläßlich seiner ersten Sportpressekonferenz. Der Minister verurteilte jegliches Doping und veranlaßte, daß einem Sportverband, den bei den Olympischen Sommerspielen in Los Angeles ein Dopingfall nachgewiesen wurde, die öffentliche Unterstützung bis zur Klärung des Falles zu verwähren sei. Nicht alle

Am 29. Juni 1984 wurde durch Bundesminister Dr. Zilk der Neubau des BSH Faak dem Sport übergeben (Foto Sündhofer)

Experten waren mit dieser eindeutigen Haltung einverstanden und suchten nach Auswegen. Doch der Minister blieb hart und setzte mit diesem – durch die Dopingbestimmungen aus dem jahre 1963 geklärten – Fall eindeutige Maßstäbe für die Zukunft.

Wien war im Herbst noch zweimal Austragungsort sportlicher Großveranstaltungen, wobei das Bundesministerium nicht nur finanzielle Unterstüzung leistete, sondern durch das persönliche Engagement erfahrener Mitarbeiter zum Gelingen beitrug. Zunächst wurde die Damen-Weltmeisterschaft im Judo in der Wiener Stadthalle ausgetragen, und eine Woche später folgte die Europameisterschaft in der Rhythmischen Sportgymnastik. Beide Veranstaltungen waren nicht nur sportlich hochwertig, sondern verursachten in der Folge ein enormes Interesse und verstärkten Zugang zu diesen Disziplinen.

Schließlich kam es mit Jahresende zu der gesetzlich verankerten Bezeichnung „Bundesministerium für Unterricht, Kunst und Sport“. Im Rahmen einer Umstrukturierung wurden erstmals schulischer und außerschulischer Sport in einer Sektion zusammengezogen, Dr. Johann Altenhuber zum Leiter der Sektion bestellt und die bisherige Abteilung Sport zu einer Gruppe innerhalb des Ministeriums umfunktioniert, mit deren Leitung Min. Rat Mag. Mader betraut wurde.

Sporttoto im 35. Spieljahr!

Das Sporttotojahr 1984 brachte dem Österreichischen Amateurkörpersport die erhoffte Trendwende. Die Wetteinsätze von S 905,936.949,- kamen dem Spitzenjahr 1981 nahe und überstiegen die des Jahres 1983 um 18,81 %. Erstmals konnten Gesamteinnahmen von über 1 Milliarde Schilling erwirtschaftet werden. Der Reingewinn von 300 Millionen war um ein Drittel höher als der des Vorjahres.

Attraktionen waren 1984 wieder die vier Prämienrunden mit insgesamt 92,5 Millionen Schilling Wetteinsätzen; 2 Jubiläumsrunden „35 Jahre Sporttoto“ und eine Negativzwölferrunde. Die erstmals durchgeführten vier Superzwölferbewerbe übertrumpften mit einem Gesamtwetteinsatz von 115,8 Millionen Schilling sogar die Prämienrunden. Beim Superzwölfer werden 2 Millionen Schilling der Gewinnsumme des 1. Ranges zugeschlagen.

Bei den 52 Wettbewerben wurden 27,595.749 Wettscheine mit 201,319.322 Tipkolonnen abgegeben. Die Erhöhung des Einsatzes für eine Doppeltipkolonne ab 1. Jänner 1984 auf S 10,- war richtig geplant. Die zuletzt unattraktiv gewordenen Gewinnquoten – beim 50. Wettbewerb des Jahres 1980 gab es die letzten zwei Zwölfer in Millionenhöhe – wurden nun wieder interessant. 1984 gab es wieder zwei Millionäre mit einem Gewinn von je S 1,290.993,-, die bisher höchsten Quoten im 2. Rang mit je S 187.880,- für 8 Gewinner sowie Höchstgewinne im 3. Rang von je S 7.426,- für 202 Gewinner. Der 50. Wettbewerb 84 brachte mit S 39,480.021,- auch die bisher höchste Einsatzrunde seit Bestehen des Sporttotos.

Bewirkt wurde der Aufschwung durch neue Ideen, großen Fleiß des Tototeams und gute Zusammenarbeit mit dem Sporttotobeirat.

Versehrtensport im Wandel

1984 war für den Versehrtensport ein turbulentes Jahr, und die verschiedenen internationalen sportlichen Ereignisse fanden eine größere Beachtung in den Medien als je zuvor.

Wenn auch in unterschiedlicher Weise: Die Winterspiele in Innsbruck hatten das stärkste Echo (die Anwesenheit prominenter Persönlichkeiten war daran wohl nicht ganz unschuldig).

Wesentlich unauffälliger ging es im Sommer zu, als die „Olympischen Spiele" in Los Angeles alle Aufmerksamkeiten bekamen und für die Versehrtenspiele in Long Island nicht mehr viel Energie übrig blieb.

Und ganz still wurde es dann um die Rollstuhl-Wettkämpfe Stoke-Mandeville, die eigentlich auch in Amerika stattfinden sollten und im letzten Augenblick nach England verlegt wurden.

Aber immerhin: Der Versehrtensport hat eine gewisse Öffentlichkeit bekommen, und im Zeitalter der Massenmedien kann es ja zur Existenzfrage werden, ob und wie über ein Ereignis berichtet wird.

Freilich ist es mit den Berichten nicht so einfach: Bei den Medien – und nicht nur dort – ist eine gewisse Scheu und Unsicherheit bei der Behandlung des Themas recht deutlich: Man weiß nicht so recht, wie man mit dem Versehrtensport umgehen soll.

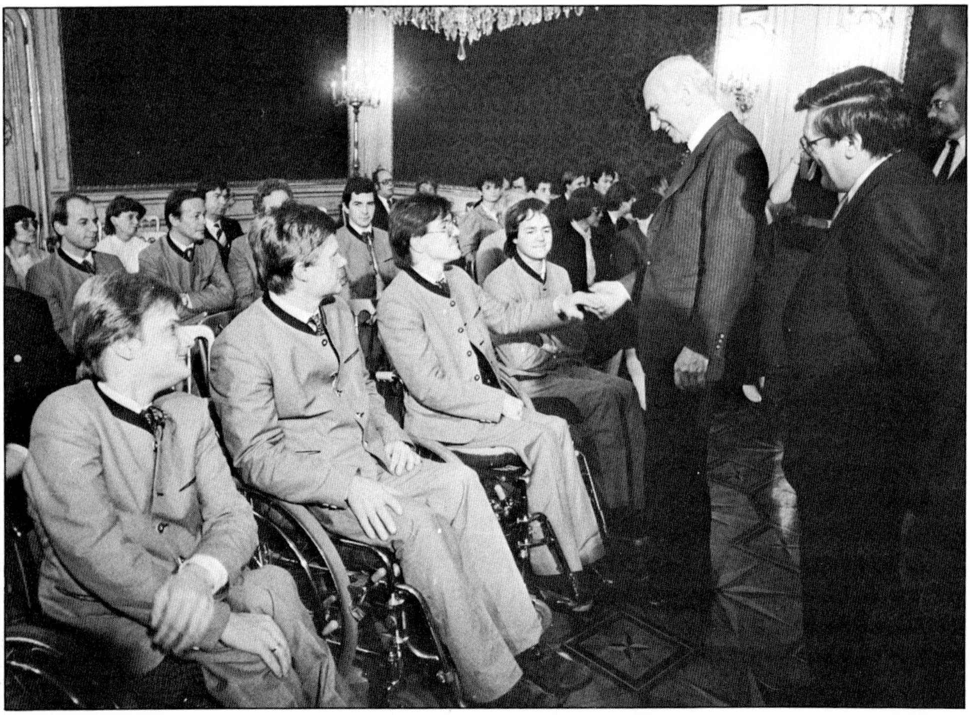

Bundespräsident Dr. Kirchschläger empfängt die erfolgreichen Versehrtensportler. Im Vordergrund Peter Wolf/Tischtennis und Oskar Kreuzer/Schießen (Foto Votava)

Entwicklungen und Tendenzen

Der Versehrtensport ist ein Kriegskind. Seine Wurzeln hat er einerseits in den „Selbsthilfegruppen" sportbegeisterter Kriegsversehrter, die trotz ihrer Behinderung auf den Sport nicht verzichten wollten und Möglichkeiten suchten und fanden, verschiedene Sportarten behindertengerecht auszuüben.

Andere wesentliche Anstöße kommen aus dem Therapiesport im Rahmen der Rehabilitation. Dazu gehören Heilgymnastik und aktive sportliche Betätigung mit dem Ziel, durch Training einerseits dem Körperschaden (Lähmung, Amputation, Gleichgewichtsstörungen) und eventuellen Folgeerscheinungen entgegenzuwirken und andererseits die Gesamtkonstitution zu verbessern.

Im Idealfall bietet dieser Therapiesport genug Anreiz, so daß auch nach Abschluß der Rehabilitation weiterhin Sport betrieben wird.

Die im Versehrtensport ausgeübten Disziplinen müssen behindertengerecht und auf die Leistung des Einzelnen abgestimmt sein, so daß sich für jeden immer wieder die Spannung zwischen Herausforderung und Können ergibt, die Freude an der Leistungssteigerung da ist, zugleich aber das Risiko weiterer Schädigungen ausgeschaltet wird.

Dabei gibt es Raum für eine ständige kreative Veränderung der vorhandenen Möglichkeiten, auch für Neuentwicklungen, wie sie sich immer wieder aus der Praxis ergeben.

So haben sich im Lauf der Zeit eine Vielfalt von Spielen für die verschiedenen Behinderungsarten herausgebildet wie Sitzball und Sitzfußball, Volleyball für Amputierte, Torball für Blinde, Basketball für Querschnittgelähmte und anderes mehr.

Im Blindensport kommt es vor allem auf qualifizierte sehende Helfer an, dann sind Blinden viele Sportarten offen.

Auch bei den Sportgeräten gibt es immer wieder neue Entwicklungen und Verbesserungen. Besonders eindrucksvoll sind der Monoski für Doppelbeinamputierte und der Skibobschlitten für Querschnittgelähmte. Durch die Verbesserung von Prothesen und Rollstühlen gewinnt der Versehrtensport immer neue Facetten.

Ähnliches gilt für Sportanlagen, wobei das Heil aber nicht in einer optimalen behindertengerechten Sportstätte zu suchen ist, die dann nur von Behinderten frequentiert wird, sondern in einer möglichst vielseitigen, für alle zugänglichen Anlage. Es gibt auf diesem Gebiet bereits erfreuliche Ansätze, vom Ideal sind wir leider noch weit entfernt.

113

Die vielen Gesichter des Versehrtensports

Das sind wichtige äußere Bedingungen. Abgesehen davon gibt es über den Versehrtensport zwar nicht ganz so viele Meinungen wie Leute, die damit zu tun haben, aber doch recht unterschiedliche Auffassungen. Die einen sind begeistert von der Entwicklung hin zu internationalen Bewerben und hohen Anforderungen, weil sie meinen, nur so kann Versehrtensport als Sport ernst genommen werden.

Andere stellen den therapeutischen Wert in den Vordergrund oder befürchten, daß einige hochaktive Sportler das Bild des Behinderten in einer unerwünschten Richtung prägen: Ihr habt ja sogar Olympiasieger, was wollt ihr denn noch.

Und wieder andere halten es für bedenklich, daß ein Behinderter erst ganz große Leistungen bringen muß, um überhaupt akzeptiert zu werden (das liest sich dann in der Berichterstattung ungefähr so: „vom Schicksal schwer geprüfte Menschen ... eiserne Ausdauer ... imponierende Leistung ... zeigen, wozu auch ein Behinderter noch fähig ist ...").

Da ist die Konkurrenz zwischen Breitensport und Spitzensport: Einige halten eine friedliche Koexistenz für möglich, andere nicht.

Die Diskussion, ob gerade im Versehrtensport Spitzensportler eher zum Breitensport animieren und gerade Frischverletzten durch ihre Leistungen Mut machen, oder ob sie sie eher abschrecken („das kann ich nie ...") ist noch lange nicht durchgestanden.

Fazit: In vielen Dingen ist der Versehrtensport gar nicht so sehr anders als der „normale" Sport, abgesehen eben von den entsprechenden behindertengerechten Adaptierungen.

Es gibt Für und Wider, oft keine klaren Fronten, oft unversöhnliche Gegensätze.

Es gibt Leute, die Freude am Sport haben und andere, die ihn verbissen betreiben.

Es gibt Leute, die scheren sich nicht um den Spitzensport, und andere, denen der Sieg das wichtigste ist.

Der Rehabilitationsfachmann, der Arzt wird ihn notwendigerweise anders ansehen als mancher Sportler.

Aber in einem sind sich doch die meisten einig: Was der Versehrtensport am allerwenigsten brauchen kann, das ist die Mitleidshaltung, die Einstellung: ach, diese Armen ...

Was er nicht brauchen kann, ist die Etikettierung als karitative Veranstaltung (wir tun etwas für unsere armen Behinderten), die Verbannung in ein Ghetto, die Abstempelung als Kompensationshandlung (alles schon vorgekommen!).

Diskussion, Auseinandersetzung, Unzufriedenheit, Auswüchse, unerwartete Entwicklungen: das tut ihm vielleicht letztlich alles recht gut. Denn das heißt schließlich: Hier entwickelt sich etwas, ist lebendig.

Versehrtensport soll weder geduldet noch als Spektakel angesehen werden, sondern einfach als Sport ernst genommen werden.

10 Jahre Schülerliga in Österreich

Arbeitsgemeinschaft zur Förderung des Schulfußballs in Österreich
Unter dem Motto
Begeisterung – Bewährung – Bewegung
werden auch in diesem Spieljahr über 20.000 Schüler von der Fördermaßnahme Schülerliga-Fußball erfaßt, das bedeutet, daß nunmehr seit dem Gründungsjahr 1975/76 rund 150.000 Schüler an diesem Bewerb teilgenommen haben.

Der Jubel ist groß! Die Freude überschwenglich! Die Hauptschule Güssing siegt im Schülerligafinale über Wr. Neustadt (Foto Sündhofer)

Gemeldete Schulmannschaften:

	75/76	76/77	77/78	78/79	79/80	80/81	81/82	82/83	83/84	84/85
B	27	40	35	43	42	41	143	40	36	38
K	46	63	64	68	76	79	76	71	71	65
NÖ	125	174	184	198	207	208	12	211	209	201
OÖ	61	147	161	172	194	195	202	206	202	194
S	33	52	53	60	57	60	261	67	61	59
ST	69	120	128	137	151	165	58	174	169	163
T	34	54	57	62	69	69	175	73	75	76
V	19	27	17	25	30	33	34	36	38	36
W	49	79	76	77	82	95	92	92	88	80
	463	756	775	842	908	945	953	970	949	912

Am Beginn des 10. Spieljahres der Schülerliga ist in erster Linie nicht mehr über die Entwicklung der Schülerliga zu berichten, sondern es soll der IST-Zustand herausgestrichen werden. Berichte seit 1975/76, Ergebnisse der Landestagungen und Resultate von den Fragebogenaktionen wurden gesichtet.

Die Fragen:
„Welche Idealvorstellungen verfolgt die Schülerliga?"
„Was hat die Schülerliga erreicht?", und „Was kann man besser machen?" wurden gestellt.

Ziele/Leistungen der Schülerliga

Oberstes Ziel der Arbeitsgemeinschaft zur Förderung des Schul-Fußballs in Österreich ist es, durch Veranstaltung von Wettbewerben in Schulen den Fußballnachwuchs zu fördern. Als flankierende Maßnahme soll die Ausbildung und Fortbildung von fachlich interessierten Lehrern auf dem Gebiet des Fußballtrainings, der Betreuung und der Regelkunde ermöglicht und gefördert werden. Die Arbeitsgemeinschaft setzt sich aus Vertretern des Bundesministeriums für Unterricht und Kunst, des Österreichischen Fußball-Bundes und den Vertretern der Sponsoren zusammen. Die Mittel für die Durchführung des Fußballbewerbes der Schulen und der hiefür erforderlichen flankierenden Maßnahmen werden durch Budgetmittel der Schulbehörde, durch Beiträge des ÖFB und seiner Landes-Verbände und vor allem durch Verträge mit den Sponsoren, das sind: die österreichischen Sparkassen und Austria PUMA, aufgebracht.

Ziele der AGM-Schulfußball

Ergänzung der Vereins- und Verbandsarbeit: „Keine Konkurrenzierung"!

Nicht die Auswahlmannschaft, sondern die Schulmannschaft (Schüler e i n e r Schule) ist die unterste Organisationseinheit:

- Fort- und Ausbildung der Lehrer bedeutet Funktionärsgewinn für die Schülerliga und den Sportverein, -verband (Nachwuchsbetreuer/ Schiedsrichter)
- Ergänzung des Spielbetriebes der Vereine
- Hinführen der talentierten Schüler in das Vereinsleben

Fachliche und finanzielle Begleitmaßnahmen zum Spielbetrieb

Pädagogische Aufgabe

- Gemeinschaftserziehung der Schülerligaspieler/Fair Play. Durch Einbau von Rahmenveranstaltungen von den Bezirksmeisterschaften bis zu den Finalspielen soll der Erlebniswert erhöht werden.

  Auch heuer wurden wieder viele Freundschaften im Rahmen der Orts-, Bezirks-, Landes- und Bundesmeisterschaften unter Schülern, Lehrern, Eltern und Organisatoren geschlossen. Diese Begegnung in der Schülerliga ist eine der größten pädagogischen Aufgaben dieser Schulsportförderung.
- Die Arbeit des Lehrers soll in die Öffentlichkeit gebracht werden und der Lehrerbetreuer als Folge seiner Motivation zur Jugendarbeit bei den 13- und 14-jährigen für den Verband die Vereine angeregt werden.

Begeisterung und Interesse für den Bewerb schaffen und damit einen Beitrag zur Integration der Schule in die sportorientierte Öffentlichkeit/Gesellschaft leisten.

Dank der Medien (Presse, Rundfunk, Fernsehen) ist der Öffentlichkeitswert und die Begeisterung für die Schülerliga eine Tatsache.

Die Schülerliga ist der populärste Schulsportbewerb, hat einen entsprechenden Stellenwert im österreichischen Sportgeschehen, und lenkt auch das Interesse im Ausland im verstärkten Maße auf sich.

Dies alles ist darauf zurückzuführen, daß man in der gesamten Organisation neue Wege gegangen ist. Neu deshalb, weil die im außerschulischen Bereich schon lange bestehende Zusammenarbeit zwischen Wirtschaft und Sport erstmalig auch in der Schule zur Anwendung kam.

Das straffe Konzept in der Abwicklung ermöglichte es, seit Beginn der Schülerliga rund 150.000 Schüler und 1.200 Lehrer zu erfassen. Von den 1.390 (HS und AHS) teilnahmeberechtigten Schulen nehmen jährlich fast 70% mit einer Schulmannschaft am Spielbetrieb unter Anteilnahme der Eltern- und Lehrerschaft sowie der Begeisterung der Mitschüler teil.

Leistungen

Begeisterung für die Schülerliga zu schaffen war eine Zielvorstellung, die alle anderen Bereiche der Schülerliga-Arbeit beeinflussen sollte.

Die Zuschauerzahlen bei den Finalveranstaltungen der Schülerliga schwanken zwischen 6.000 bis 12.000. Vorwiegend jugendliche Interessenten für den Bewerb, ein Potential für spätere Zuschauer des österreichischen Fußballs ergaben bisher über 70.000 Zuschauer, inklusive Bundesmeisterschaften ca. 100.000. Nicht statistisch festgehalten sind über 80 Landesfinalveranstaltungen und die gegen 1.200 Bezirksveranstaltungen. Presse, Rundfunk und Fernsehen trugen sehr viel zu diesem Erfolg bei, die Schuljugend echt zu begeistern. (Ein herzliches Dankeschön allen für ihre Unterstützung.) Der Spielbetrieb von Orts-, Bezirks- über Landesebene ist Dank der Medienarbeit zu einem Öffentlichkeitswert angewachsen, der seine Auswirkungen darin zeigt:

- Übernahme von Veranstaltungen
- Interesse der Elternschaft und der gesamten Schule
- Ansporn für Lehrer und Schüler nach guter Arbeit in die Öffentlichkeit zu treten.

Der „SL-Bazillus“ ist zu einer Selbstverständlichkeit geworden.

Fragen zur Schülerliga/Ausblick

- Allgemein

  Unter dem sportpädagogischen Grundsatz (Leistungserlebnis/erzieherische Potenzen) bietet die Schulbehörde/AGM für „Schulmannschaften" (Schüler einer Schule) einen Bewerb an, der keine echte Wiederholung der Verbandsarbeit sein soll und der das Bemühen der Vereine ergänzen soll. Die Rechtfertigung des Spielbetriebes ist in der großen Zahl der Nichtvereinssportler (1981/82 1/3 Verein – 2/3 Nichtvereinsspieler – 1984 50% Aufteilung am Beginn des SL-Jahres) in der Teilnehmerzahl bei Schul-, Orts- und Bezirksspielen sowie bei deren Vorbereitung zu sehen. Die eingesetzten Mittel ergaben eine große Motivation für eine der populärsten Sportarten.

- Vereine/Verband

  Das Resultat ergibt sich schon durch den Funktionärsgewinn. Die Frage ist aber immer, „wo bleiben die Riesentalente"? Talentsichtung und Weiterentwicklung ist Aufgabe der Vereine und Verbände, die Schule ermöglicht einen Spielbetrieb der Neigung entsprechend. Der sprunghafte Anstieg der Neigungsgruppe seit 76 spricht für sich, die steigenden Zahlen der Folgebewerbe (13/14 oder 15/16 Organisation über Landesschulrat oder in Zusammenarbeit mit Verband) und der 68,9%-Anteil der ehemaligen Schülerliga-Kicker bei der Bundesmeisterschaft der Schulen für 18-jährige bestätigt die Breite.

  Die Schule stellt die Frage: Wo sind die Fußballexperten der Verbände, die aus den Rohdiamanten etwas formen, wie es bei Volleyball der Fall ist!

- Spitze

  Aufgrund des hohen SL-Anteils bei den Bundesmeisterschaften der Schulen der 18-jährigen müßte mit nächstem Vereins-/Verbandsjahr ein Anstieg der ehemaligen Schülerligisten in den Kampfmannschaften zu verzeichnen sein. Dabei konnte der Bereich der Berufsschulen gar nicht mehr untersucht werden! Man kennt nicht alle Schülerligisten, die als Talente mit ihrer Schulmannschaft bereits auf Orts- oder Bezirksebene ausgeschieden sind und daher nicht die in der Öffentlichkeit stehenden Landes- und Bundesendspiele erreichten, doch hier einige Namen:

  „aus dem Finale '77 HS Mittersill: Laa („Franzi Rogler") 4 : 3 standen 1983 im Cupspiel Mittersill : A. Salzburg bei den siegreichen Mittersillern 4 Spieler der SL'77-Schulmannschaft (Schneider/Potbeska/B. Walcher/Chr. Walcher)"

  „der Kapitän aus dem SL-Finale 76 (BRG Linz), Andi Roth, spielt heute beim LASK" mit großem Erfolg. Im Unter-21 Team spielte er zusammen mit Rochus Maier (jetzt Bregenz Dornbirn) von der HS Nenzing.

  „Der 1. BSPS-5-Kampf-Sieger Günther Kapaunek" spielt beim Wr. Sportklub, – Hans Jelenko bei der Vienna und Ernst Mader bei der Wiener Austria.

  Von den ehemaligen steirischen SL-Fußballern spielen heute in der 1. oder 2. Division: Oliveira/DSV, Löschnig, Hirschhofer, Studeny/Kapfenberg, Peintinger, Oswald, Barl/Sturm Unter-21.

Eine Erhebung, die derzeit in den Ländern durchgeführt wird, soll bundesweit aufzeigen, wieviele Spieler durch die Schülerliga zum Fußball gekommen sind!

Die bereits jetzt feststehenden Namen in den Ligen bestätigen, daß die Besten sich wieder finden, eine natürliche Sache!

Aber was passiert in der Zeit zwischen dem 13. – 16. Lebensjahr der Nachwuchskikker, denn nur drei Länder bieten weitere Fußball-Nachfolgebewerbe an!

Es ist nicht Aufgabe der Schule, „Arbeit für die Spitze" zu leisten. Eine Reform bzw. das Überdenken der Nachwuchsarbeit und die Zuführung in die Leistungszentren und deren Ergebnis wäre zu prüfen. Die Schule möchte den Spielbetrieb für die Breite gestalten und mithelfen, objektivere Zuschauer auf die Sportplätze zu bringen

Schluß

Die Popularität des Fußballs läßt viele andere Sport-Fachverbände neidvoll auf die Organisation der Schülerliga blicken, der es gelungen ist, nun schon seit über neun Jahren gemeinsam einen Weg zu gehen, einen bundesweiten Spielbetrieb durchzuführen und auch die erforderlichen Begleitmaßnahmen zu setzen. Die Träger der Schülerliga-Bewegung sind die vielen Lehrpersonen, die Schülerliga-Betreuer, die Bezirks-, Landes- und Bundes-Fachreferenten für den Schulfußball sowie die Kontaktpersonen der einzelnen Sponsorgruppen und Verbandsvertreter.

Der Dank für das Erlebnis Schülerliga gilt speziell den Vertretern aus folgenden Bereichen:

- den Schülerligabetreuern (aus AHS und Pflichtschule)
- den Direktoren, den Elternvereinen und interessierten Eltern der Schulmannschaften
- den Bezirks-, Landes- und Fachreferenten, die den jährlichen Spielbetrieb von rund 3.700 Spielen (Rekord 82/83 3.948) mit ihrem Einsatz ermöglichten
- den örtlichen Sparkassen und bundesweit gesehen den Sponsoren und deren Einrichtungen
- den Bezirksschulräten und Landesschulbehörden, die personell und administrativ die Schülerliga-Bewegung unterstützen
- den Landesverbänden und Vereinen, deren Bereitschaft zur Zusammenarbeit in den 10 Jahren Schülerliga angestiegen ist
- den ÖFB-, Sponsoren- und BMUKS-Vertretern, die in den Gremien der AGM wirken.

Es sei allen, die um die große pädagogische Bedeutung einer Spielbewegung wissen und sich besorgt um die gegenwärtige Fehlentwicklung im Spitzensport zeigen, das Regelwerk des Fair-Play-Clubs zugerufen!

1. Fördere die Freundschaft im Sport.
2. Versuche zu gewinnen mit Respekt vor Dir selbst, Deinen Mitspielern und Deinen Gegnern.
3. Denke an und halte Dich an die Spielregeln.
4. Respektiere die Entscheidungen des Schiedsrichters.
5. Versuche nicht, die Entscheidung des Schiedsrichters zu beeinflussen durch falsche Vortäuschungen, Lügen oder aggressive Haltung und Worte.
6. bleibe bescheiden bei einem Sieg, und laß Dich nicht entmutigen durch eine Niederlage.
7. Unsportlichkeit des Gegners ist kein Grund für eigenes unsportliches Verhalten.

8. Habe den Mut, Deine eigenen Fehler mit Deinem Lehrer, Trainer, Betreuer und Deinen Mitspielern zu besprechen.
9. Respektiere die Arbeit derer, die die Sportbewegung möglich machten.
10. Bringe den Sport in den Bereich derer, die normal keine Chance haben.

Feststeht, daß die AGM-Grundsätze bereits voll umgesetzt wurden. „Durch Veranstaltungen von Wettbewerben an Schulen und mit der Ausbildung und Fortbildung fachlich interessierter Lehrer auf dem Gebiete des Fußballtrainings und der Regelkunde sollte der geliebte Fußball an die Schuljugend herangebracht werden."

Diese Aufgabe, „Begeisterung zu schaffen", hat die Schülerliga erfüllt. „Die Schülerliga gehört heute zum festen Bestandteil im Schulsport und hat einen entsprechenden Stellenwert im österreichischen Sportgeschehen."

Dank der Zusammenarbeit Wirtschaft/Medien/Fachverband mit der Schulbehörde ist die Schülerliga der Weg der Jugend- und Sportförderung auf Schulebene mit all seinen Problemen geworden. Diese Form der Administration war beispielgebend für die kleine Schwester „Schülerliga Volleyball", den Langlauf-Cup im Cross-Country und Skilanglauf sowie Zielvorstellung für die Jugendarbeit anderer Fachverbände.

Möge das „Jahr der Jugend" 1985 einen positiven Einfluß auf die Entwicklung des österreichischen Schulsports haben!

Norbert Bayer

BSO

ÖSTERREICHISCHE BUNDES-SPORTORGANISATION
gegründet als Arbeitsgemeinschaft - vereinsrechtlich eingetragen 1969

Vorsitzender 1984/85 Min.-Rat Dr. Josef Finder
ab März 1985 Hofrat Prof. Anton Weghofer

Geschäftsstelle
Haus des Sports,
Prinz-Eugen-Straße 12, A-1040 Wien
Telefon 0 22 2 / 65 37 42, Kl. 60, 61 Dw., Telex 133 132 sport a
Leiter der Geschäftsstelle: Prof. Friedrich Holzweber

ÖSTERREICHISCHER BUNDES-SPORTFACHRAT
(bestehend aus Vertretern der 46 anerkannten Fachverbände, einer davon ohne Stimmrecht)

Präsidium 1985
Hofrat Prof. Anton Weghofer, Vorsitzender (Schwimmverband)
Dr. Theodor Zeh (Tennisverband)
Min.-Rat Dr. Josef Simecek (Tischtennisverband)
Der Vorsitzende wird jährlich gewählt.

ÖSTERREICHISCHER BUNDES-SPORTRAT
(bestehend aus Vertretern der Bundes- und Landesleitungen der Dachverbände ASVÖ, ASKÖ, UNION, der Ministerien und Landessportorganisationen)

Präsidium 1985
Dr. Walter Hofbauer (ASVÖ), Vorsitzender
Bundesrat Kurt Heller (ASKÖ)
Min.-Rat Dr. Josef Finder (Union)
Der Vorsitz wechselt jährlich.

EXEKUTIVKOMITEE
Die Präsidien des Bundes-Sportfachrates und des Bundes-Sportrates und folgende Herren:
Generalsekretär Otto Demuth (Fußballbund)
Präs. Peter Ulrich-Pur (Fechtverband)
Präs. Kurt Kucera (Judoverband)
Generalsekretär Felix Netopilek (ASVÖ)
Generalsekretär Rudolf Spiola (ASKÖ)
Generalsekretär Helmut Dembsher (UNION)
sowie mit beratender Stimme:
Min.-Rat Mag. Robert Mader (BMUKS)
OR Dr. Johann Kurz (BM f. Gesundheit und Umweltschutz)
Prof. Friedrich Holzweber (Leiter der Geschäftsstelle)
Dr. Heinz Jungwirth (ÖOC)

MITGLIEDERSTATISTIK DER SPORTORGANISATIONEN

Stand: Jänner 1985

	Burgenland		Kärnten		NÖ.		OÖ.		Salzburg		Steiermark		Tirol		Vorarlberg		Wien		Gesamt		Veränderungen			
	Vereine	Mitglieder	Vereine	Mitglieder	Vereine	Mitglieder	Vereine	Mitglieder	Vereine	Mitglieder	Vereine	Mitglieder	Vereine	Mitglieder	Vereine	Mitglieder	Vereine	Mitglieder	Vereine	Mitglieder	Vereine −	Vereine +	Mitglieder −	Mitglieder +
ASVÖ	210	30.961	181	49.070	209	43.609	333	106.729	159	40.885	236	62.940	371	107.448	355	61.177	202	97.183	2.256	600.002	–	–	–	–
ASKÖ	189	29.736	356	72.758	657	159.614	530	171.200	175	49.405	581	169.236	157	40.627	65	24.435	595	268.065	3.305	985.076	–	57	–	16.902
Union	–	–	–	–	–	–	–	–	–	–	–	–	–	–	–	–	–	–	3.435	815.618	–	–	–	–
VAVÖ	–	–	–	–	–	–	–	–	–	–	–	–	–	–	–	–	–	–	–	397.061	–	–	–	533
Badminton	–	–	10	502	13	551	14	600	6	270	11	390	7	298	16	601	10	371	87	3.583	–	2	–	6
Bahnengolf	–	–	5	77	28	619	12	270	8	201	3	61	14	505	9	241	9	309	88	2.283	3	–	83	
Basketball	7	155	11	515	23	1.280	21	1.320	9	520	23	1.050	8	301	4	103	38	2.851	144	8.095	–	–	–	–
Billard	–	–	10	161	9	193	6	130	6	123	4	91	1	13	1	41	14	914	51	1.666	–	5	6	–
Bob	–	–	2	–	2	–	–	–	1	–	1	–	13	–	1	–	1	–	21	565	–	1	–	45
Bogenschützen	–	–	3	50	3	80	4	105	3	90	3	95	5	180	4	110	3	190	28	900	–	–	56	–
Boxen	–	–	4	208	6	347	9	598	5	345	6	361	7	342	3	81	8	430	48	2.712	–	2	–	35
Casting	–	–	–	–	2	37	5	387	–	–	–	–	–	–	–	–	3	163	10	587	–	–	70	–
Eishockey	1	54	15	760	7	239	6	215	6	298	6	496	7	366	7	530	9	400	64	3.358	–	1	176	–
Eislaufen	3	227	1	520	8	537	6	567	4	412	9	523	8	971	4	553	17	3.631	60	7.941	4	–	–	213
Eisschießen	26	1.236	211	14.137	173	7.707	351	16.852	119	11.927	584	26.513	101	5.894	20	630	23	1.160	1.608	86.056	–	10	–	2.331
Fechten	–	–	5	207	10	407	6	225	4	119	5	201	4	186	4	163	12	354	50	1.862	–	–	–	62
Flugsport	14	449	27	1.294	71	2.511	43	1.730	21	1.463	60	2.510	43	1.352	17	553	29	1.860	325	13.722	4	–	–	463
Fußball	–	–	–	–	–	–	–	–	–	–	–	–	–	–	–	–	–	–	2.036	255.000	–	44	–	2.000
Gewichtheben	2	152	2	73	26	2.072	7	812	4	312	6	413	5	422	3	252	19	1.802	74	6.310	7	–	196	–
Golf	–	–	1	244	5	815	4	749	5	797	3	394	5	1.203	–	–	1	625	24	4.827	–	–	–	370
Handball + Faustball	–	–	16	607	43	2.967	151	5.583	24	1.601	42	2.335	12	709	25	886	51	3.090	364	17.778	–	–	–	–
Heeressport	6	1.256	6	1.855	20	6.202	8	2.604	3	1.501	12	2.611	8	1.702	1	354	4	3.433	68	21.518	–	–	2.281	–
Hockey	–	–	–	–	3	451	2	187	–	–	1	14	1	37	–	–	10	2.238	17	2.927	–	–	–	207
Jagd-/Wurf-taubenschießen	8	–	2	–	27	–	6	–	2	–	14	–	3	–	1	–	21	–	84	22.450	–	4	–	228
Jiu-Jitsu	3	151	–	–	19	752	–	–	–	–	–	–	–	–	–	–	15	757	37	1.660	–	3	–	82
Judo	5	250	12	525	32	5	2.000	12	1.200	27	1.300	7	530	9	600	28	2.475	177	10.180	1	–	–	630	
Kanu	–	–	–	–	–	–	–	–	–	–	–	–	–	–	–	–	–	–	50	2.600	1	–	–	22
Karate	–	–	6	264	11	360	11	965	8	558	8	469	11	597	9	1.235	11	1.113	75	5.561	–	2	–	70

Kickboxen											keine Meldung													
Leichtathletik	10	313	18	523	37	2.748	42	3.608	13	800	38	4.025	20	1.890	27	1.139	20	1.898	225	16.944	–	3	–	215
Moderner Fünfkampf	–	–	1	35	4	152	1	12	–	–	1	32	1	5	–	–	3	65	11	301	–	–	–	38
Motorboot	–	–	–	–	–	–	–	–	–	–	–	–	–	–	–	–	–	–	61	2.700	–	–	–	200
Orientierungslauf	8	165	6	101	11	276	6	119	3	71	11	237	2	24	–	5	11	354	58	1.352	–	–	–	80
Pferdesport	27	1.043	32	1.514	223	6.295	73	2.391	39	1.166	57	2.419	31	1.166	19	764	13	1.918	514	18.676	–	33	–	760
Rad	12	1.932	25	1.988	86	7.295	58	6.273	16	2.134	62	5.822	35	2.518	38	4.819	48	8.311	380	41.092	5	–	–	335
Ringen	2	175	–	–	–	–	4	660	3	460	2	170	4	495	5	730	5	470	25	3.160	–	–	–	45
Rodeln	–	–	–	–	–	–	–	–	–	–	–	–	–	–	–	–	–	–	270	23.000	–	12	–	–
Rollsport	3	125	–	–	–	–	–	–	1	30	–	–	–	–	–	–	10	405	14	560	1	–	–	30
Rudern	1	22	5	717	7	628	10	1.267	–	–	–	–	–	–	1	273	10	1.070	34	3.977	–	–	125	–
Schach	32	227	48	460	51	414	60	916	21	308	84	1.250	28	304	18	282	80	1.556	422	5.717	–	–	–	–
Schießen	23	459	49	1.150	115	4.890	132	3.758	55	4.753	80	4.100	160	10.565	40	1.923	27	1.440	681	33.038	–	19	1.257	–
Schwimmen	12	3.513	18	6.912	25	7.154	31	8.471	12	3.817	26	10.801	13	4.311	9	2.114	11	16.395	157	63.488	–	1	76	–
Skibob	–	–	4	120	12	260	12	250	14	370	4	90	12	260	5	190	4	170	67	1.710	2	–	–	40
Skilauf	28	1.409	138	15.022	129	15.581	228	29.161	126	17.747	228	18.359	258	38.352	104	14.302	80	9.210	1.319	159.143	–	6	554	–
Segeln	9	2.069	7	1.298	1	120	18	3.203	8	1.735	4	399	6	741	6	1.034	7	1.859	66	12.458	–	–	–	432
Sportkegeln	21	426	19	248	63	1.302	76	791	33	405	26	484	55	1.039	13	219	219	3.166	525	8.080	15	–	123	–
Squash	–	–	–	–	–	–	–	–	3	120	–	–	11	650	–	–	9	1.030	23	1.800	–	–	–	–
Tae-Kwon-Do	1	50	–	–	2	90	6	500	8	1.200	–	–	30	2.300	2	80	4	300	53	4.520	–	12	–	2.520
Tanzen	–	–	6	190	7	115	12	762	–	–	8	420	6	412	–	–	15	758	54	2.657	–	3	24	–
Tauchen	1	25	1	165	7	200	10	375	5	340	5	325	2	235	4	145	17	1.090	52	2.900	–	1	–	233
Tennis	72	4.082	106	8.297	272	22.527	227	25.715	77	6.924	145	14.120	100	10.433	49	6.188	72	11.930	1.120	110.216	–	–	–	200
Tischtennis	20	439	41	468	119	3.636	165	5.157	33	1.119	60	1.844	48	2.011	18	601	62	6.254	566	21.529	–	16	–	560
Turnen	9	462	21	5.341	87	24.221	192	34.866	41	9.907	68	15.239	36	11.001	38	6.538	108	36.401	600	143.976	–	35	49.478	–
Volleyball	5	108	10	268	28	708	33	1.026	19	322	21	360	19	599	12	266	30	6.063	177	9.720	–	3	–	151
Wasserrettung	–	150	–	3.400	–	600	–	2.000	–	2.000	–	1.400	–	1.450	–	850	–	1.200	–	13.050	–	–	–	320
Wasserskilauf	–	–	7	800	3	100	10	880	2	100	2	50	–	–	1	120	3	150	28	2.200	–	–	–	100
Zillensport	–	–	–	–	305	3.251	2	121	–	–	–	–	–	–	–	–	–	–	307	3.372	–	1	–	14

1-X-2 und Sie sind dabei
Den Sport fördern und dabei gewinnen
SPORT TOTO
Mehr denn je.

ASVÖ

ALLGEMEINER SPORTVERBAND ÖSTERREICHS, gegründet 1949
1130 Wien, Dommayergasse 8, Telefon 0 22 2 / 82 61 50 und 82 66 41
Telegrammadresse: ASVOE-SPORT-WIEN
Telex: 132788 asvoe a
Dienstzeit: Montag bis Donnerstag von 7.30 bis 16 Uhr, Freitag von 7.30 bis 13.30 Uhr

2.256 Vereine, 600.002 Mitglieder

Präsident
Dr. Walter Hofbauer, 6020 Innsbruck, Maria-Theresien-Straße 57,
Telefon 995 / 28 3 94

Generalsekretär
Felix Netopilek, 1130 Wien, Dommayergasse 8, Tel. 0 22 2 / 82 61 50

Offizielle Verbandszeitung
ASVÖ-SPORTMAGAZIN, erscheint 6mal jährlich

35 Jahre Allgemeiner Sportverband Österreichs, Bundespräsident Dr. Kirchschläger bei seiner Festansprache. V. l. n. r. Stadtrat Mrkvicka, Minister Dr. Moritz, Dr. Hofbauer, Präs. des ASVÖ

Das Jahr 1984 war eines der ereignisreichsten des ASVÖ.

So wurden neben den zahlreichen Lehrgängen auf Landesebene 44 zentrale Lehrgänge in 27 Sportarten durchgeführt. Außer diversen Großveranstaltungen wurden neun internationale Turniere vom ASVÖ veranstaltet.

Im Juni wurde in der Wiener Stadthalle der dritte Teil des Turnieres in der Rhythmischen Sportgymnastik – Gruppenwettkampf – durchgeführt.

Die Auswahl der UdSSR siegte vor der CSSR und sicherte sich auch die Gesamtwertung und somit den Dr.-Kurt-Schmid-Goldpokal. Aufgrund des großen Erfolges dieser Wettkampfserie wird der ASVÖ auch weiterhin einen Gruppenwettkampf in der Rhythmischen Sportgymnastik organisieren.

Der Schwerpunkt der Veranstaltungen 1984 waren jedoch die Aktivitäten im Rahmen des 35jährigen Bestandsjubiläums. Zu Beginn des Jahres kamen die Fachleute zu Wort. Der ASVÖ veranstaltete in Bad Gastein eine zentrale Tagung für Bundes- und Landesfachwarte, an der über 200 Fachleute aus allen Sportarten, die im ASVÖ vertreten sind, teilnahmen.

Den ersten Höhepunkt der Jubiläumsveranstaltungen bildeten dann die Internationalen ASVÖ-Jugendspiele. 1200 jugendliche Sportler aus 19 Ländern feierten im sportlichen Wettstreit mit dem ASVÖ. 14 Sportarten standen auf dem Programm. Neben diesem umfangreichen Sportprogramm fand auch das Rahmenprogramm großen Anklang bei Aktiven und der Bevölkerung. So konnten ca. 1.300 Teilnehmer an den diversen Rahmenprogrammbewerben in Hartberg begrüßt werden. Ein Glanzstück dieser Jugendsportwoche bildete die Ehrung der Olympiasieger, Welt- und Europameister des ASVÖ. Bei dieser Meisterehrung konnte der ASVÖ mehr als 30 Placierte von Olympischen Spielen, Welt- und Europameisterschaften (1. bis 3. Platz) begrüßen, welche in den letzten fünf Jahren ihre Erfolge erringen konnten.

Als Abschluß der Jubiläumsveranstaltungen wurde der Festakt 35 Jahre ASVÖ in Wien abgehalten. Eine besondere Ehre für den ASVÖ war, daß der Bundespräsident, Dr. Rudolf Kirchschläger, in seiner Festansprache die Verdienste des ASVÖ für die Entwicklung des österreichischen Sportes besonders hervorhob. Auch der zuständige Ressortminister, Dr. Herbert Moritz, würdigte die Verdienste der Funktionäre des ASVÖ und überreichte auch zum sichtbaren Zeichen an 20 verdienstvolle Funktionäre des ASVÖ staatliche Auszeichnungen, welche vom Bundespräsidenten verliehen wurden.

ASKÖ

ARBEITSGEMEINSCHAFT FÜR SPORT UND KÖRPERKULTUR IN ÖSTERREICH, gegründet 1892
1040 Wien, Margaretenstraße 13 – 15, Telefon 0 22 2/57 11 73 und 57 11 79, Telex 112411 ASKOE
Dienstzeit
Montag bis Donnerstag von 8 bis 17 Uhr, Freitag von 8 bis 14.30 Uhr

3305 Vereine, 985.076 Mitglieder

Präsident
Bundesrat Kurt Heller, 1010 Wien, Ringturm, Wr. Städt. Versicherung, Telefon 0 22 2/63 39/10 20 Generalsekretär Rudolf Spiola, 1040 Wien, Margaretenstr. 13 – 15, Tel. 0 22 2/57 11 73, 57 11 79

Mitglied des
Comité Sportif International du Travail (CSIT), gegründet 1913, 15 Verbände, 1,3 Millionen Mitglieder
Anschrift
Boulevard de l'Empereur, 13, B-1000 Bruxelles (Belgique), Telefon (02) 512 24 27
ASKÖ-Generalsekretär Rudolf Spiola ist auch Exekutivkomiteemitglied des CSIT.

Offizielle Verbandszeitung
ASKÖ-revue, 10mal jährlich

Chefredakteur
Rudolf Spiola, 1040 Wien, Margaretenstr. 13 – 15, Tel. 0 22 2/57 11 73, 57 11 79

EIN RÜCKBLICK AUF DAS SPORTJAHR 1984:

Es gab nicht nur Olympische Spiele.

Zweifellos war 1984 geprägt durch die Olympischen Winterspiele in Sarajevo und die Sommerspiele in Los Angeles. Für Österreich – und auch für die ASKÖ – waren es erfreuliche Spiele. Vor allem die überraschenden und nur insgeheim erhofften Olympiamedaillen und guten Plätze der österreichischen Sportler in der Metropole von Kalifornien.

Es soll aber auch nicht verschwiegen werden, daß es die ASKÖ mit Freude und Stolz erfüllt, daß mit Peter Seisenbacher ein Sportler ihres Verbandes von den Olympischen Spielen in Los Angeles mit einer Goldmedaille heimkehrte. Doch der Sport besteht nicht nur aus „Olympia". Denn bis einer Sportlerin oder ein Sportler Olympiareife erlangen, ist ein langer, beschwerlicher Weg zurückzulegen. Und nicht jeder ist dazu berufen und veranlagt.

Dachverbandsarbeit wertvoll.

Mit Berechtigung können daher die Dachverbände – und im besonderen auch die ASKÖ – von sich sagen, daß ihre Arbeit wertvoll ist, wertvoll für den Sport, von der Breite bis zur Spitze, und wertvoll für den Menschen, für die Gesundheit, für die Entfaltung seiner Fähigkeiten und für seine physische und psychische Entwicklung.
Breitgefächert und umfangreich ist das Angebot der ASKÖ in den einzelnen Bereichen, um die Menschen zum Sport zu bringen. Voraussetzung dafür sind gut ausgebildete und für diese Aufgabe geeignete Funktionäre, Lehrwarte, Sportlehrer und Trainer. Mit einem Wort Animatoren – um es mit einem gängigen Fremdwort auszudrücken – die in der Lage sind, in den Menschen das Verlangen nach sportlicher Betätigung zu wecken und schlummernde Talente zur Entfaltung ihrer Fähigkeiten zu bringen. Sicherlich keine leichte Aufgabe.

Umfangreiche Schulungstätigkeit.

Um die Interessierten und Befähigten zu fördern und ihren gesetzten Zielen näher zu bringen, hat die ASKÖ ein Kurs- und Schulungsprogramm angeboten und realisiert, das sich sehen lassen kann. Allein von der ASKÖ-Bundesorganisation wurden 63 Aus- und Fortbildungslehrgänge für Lehrwarte und Trainer sowie Leistungskurse in 33 verschiedenen Sportarten durchgeführt. Dazu kommen noch zehn allgemeine Lehrgänge des Fit-Referates für Kinder, Jugendliche, Erwachsene und Senioren. Ziel in diesem Bereich der Schulungsarbeit ist der staatlich geprüfte Fit-Lehrwart.

Ebenso aktiv war das ASKÖ-Jugendreferat. In seinem Angebot waren drei Jugendskiwochen, zwei Sommerlager und drei Jugendsportwochen enthalten.

Besonders erfreulich – und hier liegt die ASKÖ im Spitzenfeld – die hervorragende Auslastung der Kurs- und Lagerplätze mit mehr als 95 % der vorgesehenen Teilnehmerzahl.

Ergänzt wird diese Bundestätigkeit von den ASKÖ-Landesverbänden, aber auch von den Vereinen, die in ihrem Wirkungsbereich gleichgelagerte Lehrgänge anbieten.

Mit ihren eigenen zahlreichen Veranstaltungen und der Teilnahme ihrer Mitglieder an vielen nationalen und internationalen Konkurrenzen kann die ASKÖ mehr als zufrieden sein. Die Zahl der errungenen Staatsmeistertitel und die Placierungen bei Europa- und Weltmeisterschaften sowie bei internationalen Bewerben beweisen die Leistungsfähigkeit der ASKÖ-Athleten.

Spielfeste und ÖSTA-Aktionen

waren auch dieses Jahr fester Bestandteil des Veranstaltungsprogrammes fast aller Landesverbände. Dank des Einsatzes der Funktionäre und ÖSTA-Prüfer konnten die Vorjahresergebnisse bei der ÖSTA-Aktion weiter verbessert werden. Spielfeste sind wetterabhängig. Groß war daher die Enttäuschung mancher Veranstalter über das vergebliche Bemühen, als trotz bester Vorbereitungen Feste nicht durchgeführt werden konnten oder zumindest stark unter den schlechten Wetterbedingungen litten.

ASKÖ-Landestage und -Landessportfeste.

ASKÖ-Landestage gab es in der ersten Jahreshälfte in Oberösterreich und Tirol. Sie waren Rechenschaftsberichte über die positive Aufwärtsentwicklung in der abgelaufenen Funktionsperiode in diesen Bundesländern und steckten die Aufgaben und Ziele der folgenden Periode ab.

Das Internationale Landessportfest des ASKÖ-Landesverbandes Kärnten in Wolfsberg Ende September vereinte 3000 aktive Teilnehmer aus allen Bundesländern und Sportler aus Jugoslawien, der BRD, Ungarn und der UdSSR. Bei großer Beteiligung wurden in vier Sparten die ASKÖ-Bundesmeister ermittelt. Insgesamt wurden bei erfreulich großer Teilnahme 1984 insgesamt 23 ASKÖ-Bundesmeisterschaften ausgetragen.

Neuer Sportminister für Zusammenarbeit.

Der neue Bundesminister für Unterricht, Kunst und Sport, Dr. Herbert Moritz, hat sich in seinen Aussagen und Gesprächen mit den Vertretern des österreichischen Sports klar und deutlich für eine Zusammenarbeit mit der BSO ausgesprochen. Überaus positiv zu bewerten ist seine Aussage über die von seinem Vorgänger und dem früheren Finanzminister gegebenen Zusagen in bezug auf die Reform des Sporttotos und der noch offenen Steuerfragen, die einer Getzesänderung bedürfen. Er bekennt sich dazu und wird bei der Realisierung die BSO miteinbeziehen.

UNION

ÖSTERREICHISCHE TURN- UND SPORT-UNION, gegründet 1945
1010 Wien, Falkestraße 1, Telefon 0 22 2/52 39 80
Dienstzeit
Montag bis Donnerstag von 8 bis 17 Uhr, Freitag von 8 bis 12 Uhr

3435 Vereine, 815.618 Mitglieder
Präsident
Ministerialrat Dr. Josef Finder, 1010 Wien, Hafnersteig 5,
Telefon 0 22 2/53 25 04/22, privat 0 22 2/63 20 385

Generalsekretär
Helmut Dembsher, 1010 Wien, Gonzagagasse 3/8, Telefon 0 22 2/63 72 01

Mitglied der
Fédération Internationale Catholique d'Education Physique et Sportive
(FICEP), gegründet 1911, 18 Länder
Anschrift
5, rue Cernuschi, F-75017 Paris, Telefon 766-03-23
Union-Präsident Dr. Josef Finder ist Präsident der FICEP

Offizielle Verbandszeitung
Union-Post, erscheint monatlich (außer Juli und August)

UNION – GESTERN, HEUTE, MORGEN

Im Jahre 1984 galt es, die Arbeit auf einen Höhepunkt im Jahre 1985 zu konzentrieren: Die 7. Internationalen Union-Bundeskampfspiele vom 6. bis 14. Juli in der Bundeshauptstadt Wien aus Anlaß des 40-jährigen Bestandsjubiläums.

Die Stärke und sportliche Leistungsfähigkeit der Union soll mit diesem Großsportfest in der Öffentlichkeit demonstriert werden. Vielen Unionfreunden werden die großartigen Bundeskampfspiele in Linz 1978 in guter Erinnerung verblieben sein, für Wien soll ein ähnlicher Erfolg angestrebt werden.

Das Programm, das sich auf die besonderen Gegebenheiten der Großstadt ausrichten muß, ist festgelegt. Es wird sportliche Großveranstaltungen, die traditionellen Spartenwettkämpfe, sportshowmäßige Einlagen, einen Sportprater als große Breitensportveranstaltung und Kulturangebote umfassen.

Einen der Höhepunkte des Sportjahres 1984 stellte die zweite Verleihung des „Internationalen Sport-Oskars", der Stiftung der Österreichischen Turn- und Sport-Union für hervorragende und kreative Sportberichterstattung in den Print- und elektronischen Medien im Rahmen der UNION-GALA 1984 dar.

Immer wieder betonen wir, daß die Union den Menschen in den Mittelpunkt ihrer erziehlichen und sportlichen Aufgaben stellt und einen Beitrag zur humanen Gestaltung des Sportes erbringen will. Es gilt, unser Motto „UNION VORAN" als Parole durch 40 Jahre zu beweisen.

FACHARBEIT

Das „Olympiajahr 1984" stand unter einem besonders guten Stern für die Österreichische Turn- und Sport-Union, konnten doch zwei von den insgesamt vier Olympiamedaillen durch Union-Sportler erkämpft werden. Anton Steiner, der Olympia-Dritte im Abfahrtslauf von Sarajewo, und Josef Reiter, Bronzemedaillengewinner im Judo von Los Angeles, haben wesentlich dazu beigetragen, daß Österreich nicht ganz „leer" ausging. Diese beiden Union-Sportler seien allerdings nur stellvertretend für die vielen anderen Spitzensportler der Österreichischen Turn- und Sport-Union genannt.

Wie in den vergangenen Jahren bildeten die Union-Cups in 25 Sparten die schwerpunktmäßige Arbeit im Jahr 1984. In mehr als 100 Einzelveranstaltungen, an welchen sich insgesamt ca. 5000 Aktive beteiligten, wurden die einzelnen Sieger ermittelt. Ein besonderes Augenmerk wurde auf die Aus- und Weiterbildung der Funktionäre, Trainer, Lehrwarte und Übungsleiter gelegt. Zur Unterstützung dieser Aktivitäten wurde nunmehr seit mehr als einem Jahr in der Union-Bundesleitung eine EDV-Anlage zur Bewältigung der administrativen Aufgaben installiert, ein Seminar unter dem Titel „EDV im Sport-Verein" hat die Funktionäre aller Ebenen zur Überzeugung gebracht, daß im heutigen Sportgeschehen der Einsatz der elektronischen Datenverarbeitung kaum mehr wegzudenken ist.

Die Österreichische Turn- und Sport-Union hat sich 1984 an folgenden FICEP-Meisterschaften beteiligt:

Schießen	6. – 11. 6.	Straßbourg/F	6 Gold-, 1 Silber- und 8 Bronzemedaillen
Tennis	5. – 7. 9.	Sulzbach/BRD	2 Silber- und 2 Bronzemedaillen
Geräteturnen	1. – 4. 11.	Würzburg/BRD	1 Gold- und 6 Bronzemedaillen

Insgesamt konnten also 7 Gold-, 3 Silber- und 16 Bronzemedaillen von Union-Sportlern erkämpft werden.

FIT-SPORT

Die FICEP (Fédération Internationale Catholique d'Educaton Physique et Sportive) wird im April 1985 in Eisenstadt einen Kongreß zum Thema „Sport für alle" durchführen. Die Union als eine der Hauptstützen dieser internationalen Sportvereinigung wird aus ihrer reichen Erfahrung sowie umfassenden Tätigkeit heraus wertvolle Beiträge liefern können.

Der Breiten- und Fitneßsport war und ist der Union ein ernstes Anliegen, und die vielen Aktivitäten auf Bundes-, Landes- und Vereinsebene beweisen, daß die Union auf diesem Gebiet stets bemüht war, neue Wege zu gehen und Aktivitäten zu setzen.

Zahlreiche Behelfe (Handbuch „Praktischer Behelf für den Übungsleiter" etc.) sowie die in der Union-Post monatlich erscheinende Fachbeilage unterstützen die Arbeit der Lehrwarte und Übungsleiter in den Vereinen.

Der FIT-Ausschuß der Union ist in seinen regelmäßig stattfindenden Sitzungen stets bemüht, neue Angebote zu schaffen und Anregungen für die praktische Arbeit zu geben.

UNION-SPORTAKADEMIE

Mit der Zielsetzung, die erfolgreiche und zukunftsorientierte Weiterentwicklung des Sportes in seinen vielfältigen Formen notwendigen Grundlagen und Randbedingungen zu erstellen und praxisgerecht aufzubereiten, aber auch angesichts der tiefgreifenden Änderungen unserer Gesellschaft jene Werte im Sport zu erhalten, denen sich die Österreichische Turn- und Sport-Union verschrieben hat, und nicht zuletzt im Interesse einer möglichst sinnvollen Koordinierung der Aktivitäten innerhalb der Union wurde die UNION-SPORTAKADEMIE gegründet.

Es war dies ein in der Geschichte des österreichischen Sportes völlig neuer Weg, Ergebnisse der Sportwissenschaften, Erkenntnisse der Aus- und Fortbildung, Möglichkeiten der Beratung und Information sowie der Öffentlichkeitsarbeit zusammenzufassen und in den Dienst des Sportes im allgemeinen und der Vereine im besonderen zu stellen, um deren praktische Arbeit zu erleichtern, zu beleben und zu fördern.

Zieht man eine Bilanz der 1984 geleisteten Arbeit, so kann erfreulicherweise festgestellt werden, daß es sowohl gelungen ist, in weitesten Kreisen der Union-Funktionäre ein Problembewußtsein für schwierige Fragen der Vereinsadministration wie etwa Haftungsfragen im Sportgeschehen und das Abgabewesen zu wecken sowie die Basisinformationen für den Funktionärsnachwuchs dem neuesten Stand anzupassen.

Der gezielte Ausbau der intensiven Zusammenarbeit mit allen Bereichen der Union, wie Fachschaft, Jugend- und Kulturausschuß, wird entscheidend mithelfen, den Wirkungsgrad der Schulungsarbeit im Dienst der Union noch weiter zu erhöhen.

JUGENDARBEIT

Das Jahr 1984 hatte den Hauptschwerpunkt in der Kursgestaltung für die Ausbildung von Jugendfunktionären. Dabei wurde die Rolle der Fortbildungsveranstaltungen neu definiert und die Inhalte diskutiert.

Das FICEP-Jugendlager fand diesmal in der Schweiz in Beromünster vom 23. Juli bis 4. August statt, und zusätzlich nahmen Betreuer und Jugendliche am Olympia-Jugendlager in Los Angeles teil. Weiters wurde wieder eine FICEP-Jugendleiter-Tagung in der BRD beschickt.

KULTURARBEIT

Die Österreichische Turn- und Sport-Union betreibt mehr als Turnen und Sport; sie versucht, den ganzen Menschen zu erfassen. Der Kulturarbeit wird großes Gewicht beigemessen. Nicht die Gesellschaft hat den Menschen zu gestalten und über ihn zu bestimmen, sondern der Mensch gestaltet die Gesellschaft.

Die Kulturwarte von der Basis bis zur Spitze waren bemüht, diesen Anforderungen gerecht zu werden.

Da wir der Öffentlichkeitsarbeit große Aufmerksamkeit schenken, haben wir laufend Lehrgänge, die sich mit dem Umgang mit den Medien, mit der Kunst des Sprechens und Redens und dem Verhaltenstraining beschäftigen.

DIE WELT DES SPORTS
IST UNSERE WELT.
adidas
Die Weltmarke mit den 3 Streifen

ÖOC

ÖSTERREICHISCHES OLYMPISCHES COMITÉ, gegründet 1912
1040 Wien, Prinz-Eugen-Straße 12
Telefon 0 22 2 / 65 33 65 und 65 33 66, Telex 133 132 sport a
Dienstzeit: Montag bis Donnerstag 8.30 bis 17 Uhr, Freitag 8.30 bis 14.30 Uhr

Schirmherr: Bundespräsident Dr. Rudolf Kirchschläger

Vom **Internationalen Olympischen Comité** (IOC) anerkannt

Anschrift: Château de Vidy, 1007 Lausanne,
Telefon 05 / 021 / 25 32 71 – 74, Telex CIO 24 024 Lausanne

Präsident
Kurt Heller, 1010 Wien, Ringturm, Telefon 0 22 2 / 63 39 / 10 20

Generalsekretär
Dr. Heinz Jungwirth, 1040 Wien, Prinz-Eugen-Straße 12, Tel. 0 22 2 / 65 33 65

Vertreter Österreichs
DVw. Philipp Schoeller ist der vom IOC gewählte Vertreter Österreichs

Offizielle Verbandszeitung
„Olympische Blätter“, ca. 6mal pro Jahr, ca. 700 Stück

IOC Präsident Samaranch ehrt den langjährigen Generalsekretär des ÖOC Edgar Fried anläßlich seines Besuches in Wien bei der Ausstellung „90 Jahre moderne olympische Bewegung“ (Foto Sündhofer)

ALPINISMUS

VERBAND ALPINER VEREINE ÖSTERREICHS(VAVÖ), gegründet 1949
1010 Wien, Bäckerstraße 16, Telefon 0 22 2 / 52 54 88
Dienstzeit
Montag bis Donnerstag von 9 bis 17 Uhr, Freitag von 9 bis 15 Uhr

397.061 Mitglieder

Präsident
Dkfm. Helmut Habersohn, 1010 Wien, Bäckerstraße 16
Vizepräsident
Generalsekretär Reinhard Dayer, 1150 Wien, Viktoriagasse 6
Geschäftsführer
Rudolf Kaupe, 1010 Wien, Bäckerstraße 16

Mitglied der
Union Internationale des Associations d'Alpinisme (UIAA), gegründet 1932
Anschrift
p. A. Generalsekretariat des SAC
Helvetiaplatz 4, CH-3005 Bern, Schweiz

VAVÖ

BADMINTON

ÖSTERREICHISCHER BADMINTON-VERBAND (ÖBV),
gegründet 1957
1040 Wien, Prinz-Eugen-Straße 12, Telex 136 770
Telegramme: Kullracket Wien

87 Vereine, 3583 Mitglieder

Präsident
Horst Kullnigg, 3021 Pressbaum, Karriegelstraße 13, Tel. 0 22 33/27 90
Sekretariat
Hannelore Benes, 3021 Pressbaum, Karriegelstraße 24, Tel. 0 22 33/24 22
Postfach 21, 3021 Pressbaum

Mitglied der
International Badminton Federation (IBF), gegründet 1934
24 Winchcombe House, Winchcombe Street, Cheltenham, Gloucestershire, England,
und der
Europäischen Badminton-Union, gegründet 1967

Offizielle Verbandszeitung
Österreichische Badminton-Nachrichten, zehnmal jährlich, 1000 Stück

Das Jahr 1984 brachte viele schöne Erfolge und einige Arbeit. So wurde die Vorbereitung der Jugend-Europameisterschaft 1985 in Pressbaum in den Mittelpunkt gestellt.

Der Sieg bei der C-Gruppen-Mannschafts-Europameisterschaft, um den La Plume d'Or Cup, konnte nach 1982 zum zweiten Mal erreicht werden. Außerdem wurde zum zweiten Mal an der Herren-Mannschaftsweltmeisterschaft teilgenommen und dabei (gegen Norwegen) der erste Sieg bei diesem Bewerb erreicht.

Österreichische Spieler konnten bei internationalen Meisterschaften im In- und Ausland einen Sieg und zahlreiche Placierungen erreichen. Die Internationalen Meisterschaften von Österreich wurden erstmals als OFFENE Preisgeldmeisterschaften durchgeführt.

Ein weiteres Schwergewicht der Verbandsbemühungen stellt die Etablierung von mehr Neigungsgruppen in allen Bundesländern dar. Auch die Badminton-Schülerliga wurde wieder auf Bundesebene durchgeführt.

STAATSMEISTER 1984

Allgemeine Klasse:	Einzel	Herren	**Klaus Fischer**	ASKÖ Landskron
		Damen	**Hertha Obritzhauser**	ATUS Weiz
	Doppel	Herren	**Johann Ratheyser**	BC Sparkasse St. Pölten
			Gerald Hofegger	BC Sparkasse St. Pölten
		Damen	**Hertha Obritzhauser**	ATUS Weiz
			Brigitta Wastl	WAT Simmering
	Mixed		**Alexander Almer und**	ATUS Weiz
			Hertha Obritzhauser	ATUS Weiz
	Mannschaft		**ATUS Weiz**	

ÖSTERREICHISCHE MEISTER 1984

Junioren (bis 22 Jahre)	Einzel	männlich	Heinz Fischer	ASKÖ Landskron
		weiblich	Birgit Gruber	ASKÖ Mödling
	Doppel	männlich	Klaus Fischer	ASKÖ Landskron
			Heinz Fischer	ASKÖ Landskron
		weiblich	Manuela Lassinger	BC Sparkasse St. Pölten
			Birgit Gruber	ASKÖ Mödling
	Mixed		Klaus Fischer	ASKÖ Landskron
			Gerhild Fister	SC Ferlach

Jugend A				
(bis 18 Jahre)	Einzel	männlich	Johann Almer	ATUS Weiz
		weiblich	Gerhild Fister	SC Ferlach
	Doppel	männlich	Johann Almer	ATUS Weiz
			Roland Koch	ASKÖ Traun
		weiblich	Sabine Ploner	BSV Hohenems
			Barbara Mühlbacher	BSV Hohenems
	Mixed		Johann Almer	ATUS Weiz
			Brigitte Lackner	ASV Pressbaum
	Mannschaft			BSV Jäger & Co Hohenems
Jugend B				
(bis 16 Jahre)	Einzel	männlich	Heimo Götschl	ATUS Judenburg
		weiblich	Bettina Sakoparnik	ASKÖ Landskron
	Doppel	männlich	Heimo Götschl	ATUS Judenburg
			Harald Knoll	ATUS Weiz
		weiblich	Bettina Sakoparnik	ASKÖ Landskron
			Eleonore Sodia	SC Ferlach
	Mixed		Heimo Götschl	ATUS Judenburg
			Susanne Götschl	ATUS Judenburg
Schüler A				
(bis 14 Jahre)	Einzel	männlich	Thomas Hahn	BC Sparkasse St. Pölten
		weiblich	Eva Wratschgo	RbEJ Gleisdorf
	Doppel	männlich	Martin Pottendorfer	ASV Pressbaum
			Harald Wagner	ASV Pressbaum
		weiblich	Eva Wratschgo	RbEJ Gleisdorf
			Susanne Götschl	ATUS Judenburg
	Mixed		Martin Pottendorfer	ASV Pressbaum
			Ulla Artner	ASV Pressbaum
	Mannschaft			ASKÖ Linz
Schul-Neigungsgruppen			Hauptschule 21 Linz	
Schüler B				
(bis 12 Jahre)	Einzel	männlich	Jürgen Koch	ASKÖ Traun
		weiblich	Sigrun Ploner	BSV Hohenems
	Doppel	männlich	Jürgen Koch	ASKÖ Traun
			Hannes Fuchs	ASKÖ Pasching
		weiblich	Sigrun Ploner	BSV Hohenems
			Doris Mühlbacher	BSV Hohenems
	Mixed		Peter Kreulitsch	ASKÖ Klagenfurt
			Susanne Neumeister	ASKÖ Mödling
Altersklasse I	Einzel	männlich	Gerhard Österreicher	ASKÖ Traun
		weiblich	Hilde Kreulitsch	ASKÖ Klagenfurt
	Doppel	männlich	Karl Knoll	ATUS Weiz
			Hermann Augustin	AE Knittelfeld
		weiblich	Anneliese Kornberger	U. Salzburg
			Brigitte Schiermayer	TS Innsbruck
	Mixed		Manfred Dorner	TS Innsbruck
			Eva Breitwieser	TS Innsbruck
Altersklasse II	Einzel	männlich	Dieter Hofer	FBV Wr. Neustadt
		weiblich	Anneliese Kornberger	Union Salzburg
	Doppel	männlich	Helmut Kreulitsch	ASKÖ Klagenfurt
			Josef Götschl	ATUS Judenburg
Altersklasse III	Einzel	männlich	Hans Schwegel	ATSV Salzburg

RANGLISTEN 1983/84

Einzel	Herren	1. Tariq Farooq	BSC 70 Linz
		2. Klaus Fischer	ASKÖ Landskron
		3. Johann Ratheyser	BC Sparkasse St. Pölten
Einzel	Damen	1. Hertha Obritzhauser	ATUS Weiz
		2. Renate Dietrich	ASKÖ Hypo Klagenfurt
		3. Elisabeth Wieltschnig	ASKÖ Landskron
Doppel	Herren	1. Johann Ratheyser/	BC Sparkasse St. Pölten
		Gerald Hofegger	BC Sparkasse St. Pölten
		2. Klaus Fischer/	ASKÖ Landskron
		Heinz Fischer	ASKÖ Landskron
		3. Dieter Altvater/	ATUS Weiz
		Johann Almer	ATUS Weiz
		Peter Lassinger/	BC Sparkasse St. Pölten
		Peter Kumpfmüller	WAT Simmering
	Damen	1. Hertha Obritzhauser/	ATUS Weiz
		Brigitta Wastl	WAT Simmering
		2. Renate Dietrich/	ASKÖ Hypo Klagenfurt
		Hilde Kreulitsch	ASKÖ Hypo Klagenfurt
		3. Gabriele Kumpfmüller/	WAT Simmering
		Sabine Ploner	BSV Jäger & Co Hohenems
Mixed		1. Alexander Almer/	ATUS Weiz
		Hertha Obritzhauser	ATUS Weiz
		2. Johann Ratheyer/	BC Sparkasse St. Pölten
		Brigitta Wastl	WAT Simmering
		3. Heinz Fischer/	ASKÖ Landskron
		Elisabeth Wieltschnig	ASKÖ Landskron

STAATSLIGA 1983/84

Gruppe A	1. ATUS Weiz	16 Punkte
	2. ASKÖ Landskron	15 „
	3. BC Sparkasse St. Pölten	9 „
	4. ASKÖ Hypo Klagenfurt	8 „
Gruppe B	1. ASKÖ Traun	17 Punkte
	2. TS Innsbruck-Raiffeisen	11 „
	3. ATUS Judenburg	10 „
	4. ASKÖ Villach	9 „

WELTMEISTERSCHAFT

Herren-Mannschaft „Thomas-Cup" Europazone	25./26. 2. Oostende (Belgien)	15 Länder	Herren	5.–8. Rang

EUROPAMEISTERSCHAFTEN

	8.–14.4. Preston (England)	21 Länder	Herren	10. Österreich
Gruppe C	28.–30.4. La Valetta (Malta)	7 Länder	Herren	**1. Österreich**

JUGEND-MANNSCHAFTS-EM

Gruppe B „Finlandia Cup"	26.–29.1. Lausanne (Schweiz)	10 Länder	Jugend	6. Österreich

BAHNENGOLF

ÖSTERREICHISCHER BAHNENGOLFVERBAND (ÖBGV), gegr. 1967
Geschäftsstelle: 1050 Wien, Kleine Neugasse 15-19/1/4/11,
Telefon 0 22 2/56 71 26
Dienstzeit
Montag, Mittwoch, Donnerstag, Freitag von 17 bis 18 Uhr, Dienstag von 17 bis 21 Uhr

88 Vereine, 2283 Mitglieder

Präsident
Leo Moik, 1050 Wien, Kleine Neugasse 15-19/1/4/11
Sekretär
Gabrielle Pfeiffer, Geschäftsstelle

Mitglied des **Internationalen Bahnengolfverbandes** (IBGV), gegründet 1980
(Federation International de Golf sur Pistes)
Österreichischer Vertreter:
Leo Moik, Vizepräsident (Verbandsadresse)
Fritz Schwiglhofer, Pressewart (Verbandsadresse)
Johann Wagner, Jugendausschuß (Verbandsadresse)

Der Bahnengolfverband konnte durch den Kauf einer EDV-Anlage die Voraussetzung für einen rationellen Ablauf der Administrationsarbeit schaffen.

Die erste Jugendeuropameisterschaft fand in Steyr/OÖ statt. Große Erfolge im Einzel und in der Mannschaft (2 × Gold, 1 × Silber, 2 × Bronze) zeigen die Früchte der kontinuierlichen Jugendarbeit auf. Der Europacup gelangte erstmals während der Winterzeit in der Sporthalle zur Austragung. Damit wurde Bahnengolf zum Ganzjahressport.

Aus dem zaghaften Versuch einer österreichweiten Bundesliga wurde ein Erfolg, der zur Ausweitung der Rundenzahl auf 5 Termine führte.

Der internationale Bahnengolfverband brachte erstmals ein europagerechtes einheitliches Regelwerk heraus, das auch auf administrativer Ebene den Zusammenhalt verdeutlicht.

STAATSMEISTER 1984

Einzel	Damen	**Gabriele Freilach**	MGSC Votivpark
	Herren	**Gottfried Hofstädter**	BGC Vösendorf
Mannschaft	Damen	**MGSC Votivpark**	
	Herren	**PSV Steyr**	

ÖSTERREICHISCHE MEISTER

Schüler	weiblich	Monika Otto	MGC Hietzing
	männlich	Markus Salzger	MGC Leobersdorf
Junioren	weiblich	Brigitte Jagschitz	BGC Klaus
	männlich	Günther Schaffelner	BGC Ternberg
Senioren	weiblich	Renate Szieber	BGC Petrinum Linz
	männlich	Adolf Schedler	MGC Hörbranz

Jugendmannschaften BGC Klaus

EUROPAMEISTERSCHAFT

Vaasa/Finnland 16.–18. 8. 1984	Allgemeine Klasse	Miniaturgolf	6 Länder 8 Länder	Damenteam: 3. Österreich Herrenteam: 4. Österreich
Steyr/Österreich 2.–4. 8. 1984	Jugend	Kombi	Weibliche Jugend, Einzel: 3. Otto Monika 4. Silke Maurer	8 Länder, 23 Teilnehmer

			Männliche Jugend, Einzel: **1. Günther Schaffelner** 2. Alexander Kreindl 4. Gernot Huber	8 Länder, 46 Teilnehmer
			Mannschaften, weiblich: 3. Österreich	5 Mannschaften
			Mannschaften, männlich: **1. Österreich**	8 Mannschaften
EUROPACUP Kloten/CH 6./7. 1. 1984	Herren Damen	Minigolf	Herrenmannschaften: 3. MC Sparkasse St. Pölten	6 Länder
			Damenmannschaften: 4. MC Sparkasse St. Pölten	6 Länder

Klosterneuburg und Landis & Gyr kämpfen um den Meistertitel, den dann Klosterneuburg gewinnen konnte (Foto Votava)

BASKETBALL

ÖSTERREICHISCHER BASKETBALL-VERBAND (ÖBV), gegründet 1948
1040 Wien, Prinz-Eugen-Straße 12, Telefon 0 22 2 / 65 96 49, Telex 133 132

144 Vereine, 8095 Mitglieder

Präsident
Dkfm. August Pitzl, 1160 Wien, Baumeistergasse 72/6/6,
Tel. 0 22 2 / 46 81 584
Generalsekretär
Franz Krakhofer, 1150 Wien, Minciostraße 4/11, Telefon 0 22 2 / 56 16 85 /36

Mitglied der
Federation Internationale de Basketball Amateur (FIBA), gegründet 1932
Anschrift
Sollnerstraße 76, D-8 München 71, Telefon 79 60 46
Präsident Dkfm. Pitzl ist Mitglied des Zentralbüros und Schatzmeister

Erfreuliche Aktivitäten auf dem Vereinssektor, stagnierende Arbeit im Verbandsbereich. So könnte man das Geschehen des Jahres 1984 charakterisieren. Der Bundeskapitän trat zurück, eine Neubestellung erfolgte nicht. Die nachstehenden Daten zeigen, daß die Impulse großteils von den Klubs ausgingen, die sich noch immer mit ausländischen Spielern verstärken können, während die Auswahlteams eher bescheidene Placierungen aufzuweisen haben. Der Grund ist im derzeitigen Talentemangel zu suchen. Der Schwerpunkt der Arbeit wurde dementsprechend auf die Ausbildung des Nachwuchses gelegt.

STAATSMEISTER 1984

Männer	**BKNÖV-Klosterneuburg**
Frauen	**UBLV Wien**

ÖSTERREICHISCHE MEISTER 1984

Junioren männlich	UBMT Möllersdorf
Junioren weiblich	UBLV Wien
Jugend männlich	UBLV Tyrolia
Jugend weiblich	UBLV Wien
Schüler männlich	UBLV Tyrolia
Schüler weiblich	UBC OLV Wels

Bundesligatabelle 1983/84

Herren	1. BK „Die N.Ö."	10	9	–	1	18
	2. Landis & Gyr/Post/UBSC	10	7	–	3	14
	3. ABC Merkur Graz	10	6	4	–	12
	4. BBC EWE Wels	10	4	–	6	8
	5. TS Innsbruck	10	3	–	7	6
	6. Regenerin Klagenfurt	10	1	–	9	2
Damen	1. U. Bundesländerversich. 1	20	20	–	–	40
	2. D B B Wien	20	16	–	4	32
	3. Ifl Wien	20	8	2	10	18
	4. Post SV Wien	20	8	–	12	16
	5. U. Bundesländerversich. 2	20	10	1	9	21
	6. GAK-Peterquelle	20	7	1	12	15
	7. SV Donaustadt	20	6	1	13	13
	8. UBBC Salzburg	20	2	1	17	5

EUROPAMEISTERSCHAFTEN

Herren, Gruppe C,	3. Platz
weibliche Jugend	Qualifikation bei Vorrunde in Gmunden; 12. Platz im Endrundenturnier
Frauen	Qualifikation für Endrundenturnier nicht geschafft
männliche Junioren	Qualifikation für Endrunde nicht erbracht

EUROPACUP

84/85	Herren-Meister	BKNÖV – Real Madrid	63 : 103 und 69 : 92
	Herren-Cup	Landis & Gyr – Apoel Nicosia	104 : 58 und 139 : 56
		Ostrava	94 : 68 und 93 : 118 = 187 : 186
		Zaragossa	93 : 98 und
83/84	Damen-Meister	UBLV Wien – Zolu Vicenza	61 : 82 und 47 : 78 (Viertelfinale)
84/85		– Wisla Krakau	86 : 84 und 57 : 74
	Ronchetti-Cup	DBB Wien – Chrystel Palaca	45 : 53 und 86 : 70

DONAUPOKAL 84/85

Herren **1. Landis & Gyr**
3. BK NÖV

Damen 3. UBLV Wien
6. DBB Wien

OLYMPIA-QUALIFIKATION

Männer – Orleans 5/84	Österreich : BRD	65 : 88 und 25 : 40
	Österreich : Frankreich	72 : 106 und 38 : 54
	Österreich : Belgien	61 : 68 und 38 : 33

BILLARD

ÖSTERREICHISCHER AMATEUR-BILLARD-VERBAND (ABV),
gegründet 1931
1150 Wien, Hackengasse 21, Telefon 0 22 2 / 95 69 87

51 Vereine, 1666 Mitglieder

Präsident
Komm.-Rat Dkfm. Werner Reisinger, 4690 Schwanenstadt, Postfach 30,
Telefon 0 76 73 / 35 61

Sekretär
Robert Immervoll, 2231 Straßhof, Neusiedlerstraße 13, Telefon 0 22 87 / 22 17

Mitglied der
Confédération Européen de Billard (CEB), gegründet 1923
Sekretär Robert Immervoll, Mitglied der Sportkommission

Anschrift
Rue de Kriekenput 7, 1180 Bruxelles, Telefon 02 / 74 47 74
ÖABV-Präsident Werner Reisinger ist Vizepräsident der CEB

Im europäischen Billardsport ist eine erfreuliche Steigerung der internationalen Turniere festzustellen. Auch für die Ausrichtung von Europa- und Weltmeisterschaften aller Altersklassen gibt es eine Vielzahl von Bewerbern.
In Österreich konnte vor allem der Nachwuchs auf sich aufmerksam machen. Eine Ablöse im Spitzensport und eine wesentliche Verjüngungskur der Nationalmannschaft ist zu erwarten. Verantwortlich dafür ist die vorbildliche Betreuung der Junioren durch Europameister Stenzel in Zusammenarbeit mit dem BK Margareten in Wien. Franz Stenzel schaffte auch als Aktiver 1984 wieder den Sprung auf Platz Eins der Europarangliste im Cadre 71/2.

STAATSMEISTER 1984

Freie Partie	**Franz Stenzel**	BK Margareten
Cadre 47/2	**Kurt Mastny**	Wiener Billard Assoziation
Cadre 71/2	**Kurt Mastny**	Wiener Billard Assoziation
Cadre 47/1	**Kurt Mastny**	Wiener Billard Assoziation
Einband	**Johann Scherz**	BSK Union
Dreiband	**Franz Stenzel**	BK Margareten
Billard Artistik	**Robert Immervoll**	Landstraßer Billardfreunde
Pentathlon Einzel	**Franz Stenzel**	BK Margareten
Dreiband Mannschaft	**BC Vienna**	
Pentathlon Mannschaft	**Wiener Billard Assoziation**	

ÖSTERREICHISCHE MEISTER 1984

Jugend	Stephan Horvath	BK Margareten
Junioren	Georg Schmied	BK Margareten
Senioren	Hans Hof	BSK Augarten

EUROPAMEISTERSCHAFTEN

26. - 29. 1. 1984 Holland	Einband	Herren	12 Starter	8. Johann Scherz
23. - 26. 2. 1984 Dänemark	Cadre 47/1	Herren	12 Starter	5. Kurt Mastny
8. - 11. 3. 1984 Belgien	Dreiband	Herren	16 Starter	7. Franz Stenzel
12. - 15. 4. 1984 Belgien	Cadre 47/2	Junioren	8 Starter	8. Georg Schmied
20. - 22. 5. 1984 Spanien	Freie Partie	Junioren	8 Starter	7. Stephan Horvath

BOB / SKELETON

ÖSTERREICHISCHER BOB- UND SKELETONVERBAND (ÖBSV),
gegründet 1922
6020 Innsbruck, Landessportheim, Olympiastraße 10 a, Tel. 05 2 22 / 41 3 29

21 Vereine, 565 Mitglieder

Präsident
Friedrich Dinkhauser, 6020 Innsbruck, Richardsweg 15,
Telefon 0 52 22 / 33 5 72 oder 29 0 19

Mitglied der
Federation Internationale de Bobsleigh et de Tobogganing (FIBT),
gegründet 1923
25 Mitgliedsländer
Anschrift
I-20137 Mailand, Via Piranes 44/B, Telefon 71 97 51, Telex 31 161

In der Bobsparte hat der internationale Verband durch den Beschluß, in Hinkunft Einheitsschlitten einzuführen, wohl den bedeutendsten Schritt zur Sicherung des Bestandes dieser Sportart getan. Österreich hat sich seit Jahren für diesen Schritt vehement eingesetzt, um die ungleichen Voraussetzungen abzuschaffen.

Die Skeletonsparte hat auch in der Saison 83/84 ihre Aufwärtsentwicklung fortgesetzt und möchte die Anerkennung als olympische Sportart erreichen. Neu im Österreichischen Bobverband ist die Sektion Straßen-Bob. Durch die Schaffung einer Rennstrecke bei Holzleithen und die guten Erfolge der österreichischen Fahrer wurde die EM 85 an Österreich vergeben.

STAATSMEISTER

	Zweierbob	**Walter Delle-Karth/Johann Lindner**	BC Igls
	Viererbob	**Peter Kienast/Franz Siegl**	
		Christian Mark/Gerhard Redl	BSC Stubai
	Skeleton	**Gert Elsässer**	Turnerschaft Innsbruck

ÖSTERREICHISCHER MEISTER

Junioren	Zweierbob	Horst Kofler/Horst Tutzer	BSC Kufstein

EUROPAMEISTERSCHAFTEN 1984

21.–22. 1.			
Igls/Innsbruck	Zweierbob	8. Delle-Karth/Lindner	
28.–29. 1.	Viererbob	5. Delle-Karth/Krispel/Lindner/Grössing	9 Länder
		7. Kienast/Redl/Mark/Siegl	
5.–6. 2.			
Cervinia	Juniorenzweier	**1. Kofler/Tutzer**	9 Länder
5.–6. 2.			
Winterberg	Skeleton	2. Andreas Schmid	10 Länder
		3. Fred Martini	
		5. Michael Grünberger	
		5. Gert Elsässer	
		9. Martin Thaler	

OLYMPISCHE SPIELE

17.–18. 2.			
Sarajevo	Viererbob	10. Österreich	15 Länder

WELTCUP

Endwertung	Viererbob	7. Österreich	12 Länder
	Zweierbob	9. Kofler/Plangger	13 Länder

BOGENSCHÜTZEN

ÖSTERREICHISCHER BOGENSCHÜTZENVERBAND (ÖBSV),
gegründet 1963
4822 Bad Goisern, Postfach 19, Telefon 0 61 35 8254

28 Vereine, 900 Mitglieder

Präsident
Alois Zopf, 4822 Bad Goisern 327, Telefon 0 61 35 8254

Sekretär
Gabriele Bilowitzky, 4822 Bad Goisern 189, Telefon 0 61 35 8255

Mitglied der
Federation Internationale de Tir á l'Arc (FITA), gegründet 1941
Anschrift
F.I.T.A. Executive Bureau, Via Cerva 30, I-20136 Milano, Italien,
Telefon 02 / 74 54 45

Es wurde versucht, die Jugendarbeit in den Vordergrund zu rücken. Die Weltmeisterschaft 1986 im Feldschießen wird in Radstadt stattfinden.

Probleme bildet die Trainertätigkeit, da von den Clubs zu wenig Trainer angefordert werden.

STAATSMEISTER 1984

Doppel-FITA	Damen	**Elisabeth Hemetsberger**	BSC Lenzing
	Herren	**Herbert Irrasch**	BSC Pörtschach
Feld	Damen	**Ursula Valenta**	Union Wien
	Herren	**Peter Mitterer**	BSC Steyrermühl
Halle	Damen	**Elisabeth Hemetsberger**	BSC Lenzing
	Herren	**Walter Wurzinger**	BSC Arcus Wien
	Senioren	**Friedrich Voigt**	
FITA-Mannschaft	Herren	**Wien**	
Halle-Mannschaft	Herren	**Wien**	

ÖSTERREICHISCHE MEISTER

	Schüler I	Rainer Malesi	Innsbruck
	Schüler II	Ralf Weber	Reutte
	Jugend	Harald Aringer	BC Schönbrunn
	Senioren	Franz Schwarzer	Arcus Wien

WELMEISTERSCHAFT

23.–25. 8. Finnland	6. Ursula Valenta	Feldschießen	14 Länder
	9. Herbert Reingruber	Feldschießen	14 Länder

EUROPAMEISTERSCHAFT

23.–25. 8. Finnland	4. Ursula Valenta	Feldschießen

BOXEN

ÖSTERREICHISCHER AMATEURBOXVERBAND (ÖABV),
gegründet 1921
1011 Wien, Postfach 387, Telefon 0 22 2 / 75 00 / 62 49 DW
Dienstzeit: Montag bis Freitag von 9 bis 16 Uhr

48 Vereine, 2712 Mitglieder

Präsident
Ministerialrat Dr. Lothar Scheer, 1011 Wien, Postfach 387,
Telefon 0 22 2 / 75 00 / 62 49 DW

Sekretär
Walter Drechsler, Postfach 75, 1052 Wien, Telefon 26 35 / 45 05 DW

Sektion des Österreichischen Amateurboxverbandes:
Österreichischer Bundesfachverband für Kickboxen (ÖBFK), gegründet 1977
c/o Präsident Peter Land, 8010 Graz, Plüddemanngasse 93a/16,
Telefon 0 31 6 / 43 7 01

34 Vereine, 1720 Mitglieder

Mitglied der
Association Internationale de Boxe Amateur (AIBA), gegründet 1946
125 Länder
Anschrift
135 Westervelt Place, Cresskill, N. J. 07626 USA, Telefon 201-561-1339

und der
European Amateur Boxing Association (EABA), gegründet 1970, 29 Länder
Anschrift
14-16, Rue Scandicci, F 93508 Pantin Cedex, Frankreich

Dr. Lothar Scheer, Präsident des ÖABV, ist Exekutivmitglied und Mitglied der Technischen und Regelkommission der EABA
Vizepräsident Dir. Hannes Payrich ist Sekretär der Finanzkommission der EABA

Der Österreichische Bundesfachverband für Kickboxen ist Mitglied der WAKO-Europa, c/o Dott. Ennio Falsoni, Via Paganini 34, I-20052 Monza, Italien
ÖBFK-Präsident Peter Land ist Vizepräsident der WAKO-Europa

1984 brachte durch das schwache Abschneiden seiner Olympiateilnehmer Konrad König und Olaf Mayer einen sportlichen Rückschlag. Es wird nötig sein, den Nachwuchs vermehrt an internationale Aufgaben heranzuführen.

Hingegen konnte die Sektion „Kickboxen“ schöne Erfolge erreichen. Bei den mit gutem Erfolg veranstalteten Europameisterschaften in Graz konnten Johann Haidinger (Semikontakt-Mittelgewicht) und Ing. Ernst Dörr (Vollkontakt-Schwergewicht) Europameistertitel erringen.

STAATSMEISTER 1984

Boxen	Fliegengewicht	**Horst Kobler**	Box Union Vorchdorf
	Bantamgewicht	**Hermann Leber**	BC Hartmann Wr. Neustadt
	Federgewicht	**Manfred Dimter**	BC Steinadler Tyrol
	Leichtgewicht	**Ibrahim Awad**	SV Braunau
	Halbweltergewicht	**Otto Schernthaner**	ASKÖ BC Wels
	Weltergewicht	**Konrad König**	Box Union Hallein
	Halbmittelgewicht	**Helmut Kirner**	Box Union Vorchdorf
	Mittelgewicht	**Wolfgang Fuchsreiter**	BC Salzburg
	Halbschwergewicht	**Erich Knechtl**	BC Oberndorf
	Schwergewicht	**Karl Oberhumer**	ASKÖ BC Wels
	Superschwergewicht	**Ikomonya Botowamungu**	ASKÖ BC Schwarz Weiß Wien

Kickboxen-Vollkontakt	Federgewicht	**Gerhard Poms**	Union Graz
	Leichtgewicht	**Peter Müller**	Union Graz
	Halbweltergewicht	**Ewald Kölli**	Union Graz
	Weltergewicht	**Daniel Kröpfl**	ASKÖ Graz
	Halbmittelgewicht	**Wolfgang Müller**	ASKÖ Graz
	Mittelgewicht	**Manfred Kugler**	Raika Rein
	Halbschwergewicht	**Johann Granda**	Kickbox-Club Wien
	Schwergewicht	**Ing. Ernst Dörr**	Kickbox Center Wien
	Superschwergewicht	**Manfred Hammerl**	ASKÖ Graz
Kickboxen-Semikontakt	Fliegengewicht	**Peter Müller**	Union Graz
	Superleichtgewicht	**Manfred Fröhwein**	Raika Rein
	Leichtgewicht	**Fritz Kreuzriegler**	ASKÖ Graz
	Halbmittelgewicht	**Johann Haidinger**	Sport Center Wien
	Mittelgewicht	**Roland Seidl**	Phönix Mürzzuschlag
	Halbschwergewicht	**Otmar Felsberger**	ASKÖ Americanino Villach
	Schwergewicht	**Oskar Prinster**	ASKÖ Americanino Villach

ÖSTERREICHISCHE MEISTER 1984

Boxen

Junioren	Fliegengewicht	Christian Graus	Box-Union Favoriten
	Bantamgewicht	Manfred Pichler	SV Braunau-Sparkasse
	Federgewicht	Alfred Greunz	UBC Salzkammergut
	Leichtgewicht	Michael Bauer	UBC Hallein
	Halbweltergewicht	Abbas Demirhan	Box Union Favoriten
	Weltergewicht	Jürgen König	BC Dornbirn
	Halbmittelgewicht	Refik Ylmaz	ASKÖ BC Schwarz Weiß Wien
	Mittelgewicht	Manfred Puntigam	ASKÖ BC Schwarz Weiß Wien
	Halbschwergewicht	Eduard Schnöll	BC Salzburg
	Schwergewicht	Mario Wirtl	ASKÖ BC McDonald Linz
Jugend	Fliegengewicht	Mechmet Altintas	UBC Hallein
	Bantamgewicht	Veli Anduc	BC Ternitz
	Federgewicht	Gerald Pils	BC Wr. Verkehrsbetriebe
	Leichtgewicht	Karl Pöschl	BC Oberndorf
	Halbweltergewicht	Helmut Jud	SV Braunau Sparkasse
	Weltergewicht	Harald Hofstadler	ASKÖ BC Wels
	Halbmittelgewicht	Heinz Karpf	ASKÖ BC Schwarz Weiß Wien
	Mittelgewicht	Oliver Letitzky	ASKÖ BC Schwarz Weiß Wien
	Schwergewicht	Bernd Schweiger	ASKÖ BC McDonald Linz
	Superschwergewicht	Wolfgang Pongratz	1. BC St. Veit/Glan

EUROPAMEISTERSCHAFT Kickboxen

22. 9. 1984
Graz

Vollkontakt	Schwergewicht	1. Ing. Ernst Dörr
	Fliegengewicht	2. Bogdan Stoijlkovic
	Leichtgewicht	2. Michael Duhs
	Weltergewicht	2. Erich Gsellmann
	Superschwergewicht	2. Manfred Hammerl
	Federgewicht	3. Gerhard Poms
	Halbmittelgewicht	3. Wolfgang Müller
	Halbschwergewicht	3. Otmar Felsberger
Semikontakt	Halbmittelgewicht	1. Johann Haidinger
	Superleichtgewicht	2. Manfred Fröhwein
	Fliegengewicht	3. Peter Müller

CASTING

ÖSTERREICHISCHER TURNIERSPORT-(CASTING-) VERBAND
(ÖCV), gegründet 1966
2000 Stockerau, Roter Hof 3/2/1/22, Telefon 0 22 66 / 33 0 65

10 Vereine, 587 Mitglieder

Präsident
Franz Mordax, 2000 Stockerau, Ernst-Körner-Platz 10, Telefon 0 22 66 / 38 9 83

Sekretär
Heinrich Kaller, 2000 Stockerau, Roter Hof 3/2/1/22, Telefon 0 22 66 / 33 0 65

Mitglied der
World Casting Association (WCA), gegründet 1983
und **Föderation Castingsport in der CIPS** (FCS)

Franz Mordax ist Vorsitzender der World Casting Association und Präsident der FCS
Heinrich Kaller ist Generalsekretär der FCS

Die seit zwei Jahren organisierten Jedermannbewerbe zeigen die ersten Erfolge. So gründete sich in Oberösterreich daraufhin bereits eine neue Sektion. Erfolgreich waren auch die österreichischen WM-Teilnehmer, kehrten sie doch mit je einer Gold-, Silber- und Bronzemedaille heim. Neben den erfreulichen Aspekten der Leistungsarbeit zeigen sich auch gute Ansätze auf dem Nachwuchssektor.

So konnte neben dem männlichen nun auch ein weiblicher Nachwuchskader aufgestellt werden.

STAATSMEISTER 1984

Fliege-Skish	**Ernst Rohatsch**	CSC Arenberg Wien
Fliege-Kombination	**Harald Meindl**	Naarn Donau Linz
Gewicht-Skish	**Erwin Meindl**	Naarn Donau Linz
Gewicht-Ziel	**Harald Meindl**	Naarn Donau Linz
Gewicht-Weit 7,5 g	**Werner Gattermaier**	ATSV Lenzing
Gewicht-Weit 18 g	**Ernst Rohatsch**	CSC Arenberg Wien
Lachs-Fliege	**Ernst Rohatsch**	CSC Arenberg Wien
Fliege-Weit	**Harald Meindl**	Naarn Donau Linz

ÖSTERREICHISCHE MEISTER

Allgemeine Klasse	Herren	5-Kampf	Kurt Wallnstorfer	Naarn Donau Linz
		TG-3-Kampf	Ernst Rohatsch	CSC Arenberg Wien
		8-Kampf	Kurt Wallnstorfer	Naarn Donau Linz
Jugend männlich		3-Kampf	Christian Plöchl	Naarn Donau Linz
Jugend weiblich		3-Kampf	Judith Kolbe	CSC Arenberg Wien

WELTMEISTERSCHAFT

18.–26. 7. 84	Fliege Skish	3. Ernst Rohatsch	15 Länder
Toronto		4. Hochwartner und Pirklbauer	
	Gewicht Ziel	2. Ernst Rohatsch	
	Gewicht Skish	**1. Gerhard Pirklbauer**	
		5. Helmut Hochwartner	
	Gewicht Weit	5. Helmut Hochwartner	
	Team	5. Österreich	

GROSSER PREIS VON ÖSTERREICH

31. 5.–3. 6. 84 Lenzing/OÖ	Fünfkampf	**1. Gerhard Pirklbauer**	5 Länder/52 Athleten

EISHOCKEY

ÖSTERREICHICHER EISHOCKEY-VERBAND (ÖEHV),
gegründet 1912
1040 Wien, Prinz-Eugen-Straße 12, Telefon 0 22 2 / 65 73 47, Telex 133 132
Dienstzeit
Montag bis Donnerstag von 8 bis 17 Uhr, Freitag von 8 bis 12 Uhr

64 Vereine, 3.358 Mitglieder

Präsident
Dr. Hans Dobida, 8010 Graz, Johann-Strauß-Gasse 2,
Telefon 0 31 6 / 70 35 / 111

Geschäftsführer und Sekretär
Gerhard Stächelin, 1190 Wien, Kahlenbergerstraße 47 a, Tel. 0 22 2 / 37 18 684

Mitglied der
International Ice Hockey Federation (IIHF), gegründet 1912, 34 Länder
Anschrift
Dr. Günther Sabetzki, 4000 Düsseldorf, Herderstraße 18,
Telefon 06 / 02 11 / 66 00 84

Sekretariat der IIHF: 1190 Wien, Bellevuestr. 8, Tel. 0 22 2 / 32 52 52
Generalsekretär: Walter Wasservogel

Österreich ist in der IIHF durch seinen Ehrenpräsidenten W. Wasservogel vertreten

---

Das Nationalteam nahm an den Olympischen Winterspielen in Sarajevo teil und erreichte als B-Gruppen-Nation den 9. Rang.

Erfreuliche Aussichten auch für die Zukunft: Die Juniorenauswahlen belegten Spitzenplätze:

WM Gruppe B (bis 20 Jahre): 2. Platz
EM Gruppe B (bis 18 Jahre): 3. Platz.

Der ÖEHV war Organisator des Jahreskongresses des IEHV in Pörtschach, wo unserem Verband die Durchführung der WM Gruppe A 1987 in Wien übertragen wurde.

STAATSMEISTER 1984 — **Hypo-Bank VEU-Feldkirch**

ÖSTERREICHISCHE MEISTER 1984

Jugend	Hypo-Bank VEU-Feldkirch
Schüler	Salzburger EC
Knaben	EC Heraklith VSV

OLYMPISCHE SPIELE

7.–15. 2. 1984 Sarajevo/Jugoslawien	9. Österreich	12 Länder

WELTMEISTERSCHAFT

19.–25. 3. 1984 Caen/Frankreich	2. Österreich	8 Länder

EUROPAMEISTERSCHAFT

26. 3.–1. 4. 1984 Herning/Dänemark Junioren B, Gruppe B	3. Österreich	8 Länder

Hadschieff gehört zur Weltklasse, obwohl es bei der WM nicht nach Wunsch lief (Foto Sündhofer)

Trotz größter Anstrengung von Innsbruck konnte sich noch KAC den österreichischen Meistertitel sichern (Foto Votava)

EISLAUF

ÖSTERREICHISCHER EISLAUFVERBAND (ÖEV), gegründet 1889
Haus des Sports, 1040 Wien, Prinz-Eugen-Straße 12, Telefon 0 22 2 / 65 75 35
Sekretariatsstunden Montag, Dienstag, Donnerstag und Freitag
von 8 – 13.00 Uhr,
Mittwoch 13 – 18.00 Uhr

60 Vereine, 7.941 Mitglieder

Präsident: Dkfm. Manfred Zojer, Linsengasse 27, 9010 Klagenfurt,
Tel. 04 2 22 / 54 4 60

Sekretärin
Ingrid Uthe, 1130 Wien, Thomas-Morus-Gasse 22/6, Telefon 0 22 2 / 84 58 694

International Skating Union, gegründet 1892
CH-7270 Davos/Platz, Schweiz, Haus Schöneck, Promenade 73, Postfach

---

Ein Schwerpunktprogramm im Eisschnellauf hat in der Olympiasaison zu sehr schönen Erfolgen und Placierungen bei internationalen Großkonkurrenzen geführt. Anders hingegen im Kunstlauf, wo die Situation nicht so erfreulich ist.

Der Verbandstag im Herbst 1984 bestellte einen neuen Präsidenten und brachte auch Satzungs- und Regeländerungen.

Leider stehen – vor allem im Wiener Raum – nicht genügend Kapazitäten in den Eishallen für Kunst- und Schnellauf zur Verfügung, wodurch die Aufbauarbeit behindert wird.

STAATSMEISTER 1984

Eiskunstlauf	Damen	**Parthena Sarafidis**	WEV
	Herren	**Thomas Hlavik**	CEV
Eistanzen		**Kathrin Beck/Christoff Beck**	WEV
Eisschnellauf	Herren	**Werner Jäger**	Union Eisschnellauf Club Innsbruck
	Damen	**Aneta Janson**	Eislauf Raiffeisen Wörthersee

ÖSTERREICHISCHE MEISTER 1984

Eiskunstlauf	Junioren weiblich	Sabine Paal	Grazer Eislaufverein
	Junioren männlich	Robert Dörfler	Eissportclub Engelmann, Wien
	Eistanzen	Ursula Holik/Martin Maresca	Cottage Engelmann Verein, Wien
Eisschnellauf	Junioren weiblich	Anita Zenz	Union Eissport Club Innsbruck
	Junioren männlich	Hubert Kreuz	Union Eissport Club Innsbruck

OLYMPISCHE SPIELE

8. – 19. 2.			
Sarajevo	Schnellauf	10.000 m	5. Michael Hadschieff
	42 Starter	5.000 m	8. Werner Jäger

WELTMEISTERSCHAFT

25. – 26. 2.			
Göteborg	Schnellauf	10.000 m	1. Michael Hadschieff
	32 Starter	Vierkampf	5. Michael Hadschieff
		500 und 5.000 m	10. Michael Hadschieff
		1.500 m	9. Christian Eminger
			10. Werner Jäger

EUROPAMEISTERSCHAFT

21.–22. 1.

Larvik	Schnellauf	500 m	8. Michael Hadschieff
	30 Starter	1.500 m	10. Werner Jäger
		5.000 m	4. Werner Jäger
		10.000 m	9. Werner Jäger

Im Eiskunstlauf konnte kein österreichischer Starter einen Platz unter den ersten 10 belegen.

Die Geschwister Beck sind derzeit Österreichs internationales Aushängeschild. Bei den Studentenweltmeisterschaften konnten sie Dritte werden (Foto Votava)

EISSCHIESSEN

BUND ÖSTERREICHISCHER EISSCHÜTZEN (BÖE), gegründet 1935
Geschäftsstelle 9062 Moosburg, Unterlinden 10
besetzt Montag und Donnerstag von 16 bis 18 Uhr, Telefon 0 42 72 / 36 76

1608 Vereine, 86.056 Mitglieder

Präsident
Dr. Eduard Mader, 8614 St. Jakob bei Mixnitz, Erhardstraße 331,
Telefon Betrieb 0 38 66 / 22 01, privat 0 38 66 / 22 37

Geschäftsführender Obmann
Komm.-Rat Josef Dobernig, 9062 Moosburg, Unterlinden 10
Telefon privat 0 42 72 / 32 24

Mitglied der
Internationalen Föderation für Eisstockschießen (IFE), gegründet 1950,
16 Länder
Anschrift
Geschäftsstelle der IFE, D-6000 Frankfurt/M. Gartenstraße 137,
Telefon 06 11 / 63 63 63

Schatzmeister im Vorstand der IFE Dr. Eduard Mader, 8614 St. Jakob bei Mixnitz

In Vorarlberg wurde das 50jährige Bestehen gefeiert. Eine Bundesliga im Stockschießen analog zu den Winterbewerben wurde eingeführt.

Weltmeisterschaften werden ab 1986 nur noch alle 4 Jahre ausgetragen.

Auf Grund der Benachteiligung bei der Zuteilung von Totomitteln mußte der Verband auf Rücklagen zurückgreifen und wird voraussichtlich 1986 den Meisterschaftsbetrieb einstellen müssen. Selbst die Beschickung der EM im Weitschießen, die dann zu einem der größten Triumphe wurde, konnte erst im letzten Augenblick sichergestellt werden. Bei allen internationalen Bewerben fällt das Auftreten der Nationalmannschaft durch uneinheitliche Kleidung negativ auf. Auch hiefür sind die finanziellen Schwierigkeiten ausschlaggebend.

STAATSMEISTER 1984

Winter (Eis)	Herren	Mannschaft	**EV Schwoich**	Tirol
		Einzel	**Peter Lassnig**	Heraklith Ferndorf/Kärnten
		Weit	**Georg Griessner**	EV Bruck/Salzburg
	Damen	Mannschaft	**ESC Bregenz**	Vorarlberg
		Einzel	**Martha Stockbauer**	ESV Altmannsdorf/Wien
Sommer (Stock)	Herren	Mannschaft	**Ried im Innkreis**	Oberösterreich
		Einzel	**Max Tischler**	ER Kühnsdorf/Kärnten
		Weit	**Helmut Aglassinger**	EV Maishofen/Salzburg
	Damen	Mannschaft	**ESC Bregenz**	Vorarlberg
		Einzel	**Maria Wieger**	Straßwalchen/Salzburg

ÖSTERREICHISCHE MEISTER

Winter	Mixed	Mannschaft	PSK Bregenz	Vorarlberg
	Senioren	Mannschaft	Maxglan-Uniflor	Salzburg
		Ziel	Johann Neubauer	Steiermark
	Jugend	Mannschaft	Union Pistdorf	Steiermark
		Ziel	Johann Pölzl	Union Pistorf/Stmk.
		Weit	Manfred Hofmann	St. Johann/Salzburg
	Junioren	Mannschaft	Union Kammern	
		Ziel	Walter Aigner	Niederösterreich
		Weit	Rupert Huter	Salzburg

Bundesliga	Herren	Mannschaft	Preding Teko-Plastik	Steiermark
		Ziel	Erich Facinelli	ESK Wilten West/Tirol
Sommer	Mixed	Mannschaft	ASKÖ Stadt Haag	Niederösterreich
	Senioren	Mannschaft	EV Lochau	Vorarlberg
		Ziel	Josef Reisinger	Raika Alkoven/OÖ
	Jugend	Mannschaft	Flamberg	Steiermark
		Ziel	Hermann Liebenberger	St. Johann/Salzburg
		Weit	Manfred Hofmann	St. Johann i. P.
	Junioren	Mannschaft	Wals	Salzburg
		Ziel	Gerhard Schöppl	Wals/Salzburg
		Weit	Josef Rohrmoser	Saalfelden
Bundesliga Herrenmannschaft		Weit	ESV Wels	Oberösterreich
		Ziel	Wolfgang Schnakl	Umdasch Amstetten

EUROPAMEISTERSCHAFTEN

23.–25. 3. 1984	Herren	Mannschaft	2. Urscha Gleisdorf	10 Länder
			5. Tal Leoben	
			6. EV Schwoich	
21. 1. 1984 Nakkila/Finnland	Herren	Weit	1. **Helmut Aglassinger**/Slzbg.	5 Länder
			2. Gerhard Auer/Stmk.	
			3. Wilhelm Huszarek/Stmk.	
			5. Hermann Reichkendler/Slzbg.	
		Mannschaft	**1. Österreich**	
9.–11. 3. 1984 Villach	Damen	Mannschaft	2. ESC Bregenz/Vorarlberg	7 Länder
			5. ESV Langkampfen/Tirol	
		Ziel	4. Martha Stockbauer/Wien	
9.–11. 3. 1984 Villach	Jugend	Mannschaft	2. ESV Kirchbichl/Tirol	4 Länder
			3. EV Angath/Tirol	
			5. Union Pistorf/Stmk.	
		Ziel	1. **Heinz Schatz**/Stmk.	
			5. Jürgen Armsdorfer/Salzburg	
21. 1. 1984 Nakkila/Finnland	Jugend	Weit	1. **Manfred Hofmann**/Salzburg	4 Länder
			2. Klaus Breitfuss/Salzburg	
			5. Heribert Schablas/Stmk.	
		Mannschaft	**1. Österreich**	

EUROPACUP
Weitschießen

26. 5. 1984 Seeon/BRD	Herren	Weit	1. **Gerhard Auer**/Steiermark	6 Länder
			6. Helmut Aglassinger/Salzburg	
		Mannschaft	**1. Österreich**	

FECHTEN

ÖSTERREICHISCHER FECHTVERBAND (ÖFV), gegründet 1929
1040 Wien, Prinz-Eugen-Straße 12, Telefon 0 22 2 / 65 40 552, Telex 133 132
Dienstzeit: Montag bis Freitag von 9 bis 13 Uhr

50 Vereine, 1862 Mitglieder

Präsident
Peter Ulrich-Pur, 1040 Wien, Seisgasse 14, Telefon 0 22 2 / 65 06 32 und 73 63 68

Sekretärin
Renate Ruth, 1120 Wien, Laskegasse 45/7, Telefon 84 32 992

Mitglied der
Fédération Internationale d'Escrime (FIE), gegründet 1913, 78 Länder,
1,6 Millionen Mitglieder

Anschrift
45, Rue de Liège, F-75008 Paris

Peter Ulrich-Pur ist Ehrenmitglied der FIE.
Dkfm. Rainer Mauritz ist Mitglied der Regelkommission.

Der größte Erfolg des Jahres 1984 war die Teilnahme von 2 Degen-, 1 Säbel- und 5 Florett-Fechtern bei den Olympischen Spielen, wobei die Florett-Mannschaft den ausgezeichneten 4. Platz errang.

Bei internationalen Turnieren wurden viele Erfolge errungen, erfreulicherweise besonders in den Jugendklassen.

Zur Straffung der internen Organisation wurde ein Leitungsausschuß bestellt, dessen Hauptaufgabe es ist, für die Stützung der Vereine zu sorgen, um so die Basis für den Spitzensport zu schaffen.

STAATSMEISTER 1984

Einzel		Degen	**Dr. Hannes Lembacher**	HSV Wien
		Säbel	**Ing. Hans Brandstätter**	FKV
	Herren	Florett	**Georg Somloi**	UFC
	Damen	Florett	**Gundula Gabriel**	FKS
Mannschaft		Degen	**HSV Wien**	
		Säbel	**FK Villach**	
	Herren	Florett	**Fecht Union Linz**	
	Damen	Florett	**FUMÖ. BV.**	

ÖSTERREICHISCHE MEISTER 1984

Jugend männlich	1973	Florett	Helmut Wasserbacher	AFCS-Salzburg
	1972	Florett	Michael Ludwig	FU-Mödling BV
	1970/71	Florett	Helmut Pompenig	FCT-Treibach
	1968/69	Florett	Adi Himmelstoß	FU-Mödling BV
	1966/67	Florett	Mark Schiefermeier	AFCS-Salzburg
Jugend weiblich	1973	Florett	Birgit Sprenger	SV Eternit Vöcklabruck
	1972	Florett	Andrea Egger	FK-Spittal
	1970/71	Florett	Isabella Ernst	KAC-Klagenfurt
	1968/69	Florett	Nadja Robatsch	KAC-Klagenfurt
	1966/67	Florett	Birgit Grasnek	FU-Mödling BV
Jugend männlich	1970/71	Degen	Hermann Prax	ASVÖ-Salzburg
	1968/69	Degen	Alexander Greiderer	TS-Innsbruck
	1966/67	Degen	Hannes Bodingbauer	FU-Linz
	1972	Säbel	Michael Ludwig	FU-Mödling BV
	1970/71	Säbel	Michael Weber	FU-Mödling BV

	1968/69	Säbel	Andreas Berger	FU-Mödling BV
	1966/67	Säbel	Andreas Hochwald	UHK-Graz
Junioren männlich		Florett	Merten Mauritz	UFC Wien
Junioren weiblich		Florett	Birgit Grasnek	FU-Mödling BV
		Degen	Georg Draskovitsch	STLFK Graz
		Säbel	Erich Auer	FK-Villach

JUNIOREN-MANNSCHAFTEN

Herrenflorett	FUL
Damenflorett	FUMÖ BV
Degen	TI
Säbel	UHK

OLYMPISCHE SPIELE

Los Angeles			
Herrenmannschaft	Florett	4. Österreich	15 Länder

EUROPAMEISTERSCHAFT

Lissabon			
Einzel	Degen	5. Dr. Hannes Lembacher	14 Länder
Herren-Einzel	Florett	9. Robert Blaschka	
Einzel	Säbel	10. Ing. Hans Brandstätter	
Nationenwertung		6. Österreich	

EUROPACUP

Paris		
Herren	Florett	5. Union Fecht Club Wien

Schnelligkeit, Genauigkeit und ausgezeichnete Reaktion zeichnen den erfolgreichen Fechter aus (Foto Sündhofer)

FLUGSPORT

ÖSTERREICHISCHER AERO-Club (ÖAEC), Wiedergründung 1950
1040 Wien, Prinz-Eugen-Straße 12, Telefon 0 22 2 / 65 11 28 und 65 11 29,
Telex 133 132
Dienstzeit
Montag bis Donnerstag von 7.30 bis 16.30 Uhr, Freitag von 7.30 bis 14 Uhr

325 Vereine, 13.722 Mitglieder

Präsident
Dr. Josef Lenz, 1060 Wien, Gumpendorfer Straße 11, Telefon 0 22 2 / 57 66 50 und 57 71 02

Generalsekretär
S. H. Schlager, 1040 Wien, Ziegelofengasse 4/1/1

Mitglied der
Fédération Aéronautique Internationale (FAI), gegründet 1905
Anschrift
F-75782 Paris, Cedex 16, 6 rue Galilée, Telefon 00331-720-91-85
Telex AEROFRA 611 580 F
FAI-Vizepräsident w. HR Dr. J. Gaisbacher

Luftfahrtpublikationen:
Österreichische Flugsportzeitung, 3100 St. Pölten, Postfach 398
Österreichischer Luftfahrtpressedienst, 1070 Wien, Seidengasse 11
Austroflug, Compreß-Verlag, 1140 Wien, Jenullgasse 4
Modellflugmagazin „prop", 1040 Wien, Prinz-Eugen-Straße 12

Auch das Jahr 1984 war gekennzeichnet durch die Ausweitung der Wettbewerbstätigkeit in allen Flugsparten und die Intensivierung des Austausches von Flugsportlern mit unseren Nachbarländern Ungarn und CSSR.

Die Kostensituation im Flugsport hat sich nicht wesentlich gebessert; allerdings konnten durch die Einfuhr von MOGAS (Auto-Superbenzin) auf relativ vielen Flugplätzen die Kosten für die Treibstoffe wesentlich gesenkt werden.

Die sportlichen Höhepunkte des Jahres 1984 sind sicherlich der Höhenweltrekord von Kpt. Josef Starkbaum mit 12.375 m in der Heißluftballon-Klasse A X 7 und der 6. Weltmeistertitel von Hanno Prettner, Modellflug, in der Klasse F 3 A (Kunstflug).

STAATSMEISTER 1984

Segelflug	Standardklasse	**Heinz Hämmerle**	Sportfliegergruppe Dornbirn
	15-m-Klasse	**Reinhard Haggenmüller**	Fliegerclub St. Johann
	Offene Klasse	**Herbert Lackner**	ASKÖ Flugsportverein Linz
	Streckenflug		
	Standardklasse	**Rudolf Schneider**	Innsbrucker Segelfliegervereinigung
	15-m-Klasse	**Ernst Soratroi**	Innsbrucker Segelfliegervereinigung
	Offene Klasse	**Herbert Lackner**	ASKÖ Flugsportverein Linz
	Clubklasse	**Dietmar Weingant**	Kapfenberger SV
	Mannschaftswertung		Innsbrucker Segelfliegervereinigung
	Kunstflug		
	Vollakrobatik	**Reinhard Haggenmüller**	Fliegerclub St. Johann
	Halbakrobatik	**Harald Lichtmanegger**	Förderverein für Segelflug Niederöblarn
Modellflug	Klasse F1E	**Fritz Mang**	ÖMV Kagran
	Fesselflug	**Franz Wenczel**	MBC Enzesfeld
	Freiflug		
	Klasse F1A	**Fritz Mang**	ÖMV Kagran
	F1B	**Ing. Ernst Reitterer**	LSV Salzburg
	F3E	**R. Freudenthaler**	UMFC Freistadt

	F2D	**Rudolf Königshofer**	BMFC Mühlparzer
	F3A	**Hanno Prettner**	ÖMV Klagenfurt
	RC III	**Leopold Berger**	UMFC Meggenhofen
	RC/MS	**Michael Wurm**	MBC Enzesfeld
Motorflug	Klasse 1	**Dipl.-Ing. Gerold Detter**	OÖ Luftfahrerverband
	Meisterklasse	**Ing. Alois Pucher**	Schärdinger Fliegerunion
	Kunstflug	**Dkfm. Walter Mika**	Kunstflugclub Austria
	Klasse 2	**Otto Bauer**	Fliegergruppe Graz
	Meisterklasse	**Robert Bauer**	Fliegergruppe Graz
Fallschirmsprung	Kombination	**Kpl. Günter Schabus**	Vorarlberger Fallschirmspringerclub „Silvretta"/Österr. Bundesheer
	Einzelziel	**Vzlt. Manfred Polak**	Heeressportclub Klagenfurt
	Figuren	**OWm. Alfred Schlömmer**	Österreichisches Bundesheer
Gruppenziel	Mannschaft	**Bundesheer II**	
Fallschirm-Schi	Komb. (Einzel)	**Herbert Pedevilla**	Innsbrucker Fallschirmspringerclub
	Mannschaft	**Innsbrucker und Tiroler Springerclub**	
Relativspringen	Mannschaft	**I. Österreichischer Fallschirmspringerclub Graz**	
Ballonfahrt	Heißluft	**Josef Starkbaum**	Team Polar
Hängegleiten		**Hartmut Gföllner**	Skybird Wels-Micheldorf
	Jahreswertung		
	Einzel	**Josef Schlömmer**	Union Sportfliegerclub Ausseerland
	Mannschaft	**Ausseerland 1**	

ÖSTERREICHISCHE MEISTER 1984

Segelflug	Junioren	Stephan Tanda	ASKÖ Flugsportclub Innsbruck
	Damen	Irmgard Pitscheneder	ASKÖ Flugsportverein Linz
Modellflug	F1A/J	Reinhard Mang	ÖMV Kagran
Fallschirm	Einzelziel	Gerhard Alic	Heeressportverein Freistadt
	Figuren	Bernhard Nagele	Heeressportclub Klagenfurt
	Kombination	Gerhard Alic	Heeressportverein Freistadt
	Relativ Mannschaft	I. Österreichischer Fallschirmspringerclub Graz	
Motorflug	Klasse 1	Hannes Brabetz	Sportfliegerclub Ried
	Standardklasse	Franz Winklinger	Sportfliegerclub Ried
	Klasse 2	Walter Haider	Sportfliegerclub Ried
	Standardklasse	Anton Tonninger	Sportfliegerclub Ried

Rekorde

Josef Starkbaum stellte am 19. Juni 1984 über der Tauplitz (Stmk.) einen Heißluftballon-Höhenrekord mit 12.375 m auf. Dieser Welt- und damit auch Österreich-Rekord wurde mit einem Freiluftballon erreicht. Österreichischen Dauerrekord erzielte Starkbaum mit 38 Stunden und 4 Minuten vom 13. bis 15. Oktober in der Schweiz.

WELTMEISTERSCHAFTEN

28. 8.–9. 9. Vichy Fallschirm	Gruppenziel Mannschaft	3. Österreich	26 Länder
17.–22. 9. USA Modellflug	Klasse F2A		

EUROPAMEISTERSCHAFTEN

Modellflug

8.–15. 7. Holland	Klasse F3B	Team:	5. Österreich	38 Starter	8 Länder
		Einzel:	5. Karl Wasner		
1.–16. 9. Belgien	Klasse F3A	Team:	4. Österreich		16 Länder
27. 8.–2. 9. Jugoslawien	Klasse F1C	Team:	3. Werner Kraus	42 Starter	

Hängegleiten

27. 7.–5. 8. Norwegen		Team:	6. Österreich	55 Starter	15 Länder

Weitere sportliche Erfolge auf internationaler Ebene waren der Sieg von Gregor Stögner ASKÖ Linz im Barron Hilton-Cup der Segelflieger (einem Jahreswettbewerb der Standardklasse); der 1. Platz von Günter Schabus bei der Militärweltmeisterschaft im Fallschirm-Einzelzielspringen sowie Gold in der Relativ-Mannschaftswertung für Österreich. Siege gab es auch noch beim Europacup für Fallschirm-Ski-Kombination und der Winterwettkampfkombination in Hochfilzen.

FUSSBALL

ÖSTERREICHISCHER FUSSBALL-BUND (ÖFB), gegründet 1904
1061 Wien, Postfach 161, Mariahilfer Straße 99, Telefon 0 22 2 / 57 15 36 Serie, Telex 01/11919
Dienstzeit
Montag bis Freitag von 8 bis 12 Uhr und von 13 bis 17 Uhr,
Samstag, Sonn- und Feiertag von 9 bis 13.30 Uhr Journaldienst

2.036 Vereine, 255.000 Spieler

Präsident
Beppo Mauhart, Austria-Tabak, 1090 Wien, Porzellangasse 51,
Tel. 0 22 2 / 34 26 00

Generalsekretär
Otto Demuth, 1160 Wien, Liebhartstalstraße 12, Telefon 0 22 2 / 46 52 84

Mitglied der
Fédération Internationale de Football Association (FIFA), gegründet 1904
Anschrift
8030 Zürich, Hitzigweg 11, Telefon 05 / 01 / 55 54 00, Telex 55 6 78 fifa

und der
Union des Associations Européenes de Football (UEFA), gegründet 1954
Anschrift
3000 Bern 15, Jupiterstraße 33, Postfach 16, Telefon 05 / 031 / 32 17 35,
Telex 33191 uefa

Österreich ist in der FIFA durch Dr. Heinz Gerö (Mitglied der Olympiakommission), in der UEFA durch Dr. Heinz Gerö (Vizepräsident, Mitglied des Exekutivkomitees und Vorsitzender der Schiedsrichterkommission), Hans Reitinger (Mitglied der Kommission für Nichtamateur- und Berufsfußball) sowie Otto Demuth (Mitglied der Kontroll- und Disziplinarkommission) vertreten.

Prim. Dr. Robert Jelinek ist sportärztlicher Referent der FIFA.

Im Jahr 1984 feierte der Österreichische Fußballbund in Anwesenheit von FIFA-Präsident Dr. Joao Havelange sein 80jähriges Bestandsjubiläum. Das 0 : 0 gegen Griechenland in einem schwachen Spiel ließ allerdings keine allzu festliche Stimmung aufkommen.

Die Qualifikation für die Weltmeisterschaft '86 in Mexiko begann mit einem 2 : 1 auf Zypern erfolgreich. Nach der 1 : 3-Niederlage in Budapest gelang dem Nationalteam durch eine wesentliche Leistungssteigerung ein verdienter 1 : 0-Sieg gegen Holland, so daß die Hoffnung auf eine Mexiko-Teilnahme gewahrt bleibt.

Teamchef Erich Hof bot dennoch nach dem Holland-Spiel seinen Rücktritt an, der vom ÖFB angenommen wurde. Die schweren Spiele 1985 werden unter dem neuen Betreuer Branko Elsner in Angriff genommen.

Erfreulich war 1984 die Steigerung der Unter-21-Nationalmannschaft, die mit guten Leistungen zumindest Teilerfolge verzeichnen konnte.

Im Europacup 1983/84 kamen gleich drei Mannschaften in das Viertelfinale, 1984/85 gelang dies immerhin Austria-Memphis und Rapid-Wien. Eduscho Eisenstadt gewann den Mitropacup 1983/84.

Am 30. Juni 1984 wurde Generaldirektor-Stellvertreter Beppo Mauhart einstimmig zum neuen ÖFB-Präsidenten gewählt. Gleichzeitig erfolgte die Beschlußfassung über die Neugestaltung der obersten Spielklassen. Ab 1985/86 wird es zwei Zwölfer-Ligen geben, die nach einem Meisterschaftsdurchgang auf Hin- und Rückspielbasis in drei Play-offs den Meister und die jeweiligen Auf- und Absteiger ermitteln sollen.

Meister Austria konnte im Europacup bis ins Viertelfinale vordringen. Austria : Valetta 4:0 (Foto Votava)

Rapid wurde es im Europacup der Cupsieger nicht leicht gemacht. Rapid : Besiktas 4:1 (Foto Votava)

PUMA, IM SPORT DABEI: IM RUNNING. MIT SPORTSCHUHEN IM PUMA RUNNING SYSTEM. FÜR SPITZENSPORTLER. FÜR ALLE, DIE SPORTLICH SIND. PUMA®

... denn PUMA macht's mit Qualität.

RS.I – der richtungweisende Runningschuh im PUMA RUNNING SYSTEM. Keilzwischensohle RS MULTIPLEX IV aus 4-Komponenten-Spezialkern mit Stabilisator, Druckdämpfungszone im Bereich der Ferse und des Vorfußes sowie PU-ummanteltem Fußbettbelag. Laufsohle RS VARIOFLEX mit strapazierfähigem und extrem flexiblen Eigenschaften sowie neuartigem Sohlenprofil mit variablen, druckabsorbierenden Elementen. Auf neuem, durch Scanning entwickeltem Running-Leisten RS 2000 gefertigt. Obermaterial aus atmungsaktivem Nylon mit Veloursledèrbesätzen. RS.I – das von PUMA empfohlene Modell für den Läufer bis 75 kg Gewicht. **Qualität im Fachhandel von PUMA.**

STAATSMEISTER 1984

Bundesliga	Herren	**Austria-Memphis Wien**
	Damen	**SV Aspern Wien**

ÖSTERREICHISCHE MEISTER 1984

Vereins-Nachwuchsmeisterschaft	Junioren	FK Austria-Memphis
	Jugend	FK Austria-Memphis
	Schüler	FK Austria-Memphis
	Knaben	FK Austria-Memphis
Schülerliga		Hauptschule Güssing (Bgld.)
Bundes-Jugendleistungszentren	Unter 15	BJLZ Raika Wels
	Unter 17	BJLZ Raika Wels
Bundesländer-Nachwuchsmeisterschaft	Bewerb 1982/84	Steiermark

ÖSTERREICHISCHER CUP

SK Rapid Wien

LÄNDERSPIELE

A-Team

28. 3. 1984, Bordeaux	Frankreich – Österreich	1 : 0 (0 : 0)
18. 4. 1984, Wien	Österreich – Griechenland	0 : 0
2. 5. 1984, Nicosia	Zypern – Österreich	1 : 2 (0 : 1) (WM-Qual.)
12. 9. 1984, Kopenhagen	Dänemark – Österreich	3 : 1 (1 : 0)
26. 9. 1984, Budapest	Ungarn – Österreich	3 : 1 (1 : 0) (WM-Qual.)
14. 11. 1984, Wien	Österreich – Holland	1 : 0 (1 : 0) (WM-Qual.)

Unter 21

1. 5. 1984, Limassol	Zypern – Österreich	1 : 1 (1 : 1) EM
11. 9. 1984, Aalborg	Dänemark – Österreich	0 : 1 (0 : 1)
25. 9. 1984, Szombathely	Ungarn – Österreich	2 : 0 (1 : 0) EM
13. 11. 1984, Krems	Österreich – Holland	0 : 0 EM

Nachwuchs: Junioren / Jahrgang 1. 8.1965 und jünger

20. 3. 1984, Krems	Österreich – Dänemark	1 : 0 (0 : 0)
4. 4. 1984, Asti	Italien – Österreich	0 : 0 (EM-Qual.)
10. 4. 1984, Kufstein	Österreich – Deutschland	0 : 1 (0 : 1) (EM-Qual.)

Junioren / Jahrgang 1. 8. 1966 und jünger

6. 9. 1984, Izola	Österreich – England	2 : 2 (1 : 1)
8. 9. 1984, Rasa	Österreich – Schweden	1 : 3 (1 : 0)
10. 9. 1984, Pazin	Österreich – UdSSR	2 : 0 (0 : 0)
12. 9. 1984, Medulin	Österreich – Schweiz	1 : 1 (1 : 0), Elfmetersch. 4 : 3 für Österreich

Jugend / Jahrgang 1. 8. 1968 und jünger

31. 10. 1984, Lustenau	Österreich – Schweiz	Beim Stand von 0 : 0 in der 65. Minute wegen Nebels abgebrochen

EUROPACUP 1983/84

Landesmeister

7. 7. 1984, Wien	Rapid-Wien – Dundee-United	2 : 1 (0 : 1)
21. 3. 1984, Dundee	Dundee-United – Rapid-Wien	1 : 0 (1 : 0)

Pokalsieger

7. 3. 1984, London	Tottenham-Hotspur – Austria-Memphis	2 : 0 (0 : 0)
21. 3. 1984, Wien	Austria-Memphis – Tottenham-Hotspur	2 : 2 (0 : 1)

UEFA-Cup

7. 3. 1984, Nottingham	Nottingham-F. – Raika-Sturm-Graz	1 : 0 (0 : 0)
21. 3. 1984, Graz	Raika-Sturm-Graz – Nottingham-F.	1 : 1 (1 : 0, 1 : 0) n. V.

EUROPACUP 1984/85

Landesmeister

19. 9. 1984, Wien	Austria-Memphis – FC La Valletta	4 : 0 (3 : 0)
3. 10. 1984, La Valletta	FC La Valletta – Austria-Memphis	0 : 4 (0 : 1)
24. 10. 1984, Ostberlin	Dynamo-Ostberlin – Austria-Memphis	3 : 3 (1 : 2)
7. 11. 1984, Wien	Austria-Memphis – Dynamo-Ostberlin	2 : 1 (1 : 0)

Pokalsieger

18. 9. 1984, Wien	Rapid-Wien – Besiktas-Istanbul	4 : 1 (2 : 1)
3. 10. 1984, Istanbul	Besiktas-Istanbul – Rapid-Wien	1 : 1 (0 : 1)
24. 10. 1984, Wien	Rapid-Wien – Celtic-Glasgow	3 : 1 (0 : 0)
12. 12. 1984, Manchester	Celtic-Glasgow – Rapid-Wien	0 : 1 (0 : 1)

UEFA-Cup

19. 9. 1984, Växjö	Östers-Växjö – LASK	0 : 1 (0 : 0)
3. 10. 1984, Linz	LASK – Östers-Växjö	1 : 0 (1 : 0)
24. 10. 1984, Linz	LASK – Dundee-United	1 : 2 (1 : 1)
7. 11. 1984, Dundee	Dundee-United – LASK	5 : 1 (2 : 1)
19. 9. 1984, Madrid	Real-Madrid – SSW Innsbruck	5 : 0 (2 : 0)
3. 10. 1984, Innsbruck	SSW Innsbruck – Real-Madrid	2 : 0 (1 : 0)

MITROPACUP 1983/84

20. 3. 1984, Eisenstadt	Eduscho-Eisenstadt – Union-Teplice	1 : 1 (1 : 1)
10. 4. 1984, Eisenstadt	Eduscho-Eisenstadt – Vasas-Budapest	2 : 1 (1 : 1)
25. 4. 1984, Tapolca	Vasas-Budapest – Eduscho-Eisenstadt	1 : 2 (0 : 0)

Einsatz bringt Gewinn

Und wir machen uns einen Sport daraus, unsere Gäste zu unterhalten. Nicht nur an den Spieltischen und Spiel-Automaten, sondern auch mit sportlichen Spielen. Wir haben unseren eigenen Fußballclub, fördern junge Sportler, sponsern immer wieder interessante sportliche Veranstaltungen. Bewegung und Phantasie, Sport und Spiel haben immer schon gut zusammengepaßt.

casinos austria

Baden, Badgastein, Bregenz, Graz, Kitzbühel, Kleinwalsertal, Linz, Salzburg, Seefeld, Velden, Wien.

GEWICHTHEBEN

ÖSTERREICHISCHER GEWICHTHEBERVERBAND (ÖGV), gegr. 1891
1172 Wien, Palffygasse 11, Postfach 4, Telefon 0 22 2 / 42 93 33
Dienstzeit
Montag 7 bis 12 Uhr, Dienstag 7 bis 12 und 12.30 bis 17 Uhr, Mittwoch 7 bis 12 Uhr, Donnerstag 7 bis 12 und 12.30 bis 20 Uhr,
Freitag 7 bis 12 und 12.30 bis 15.30 Uhr

74 Vereine, 6310 Mitglieder

Präsident
Gottfried Schödl, 1110 Wien, Csokorgasse 64/2/6/53, Telefon 0 22 2 / 76 78 75

Mitglied der
International Weightlifting Federation (IWF), gegründet 1920
122 Mitgliedsländer
Anschrift
1110 Wien, Csokorgasse 64/2/6/53, oder
Rosenberg HP. U. 1, 1054 Budapest, Ungarn, Telefon 311-162

Der ÖGV-Präsident Gottfried Schödl ist auch Präsident des Gewichtheber-Weltverbandes

Offizielle Verbandszeitung
„Der Gewichtheber", monatlich
Chefredakteur: Gottfried Schödl

Positive und negative Ereignisse haben 1984 dem österreichischen Gewichthebersport den Stempel aufgedrückt. Positiv war es, daß ein Wechsel auf der Verwaltungsebene nahtlos vollzogen werden konnte. Gottfried Schödl, seit nahezu drei Jahrzehnten mit der Geschäftsführung des Verbandes befaßt, ging in den Ruhestand, wird jedoch über Wunsch der Landesverbandsleitungen Präsident bleiben.

Positiv war es auch, daß Franz Langthaler im österreichischen Hantelsport neue Leistungsmaßstäbe setzte. Mit einem 2. Platz beim Donaupokalturnier der Junioren (und der Goldmedaille im Reißen), einem 4. Rang bei der Juniorenweltmeisterschaft und dem 6. Platz bei den Olympischen Spielen trat er in den Vordergrund. Langthaler begann seine Laufbahn 1978 und hat seither in verschiedenen Altersgruppen 86 österreichische Rekorde aufgestellt.

Daß ein positives Ergebnis aber auch absolut negative Auswirkungen haben kann, mag zwar als Paradoxon gelten, wurde jedoch 1984 im österreichischen Hantelsport bestätigt. Als Stefan Laggner nach einem hervorragenden 4. Platz bei den Olympischen Spielen infolge eines positiven Dopingtests disqualifiziert wurde, zogen schwarze Wolken am Kraftsporthimmel auf. Öffentliche Stellen verdammten nicht einen Sportler, sondern eine Sparte. Es gab nicht einen, sondern Tausende Dopingsünder für diese Stellen. Bedauerlich, daß man politische Macht zur öffentlichen Meinungsbildung mißbrauchte. Doping ist durchaus kein Synonym für Gewichtheben, vielmehr ein Problem des Sports überhaupt.

STAATSMEISTER 1984

Einzel	52,0 kg	Reißen	**Hermann Uran**	(KSV Rum)
		Stoßen	**Hermann Uran**	(KSV Rum)
		Zweikampf	**Hermann Uran**	(KSV Rum)
	56,0 kg	Reißen	**Kurt Paar**	(KSC Polybau)
		Stoßen	**Kurt Paar**	(KSC Polybau)
		Zweikampf	**Kurt Paar**	(KSC Polybau)
	60,0 kg	Reißen	**Franz Galuska**	(SK Loosdorf)
		Stoßen	**Franz Galuska**	(SK Loosdorf)
		Zweikampf	**Franz Galuska**	(SK Loosdorf)

	67,5 kg	Reißen	**Walter Legel**	(SK Loosdorf)
		Stoßen	**Walter Legel**	(SK Loosdorf)
		Zweikampf	**Walter Legel**	(SK Loosdorf)
	75,0 kg	Reißen	**Manfred Modrey**	(Vöest)
		Stoßen	**Norbert Durstberger**	(Post-SV-PSK)
		Zweikampf	**Norbert Durstberger**	(Post-SV-PSK)
	82,5 kg	Reißen	**Ronald Hastik**	(Multikraft)
		Stoßen	**Josef Tauchner**	(Post-SV-PSK)
		Zweikampf	**Josef Tauchner**	(Post-SV-PSK)
	90,0 kg	Reißen	**Josef Span**	(IVB Stubaital)
		Stoßen	**Josef Span**	(IVB Stubaital)
		Zweikampf	**Josef Span**	(IVB Stubaital)
	100,0 kg	Reißen	**Franz Langthaler**	(Herkules)
		Stoßen	**Franz Langthaler**	(Herkules)
		Zweikampf	**Franz Langthaler**	(Herkules)
	110,0 kg	Reißen	**Karl Weinhandl**	(Post-SV-PSK)
		Stoßen	**Karl Weinhandl**	(Post-SV-PSK)
		Zweikampf	**Karl Weinhandl**	(Post-SV-PSK)
	über 110,0 kg	Reißen	**Peter Repitsch**	(IVB Stubaital)
		Stoßen	**Peter Repitsch**	(IVB Stubaital)
		Zweikampf	**Peter Repitsch**	(IVB Stubaital)
Mannschaft			**Post-SV-PSK**	

ÖSTERREICHISCHE MEISTER 1984

Mannschaften	Allgemeine Klasse	WKG NÖ-„Raiffeisen"
	Jugend B	Multikraft-Wien
	Jugend A	Multikraft-Wien
	Junioren	Multikraft-Wien
	Unter 23	Rum-Tirol

Einzel	Schüler	44,0 kg	Sandor Langweil	(Vöest)
		48,0 kg	Hermann Uran	(Rum-Tirol)
		52,0 kg	Franz Gril	(Harland)
		56,0 kg	Anton Auritsch	(Aigen)
		60,0 kg	Günter Stapfer	(Ranshofen)
		67,5 kg	Harald Hörtnagl	(VB Innsbruck-Stubaital)
		75,0 kg	Markus Maccani	(Rollfix-Bregenz)
		über 75,0 kg	Christian Priester	(Ranshofen)
	Jugend B	52,0 kg	Peter Mayer	(Stampach-Neustadt)
		56,0 kg	Andreas Bartl	(Goliath)
		60,0 kg	Folkmar Ameringer	(Ebensee)
		67,5 kg	Andreas Schrenk	(Stockerau)
		75,0 kg	Ronald Zwiauer	(Tyrolia)
		82,5 kg	Wolfgang Ganzi	(Multikraft-Wien)
		90,0 kg	Martin Hörtnagl	(VB Innsbruck-Stubaital)
		100,0 kg	Heinz Neumüller	(Vöest)
	Jugend A	52,0 kg	Gerhard Jaksch	(Bürmoos)
		56,0 kg	Kurt Paar	(Polybau)
		60,0 kg	Werner Rainalter	(Rollfix-Bregenz)
		67,5 kg	Martin Fuhrmann	(Podersdorf)
		75,0 kg	Gerhard Kraus	(Hafenscher)
		82,5 kg	Markus Fertl	(Argos)
		90,0 kg	Michael Steiner	(Multikraft-Wien)
		100,0 kg	Walter Trimmel	(Melk)
		über 100,0 kg	Heinrich Pollak	(Multikraft-Wien)
Einzel	Junioren	52,0 kg	Claus Stürzenbecher	(Mödling)
		56,0 kg	Peter Mayer	(Stampach-Neustadt)
		60,0 kg	Volkmar Ameringer	(Ebensee)
		67,5 kg	Rainer Sadil	(Langenlebarn)
		75,0 kg	Walter Koblenc	(Mödling)
		82,5 kg	Gerhard Kraus	(Hafenscher)
		90,0 kg	Werner Markart	(Rollfix-Bregenz)
		100,0 kg	Franz Langthaler	(Herkules)
		über 100,0 kg	Markus Rotter	(VB Innsbruck-Stubaital)

	Unter 23	52,0 kg	Claus Stürzenbecher	(Mödling)
		56,0 kg	Peter Mayer	(Stampach-Neustadt)
		60,0 kg	Johann Bobrich	(Wieselburg)
		67,5 kg	Gerhard Hofbauer	(Herkules)
		75,0 kg	Walter Koblenc	(Mödling)
		82,5 kg	Ronald Hastik	(Multikraft-Wien)
		90,0 kg	Josef Span	(VB Innsbruck-Stubaita
		100,0 kg	Franz Langthaler	(Herkules)
		110,0 kg	Edgar Schieder	(Lochen)
		über 110,0 kg	Paul Ettl	(Podersdorf)
	Altersklasse I	56,0 kg	Fritz Niedermayr	(ESV Salzburg)
		60,0 kg	Johann Kaltenecker	(Himberg)
		67,5 kg	Ferdinand Gamharter	(AK Innsbruck)
		75,0 kg	Walter Legel	(Loosdorf)
		82,5 kg	Friedrich Steiner	(Mödling)
		90,0 kg	Herbert Krebs	(Tyrolia)
		100,0 kg	Jakob Morell	(Polybau)
		110,0 kg	Leopold Abraham	(Herkules)
		über 110,0 kg	Rudolf Leszkovits	(Klosterneuburg)
	Altersklasse II	67,5 kg	Otto Huber	(Bruck/Mur)
		75,0 kg	Herbert Geratsik	(Eiche-Wien)
		82,5 kg	Josef Schaumann	(Goliath)
		90,0 kg	Josef Ulmer	(Dornbirn)
		100,0 kg	Rudolf Horvath	(Atzgersdorf)
		110,0 kg	Manfred Kühn	(Argos)
		über 110,0 kg	Georg Lindlbauer	(Ranshofen)

OLYMPISCHE SPIELE

Los Angeles		90,0 kg	9. Josef Span	26 Starter/20 Länder
		100,0 kg	6. Franz Langthaler	16 Starter/15 Länder

WELTMEISTERSCHAFTEN

Lignano	Junioren	90,0 kg	4. Franz Langthaler	21 Starter/15 Länder
Los Angeles	Allgemeine Klasse	90,0 kg	9. Josef Span	26 Starter/20 Länder
		100,0 kg	6. Franz Langthaler	16 Starter/15 Länder

EUROPAMEISTERSCHAFTEN

Lignano	Junioren	60,0 kg	6. Rainer Sadil	14 Starter/12 Länder
		90,0 kg	4. Franz Langthaler	14 Starter/ 9 Länder
Vitoria	Allgemeine Klasse	67,5 kg	4. Gregor Bialowas	12 Starter/11 Länder
		90,0 kg	10. Erich Seidl	21 Starter/18 Länder

GOLF

ÖSTERREICHISCHER GOLF-VERBAND (ÖGV), gegründet 1931
1040 Wien, Prinz-Eugen-Straße 12, Telefon 0 22 2 / 65 32 45, Telex 133 132

24 Vereine, 4.827 Mitglieder

Präsident
Fritz Jonak, 1238 Wien, Franz-Graßler-Gasse 72
Honorary Secretary
Dkfm. Günther Jungk, 1190 Wien, Kaasgraben 18

Sekretärin
Waltraud Neuwirth, 1050 Wien, Franzensgasse 5/51
Buchhaltung
Kurt Steringer, c/o Mayr-Melnhof, 1040 Wien, Brahmsplatz 6
Tel. 0 22 2 / 65 9 36-61

Mitglied des
World Amateur Golf Council, gegründet 1958
Anschrift
Golf House, Far Hills, N. J. 07931, USA

und der
European Golf Association (EGA), gegründet 1937
F-75783 Paris, 69 avenue Victor Hugo

Offizielles Verbands-Organ:
„Golf", Burchardstraße 14, D-2 Hamburg 1
Chefredakteur
Gunther Marks, Telefon (040) 33 96 61
Österr. Mitteilungsblatt: „Golf-Gazette", 1130 Wien, Winzerstraße 23
Chefredakteur: Michel Payer (0222) 82 82 98

Mit 1. April 1984 traten neue Bestimmungen des Standard- und Vorgabensystems in Kraft, die laut Council of National Golf Unions (CONGU) einheitliche, jedoch erschwerte Bedingungen innerhalb Europas bringen sollen. Mit gleichem Datum traten auch die neuen Golfregeln in Kraft, die für die nächsten 4 Jahre etwas vereinfacht und mit wesentlichen Änderungen erarbeitet wurden.

Durch das erfolgreiche Auftreten bei internationalen Ereignissen (Siege von Christian Czerny in der CSSR und Jugoslawien, hervorragende Placierungen von Klaus Nierlich bei der WM, in Deutschland und in der Schweiz) hat auch die verstärkte Pressearbeit Früchte getragen.

Wesentlich intensiviert wurde auch die Nachwuchsförderung, speziell im Hinblick auf Jugendliche unter 14 Jahren, wozu auch die Neueinführung einer österreichischen Schülermeisterschaft beitragen soll.

Die erfolgreiche Entwicklung des österreichischen Golfsports – insbesondere des Spitzensports – in den vergangenen Jahren war ausschlaggebend, daß nach 47jähriger Zugehörigkeit des ÖGV zum Europäischen Golfverband mit Dkfm. Günther Jungk erstmals ein Österreicher in den Vorstand gewählt wurde.

Da auch Dr. Klaus Nierlich im Technischen Komitee der EGA vertreten ist, kann erstmals in diesem Gremium auf die Schwierigkeiten, die in kleinen Golfnationen bestehen, hingewiesen werden.

STAATSMEISTER 1984

Lochwettspiel	Herren	**Dr. Klaus Nierlich**	Wien
	Damen	**Martina Franz**	Wien
Zählwettspiel	Herren	**Dr. Klaus Nierlich**	Wien
	Damen	**Martina Franz**	Wien
Mannschaft Lochwettspiel		**Golf-Club Kitzbühel I**	

ÖSTERREICHISCHE MEISTER 1984

Internationale Meisterschaften von Österreich

	Herren	Chin-Han Yu	Taiwan
	Damen	Mei-Chi Cheng	Taiwan
Nationaler offener Meister		Oswald Gartenmaier (Pro)	Wien

Junioren	weiblich	Ike Wieser	Innsbruck-Igls
	männlich	Markus Brier	Wien
	Mannschaft	GC Innsbruck-Igls	
Jugend	weiblich	Nicole Berlage	Enzesfeld
	männlich	Matthias Nemes	Innsbruck-Igls
Schüler	weiblich	Katharina Poppmeier	Murhof
	männlich	Thomas Moosbrugger	Innsbruck-Igls
Senioren	Damen	Lotte Scharrer	Linz
	Herren	Freddy Herrgott	Kitzbühel
Golflehrer (Pros)		Gordon Manson	Wels

Martina Franz, österreichische Meisterin, beim Abschlag (Foto Bimashofer)

HAND- UND FAUSTBALL

ÖSTERREICHISCHER HAND- UND FAUSTBALL-BUND (ÖHB),
gegründet 1925
1050 Wien, Hauslabgasse 24a, Telefon 0 22 2 / 55 43 79
Dienstzeit
Montag, Dienstag, Mittwoch, Freitag von 8 bis 17 Uhr,
Donnerstag von 8 bis 12 Uhr, Samstag von 9 bis 11 Uhr

364 Vereine, 17.778 Mitglieder

Präsident
Erwin Lanc, 1050 Wien, Leopold-Rister-Gasse 5/16/92

Generalsekretär
Friedrich Duschka, 1170 Wien, Dornbacher Straße 115,
Telefon 0 22 2 / 46 40 823

Mitglied der
Internationalen Handball-Federation (IHF), gegründet 1946, 95 Länder
3,2 Millionen Mitglieder
Anschrift
CH-4052 Basel, Lange Gasse 10, Telefon 50 50 15
und des
Internationalen Faustballverbandes (IFV), gegründet 1960
Anschrift
D-6000 Frankfurt/Main, Otzbergstraße 10

Präsident Lanc ist Präsident der Internationalen Handball Federation

Generalsekretär Duschka ist Mitglied der Veranstaltungskommission
der IHF

Offizielle Verbandszeitung
„Handball und Faustball in Österreich", fünfmal jährlich
Chefredakteur
Alice Kaufmann, 1232 Wien, Anton-Baumgartner-Straße 44/B/7-082
Telefon 0 22 2 / 67 97 40

Der größte Erfolg war dem Österreichischen Handballsport auf dem grünen Tisch beschieden: Beim Olympiakongreß wählten die Delegierten ÖHB-Präsident Erwin Lanc zum Vorsitzenden der Internationalen Handball Fédération. Mit Generalsekretär Friedrich Duschka in der Veranstaltungskommission und Medizinalrat Dr. Walter Pallamar in der medizinischen Kommission ist Österreich im Kreis der 95 Nationen mit 3,2 Millionen Aktiven hervorragend vertreten.

1983/84 waren erneut drei Weltmeisterschaften zu beschicken. Die Junioren agierten in Finnland, die Damen-B-WM wurde in Polen ausgetragen, die Herren-Nationalmannschaft verfehlte den Aufstieg in die B-Gruppe gegen Italien. Eine Teilnahme Österreichs hätte nicht nur außergewöhnliche Belastungen finanzieller Natur mit sich gebracht, der neuerliche Abstieg in die C-Gruppe wäre nicht zu verhindern gewesen.

Anders das Bild für die Damen. Infolge des Boykotts wurde Österreich zur Einspringernation beim Olympiaturnier in Los Angeles. Diese ehrenvolle Berufung erfolgte so knapp, daß sich das Damenteam nur noch in acht Wochen vorbereiten konnte. Mit Pech wurde im Olympiaturnier ein besserer Rang als der sechste verpaßt. In den europäischen Cupbewerben konnten die Handballerinnen im Meisterbewerb und im Cup der Cupsieger bis ins Halbfinale vordringen.

Ein schöner Erfolg, mit steigender Beteiligung, war der Österreichischen Schulmeisterschaft beschieden.

Österreichs Faustballer wurden bei der Feld-Europameisterschaft in der Schweiz Europameister vor der Bundesrepublik Deutschland.

STAATSMEISTER 1984

Handball	Herren		**ATSE Waagner Biro**
	Damen		**Union Hypobank Südstadt**
Faustball	Herren	Halle	**ATSV Freistadt**
		Feld	**TUS Sparkasse Kremsmünster**
	Damen	Halle	**ASKÖ Linz Süd**
		Feld	**ASKÖ Linz Stamm**

ÖSTERREICHISCHE MEISTER 1984

Handball	Jugend männlich A		Klagenfurter AC
	Jugend weiblich A		Union Hypobank Südstadt
	Jugend männlich B		SC Ferlach
	Jugend weiblich B		HC Weststeiermark
	Jugend männlich C		HC Oberglas Bärnbach
	Jugend männlich D		Borromäum Salzburg
	Unter 21		ATSE Waagner Biro
Schulhandball	Schüler männlich		Sporthauptschule Linz
	Schüler weiblich		Sporthauptschule Linz
Faustball	Schüler männlich	Halle	Union Lambach
	Jugend männlich	Halle	DSG Hirschbach
	Jugend männlich	Feld	WAT Brigittenau
	Jugend weiblich	Feld	ASKÖ Linz Süd
	Schüler männlich	Feld	Union Unterwaltersdorf
	Schüler weiblich	Feld	Union West-Wien

STAATSLIGA-TABELLEN

Handball-Staatsliga, Herren 1983/1984 (Play-off-Durchgang)

ATSE Waagner Biro	10	6	2	2	219 : 205	14 + 4 = 18
UHK Kresto Krems	10	6	0	4	222 : 205	12 + 5 = 17
WAT Margareten-Steyr Fiat	10	6	1	3	202 : 188	13 + 3 = 16
ASKÖ Internorm Linz	10	5	2	3	208 : 199	12 + 2 = 14
SC Eggenburg ITT Austria	10	3	1	5	225 : 235	7 + 0 = 7
HC Raika Köflach	10	0	2	8	207 : 251	2 + 1 = 3
HC Stölzle-Oberglas Bärnbach	6	5	0	1	143 : 132	10 + 1 = 11
UHK Tulln-Goldmann Druck	6	4	0	2	140 : 127	8 + 2 = 10
Union Edelweiß Sparkasse	6	2	1	3	142 : 149	5 + 3 = 8
SK VÖEST	6	0	1	5	130 : 147	1 + 0 = 1

Handball-Staatsliga, Damen 1983/1984 (Play-off-Durchgang)

Union Hypobank Südstadt	27	27	0	0	788 : 229	54
Union Admira Landhaus	27	22	0	5	566 : 421	44
WAT Fünfhaus	27	13	0	14	409 : 455	26
Post SV/PSK Wien	27	12	1	14	434 : 488	25
SV Austria Tabak	28	16	0	12	396 : 424	32
Wiener AC	28	14	2	12	400 : 387	30
Union Urfahr	28	14	1	13	412 : 444	29
SC Allround Wr. Neustadt	28	9	1	18	354 : 471	19
Union Hollabrunn	28	6	2	20	405 : 546	14
Polizei SV Wien	28	1	1	26	233 : 532	3

Faustball-Staatsliga A, Herren Halle 1983/1984

ATSV Freistadt	18	15	3	31/13	596 : 501	30
ASKÖ Primo Laakirchen	18	14	4	31/14	625 : 490	28
FSG Vöcklabruck	18	13	5	27/15	577 : 504	26
ASKÖ Linz/Waldegg/OB	18	11	7	29/16	610 : 494	22
DSG Petrinum Linz Ankerv.	18	10	8	24/19	542 : 538	20
TUS Sparkasse Kremsmünster	18	9	9	21/21	529 : 524	18
ASKÖ Linz Urfahr	18	7	11	19/25	542 : 553	14
Union Mäser Freistadt	18	6	12	13/25	401 : 528	12
ATSV Bluna Salzburg	18	4	14	14/30	512 : 602	8
Union Graz	18	1	17	4/35	380 : 580	2

Faustball-Staatsliga A, Herren Feld 1983/1984

TUS Sparkasse Kremsmünster	27	21	2	4	806 : 602	44
ASKÖ Primo Laakirchen	27	20	1	6	836 : 649	41
Union Mäser Freistadt	27	20	–	7	751 : 634	40
DSG Union Welser Volksbank	27	16	2	9	738 : 661	34
Union Wels	27.	13	–	14	707 : 756	26
ATSV Freistadt	27	11	2	14	676 : 709	24
FSG Vöckabruck	27	13	–	14	703 : 729	26
ASKÖ Linz Waldegg/OB	27	12	1	14	697 : 698	25
ASKÖ Linz Urfahr	27	11	2	14	688 : 697	24
ATV Drösing	27	8	1	18	591 : 718	17
ATSV Bluna Salzburg	27	8	–	19	629 : 751	16
USV Raika Zwettl	27	3	1	23	619 : 837	7

In der Europaliga erreichte TUS Kremsmünster den 4. Platz und im Europapokal ASKÖ Primo Laakirchen den 3. Rang.

Einen ganz großen Erfolg feierte Österreichs Herren-Faustballauswahl in der Europameisterschaft. Nach 4 Runden stand Österreichs Team als neuer Titelträger fest. Es ist dies der erste EM-Sieg.

Im Donaupokal 1984 gewann Union Hypobank Südstadt den Frauenbewerb.

Hypo Südstadt kam im Europacup 83/84 bis ins Halbfinale und verlor dabei gegen Radnicky Belgrad 17 : 21 und 19 : 22. Auch der zweite österreichische Vertreter, Union Admira Landhaus, schied im Halbfinale gegen TJ Gottwaldov mit 16 : 19 und 13 : 21 aus.

EUROPACUP 1984/85

Landesmeister	Damen	Balamo Iber Valencia – Union Hypobank	20 : 29 + 15 : 31
		Polisiens Stockholm – Union Hypobank Südstadt	10 : 29 + 19 : 33
Cupsieger	Damen	Pallamano Cassano Magnago – U. Admira Landhaus	25 : 18 + 18 : 23
IHF-CUP	Herren	USAM Nimes – WAT Margareten Steyr Fiat	21 : 17 + 15 : 22
		Ystads IF (Schweden) – WAT Margareten Steyr Fiat	17 : 16 + 19 : 23

DONAUPOKAL (Handball)

Herren	4. UHK Krems
	6. WAT Margareten
Damen	**1. Union Südstadt**
	6. Union Admira Landhaus

Hypo Südstadt konnte im Europacup bis ins Viertelfinale vordringen. Hypo Südstadt : IBER Valencia 31:15. Anne Winter beim Torwurf (Foto Votava)

HEERESSPORT

ÖSTERREICHISCHER HEERESSPORTVERBAND (ÖHSV), gegr. 1967
1140 Wien, Hütteldorfer Straße 126, Telefon 0 22 2 / 92 66 51 / 74 25 und 92 74 555
Dienstzeit
Montag und Dienstag von 8 bis 16.30 Uhr; Mittwoch und Donnerstag von 8 bis 16 Uhr; Freitag von 8 bis 15 Uhr

68 HSV, 21.518 Mitglieder

Präsident
Bgdr. Rudolf Striedinger
Geschäftsführender Vizepräsident
AR Bruno Binder, Obstlt. d. Res.

Generalsekretär
ASekr. Kurt Ahammer

Offizielle Verbandszeitung
Heeressport, 10.000 Stück, 8mal jährlich

Höhepunkt war ohne Zweifel die Tatsache, daß es gerade den Heeressportlern vergönnt war, in Ungarn die Sportart Eisstockschießen auf Asphaltbahnen anläßlich einer Demonstration im August in Kecskemet einzuführen. Dies war aber nicht der einzige Höhepunkt. Auf sportlicher Seite waren die Orientierungstaucher des HSV Wien, die im Europacup 84 den Sieg in der Clubwertung und Bronze in der Nationenwertung erringen konnten. Nach 1975 also wieder Gold für die HSV-Taucher im Europacup, die auch national alle Meistertitel entführten. Zu den Europacupmeistern 84 kommen noch zahlreiche dritte Plätze bei Europameisterschaften und Spitzenplacierungen bei Welt- und Europacupbewerben. Insgesamt haben im Jahre 1984 14 Heeressportler bei Olympischen Spielen, 21 an WM, 15 an EM, 21 an EC und 4 an WC teilgenommen und konnten in 16 Disziplinen insgesamt 93 Staatsmeistertitel bzw. österr. Meistertitel erringen.

Die Zahl der Mitgliedsvereine (HSV) ist mit 68 gleich geblieben. Dafür wurde in der Steiermark der 4. Heeressport-Landesverband gegründet. 24.359 Heeressportler betreiben in 52 verschiedenen Sportarten aktiv Sport. Davon sind 21.518 mit 211 Sektionen im Meisterschaftsbetrieb verankert.

Die sportlichen Verbindungen mit dem ungarischen Militärsportclub MHSz Budapest wurden im Schießen, Fallschirmspringen, Tauchen und Eisstockschießen erweitert.

1985 stehen mit dem 13. Geierlauf und 11. Marc Aurel-Marsch/Lauf wieder zwei Großveranstaltungen auf dem Programm. Dazu kommen noch die Ausrichtung der Staatsmeisterschaft im Biathlon und der Alpencup im Skilanglauf.

HOCKEY

ÖSTERREICHISCHER HOCKEYVERBAND (ÖHV), gegründet 1913
1020 Wien, Prater Hauptallee 123 a, Telefon 0 22 2 / 24 55 00
Dienstzeit
Montag bis Freitag von 9 bis 12 Uhr und von 13 bis 18 Uhr

17 Vereine, 2927 Mitglieder

Präsident
Dr. Heinz Gerö, 1010 Wien, Walfischgasse 11, Telefon 0 22 2 / 52 34 01

Generalsekretär
Kurt Kunz, 1170 Wien, Artariastraße 3/2, Telefon 0 22 2 / 24 55 00

Mitglied der
Federation Internationale de Hockey (FIH), gegründet 1924, 98 Länder
Anschrift
Avenue des Arts 1, 1040 Bruxelles

Vertreter Österreichs in der FIH
Ingeborg Grüner, Conseilmitglied, Comité Feminin und Comité Hockey en Salle
Vertreter Österreichs in der Europäischen Hockey-Federation
Dir. Josef Moissl

Offizielle Verbandszeitung
Hockey-Nachrichen wöchentlich, 1000 Exemplare
Chefredakteur: Kurt Kunz

Österreich gehört in der Halle noch immer zu den besten europäischen Nationen.

Bei allen Veranstaltungen auf Naturrasen triumphierten unsere Mannschaften, so bei den 4-Nationenturnieren der männlichen Jugend und der Herren (Alpencup), bei denen unsere Mannschaften jeweils als Turniersieger das Feld verließen. Bei den Turnieren auf Kunstrasen (Damen- und Juniorinnen-EM) blieben unsere Mannschaften unter den Erwartungen. Hier wird sich auch in den nächsten Jahren nichts ändern, sollte es dem ÖHV nicht gelingen, die öffentliche Hand von der Notwendigkeit eines Kunstrasenplatzes zu überzeugen. Hockey wird schon seit Jahren weltweit auf Kunstplätzen gespielt.

1984 wurde der Trainerlehrgang abgeschlossen. 1985 wird wieder ein Lehrwartelehrgang durchgeführt.

Nachdem die Zahl der Neigungsgruppen in den Schulen der Bundesländer deutlich gestiegen ist, soll die hockeyspezifische Ausbildung der Lehrkräfte in Wochenlehrgängen fortgesetzt werden.

STAATSMEISTER 1984

Halle	Herren	**SV Arminen-Adria Spedition**
	Damen	**SV Arminen-Adria Spedition**
Feld	Herren	**Akademischer Hockey- und Tennisclub**
	Damen	**SV Arminen-Adria Spedition**

ÖSTERREICHISCHE MEISTER 1984

Halle 1983/1984	Jugend	männlich	HC HTL Mödling
		weiblich	1. HC Mödling
	Schüler A		HC Wien
	Schüler B		HC Wien
	Mädchen		AHTC
Feld 1984	Jugend	männlich	Wiener Athletiksport Club
	Jugend	weiblich	Akademischer Hockey- und Tennisclub
	Mädchen		SV Arminen-Adria Spedition
	Schüler A		Hockeyclub Wien
	Schüler B		SV Arminen-Adria Spedition

Abschlußtabellen der Hallenmeisterschaft 1983/1984

Nationalliga A	Herren	1. SV Arminen/Adria	(1)	10	9	–	1	108 : 50	18
		2. AHTC	(2)	10	8	1	1	101 : 66	17
		3. WAC	(5)	10	3	2	4	78 : 95	8
		4. HC Wien	(4)	10	4	–	6	82 : 74	8
		5. Post SV/PSK	(3)	10	2	1	7	65 : 100	5
		6. Westend	(A)	10	2	–	8	53 : 101	4
Nationalliga A	Damen	1. SV Arminen/Adria	(1)	10	9	1	–	103 : 23	19
		2. Post SV/PSK	(2)	10	6	–	4	48 : 48	12
		3. 1. HC Mödling	(6)	10	5	1	4	49 : 52	11
		4. WAC	(4)	10	4	–	6	46 : 65	8
		5. HC Wien	(3)	10	3	–	7	33 : 64	6
		6. AHTC	(5)	10	2	–	9	35 : 62	4

Abschlußtabellen der Feldmeisterschaft 1984

Nationalliga A	Herren	1. AHTC	(2)	20	12	5	3	42 : 17	29
		2. SV Arminen/Adria	(1)	20	9	5	6	27 : 18	23
		3. Wr. Neudorf	(5)	20	6	5	9	22 : 23	17
		4. Post SV/PSK	(4)	20	6	5	9	20 : 30	17
		5. WAC	(A)	20	6	5	9	22 : 34	17
		6. HC Wien	(3)	20	7	3	10	28 : 29	17
Nationalliga A	Damen	1. SV Arminen/Adria	(1)	15	14	1	–	67 : 9	29
		2. AHTC	(2)	15	9	1	5	37 : 22	19
		3. Post SV/PSK	(6)	15	7	2	6	25 : 24	16
		4. 1. UHC Mödling	(4)	15	7	1	7	29 : 43	15
		5. WAC	(3)	15	3	4	8	18 : 22	10
		6. HC Wien	(5)	15	–	1	14	8 : 64	1

EUROPAMEISTERSCHAFTEN

17.–19. 2. 1984 Mechelen	Halle	Herren	B-Gruppe	**1. Österreich**
2.–3. 5. 1984 Lille	Feld	Damen		11. Österreich
26.–30. 9. 1984 Dundee		Juniorinnen		8. Österreich

Im EUROPACUP
wurde bei den Damen SVA Adria-Spedition 4. unter acht Teams und bei den Herren 7. unter ebenfalls 8 Teilnehmern.

JAGD- UND WURFTAUBEN-SCHIESSEN

VERBAND DER JAGD- UND WURFTAUBENSCHÜTZEN ÖSTERREICHS (VJWÖ), gegründet 1952
84 Vereine, 22.450 Mitglieder

Präsident
Komm. Rat Edgar Laber, 5110 Oberndorf, Salzburg, Telefon 0 62 72 / 484 oder 71 33

Verbandssekretär
Dir. Karl Fröschl, 4060 Leonding, Telefon 0 73 2 / 57 0 66 oder 81 6 94

Bundesleistungszentrum für Wurftaubenschießen Haringsee/NÖ
geöffnet vom 1. 3. bis 31. 10. jd. J. jeden Samstag und Sonntag ab 10 Uhr
Disziplinen: Trap, Skeet

Mitglied der
Union Internationale de TIR (UIT), gegründet 1907
Anschrift
D-8000 München 2, Bavariaring 21, Telefon 0 60 89 / 53 10 12

und der
FITASC, 10, Rue de Lisboune, F-75008 Paris, gegründet 1954

Die Zahl der Mitgliedervereine und der Mitglieder steigt – ein Erfolg der Breitenarbeit.

Besonderes Gewicht wurde der Förderung der Jugend im Verband zugemessen. Erstmals war die Durchführung von Österreichischen Meisterschaften der Junioren in fast allen Bewerben möglich.

Die Leistungskurve unserer Spitzenschützen ist – besonders in den Skeetbewerben – steil ansteigend und „europareif".

STAATSMEISTER 1984

Trap FO	Einzel	**Ing. Nikolaus Reinprecht**	Burgenland
	Mannschaft	**Burgenland I**	
Trap FA	Einzel	**Herbert Lugert jun.**	Steiermark
	Mannschaft	**Steiermark I**	
Trap FU	Einzel	**Herbert Lugert jun.**	Steiermark
	Mannschaft	**Niederösterreich**	
Jagdlich Trap FO	Einzel	**Erhard Meixner**	Niederösterreich
	Mannschaft	**Steiermark I**	
Jagdlich Trap FA	Einzel	**Erhard Meixner**	Niederösterreich
	Mannschaft	**Niederösterreich I**	
Jagdlich Trap FU	Einzel	**Franz Schober**	Steiermark
	Mannschaft	**Oberösterreich I**	
Ol. Skeet	Einzel	**Nikolaus Szapary**	Niederösterreich
	Mannschaft	**Salzburg I**	
Jagdlich Skeet	Einzel	**Michael Gstür**	Salzburg
	Mannschaft	**Wien I**	
Jagdparcours	Einzel	**Herwig Schneider**	Niederösterreich
	Mannschaft	**Niederösterreich I**	
Jagdl. Kugel	Einzel	**Fritz Gogg**	Steiermark
	Mannschaft	**Burgenland I**	

ÖSTERREICHISCHE MEISTER 1984

Trap FO	Junioren	Johann Friwaldsky	Wien
	Senioren	Dir. Karl Fröschl	Oberösterreich
	Damen	Uschi Fitz	Burgenland
Trap FA	Junioren	Johann Friwaldsky	Wien
	Senioren	Prof. Dr. Josef Glaninger	Wien

Trap FU	Junioren	Harald Lehner	Oberösterreich
	Senioren	Dir. Karl Fröschl	Oberösterreich
Jagdl. Trap FO	Junioren	Georg Zettel	Niederösterreich
	Senioren	Dir. Karl Fröschl	Oberösterreich
Jagdl. Trap FA	Junioren	Georg Zettel	Niederösterreich
	Senioren	Franz Seyer	Niederösterreich
Jagdl. Trap FU	Junioren	Dieter Perjimovsky	Niederösterreich
	Senioren	Franz Seyer	Niederösterreich
Ol. Skeet	Senioren	Komm.Rat Karl Brandstätter	Niederösterreich
Jagdl. Skeet	Senioren	Julius Suchy	Wien
Jagdparcours	Senioren	Julius Suchy	Wien
Jagdl. Kugel	Junioren	Christian Heiny	Burgenland
	Senioren	Ludwig Steiner	Tirol

EUROPAMEISTERSCHAFTEN

Zaragoza/Spanien

Ol. Skeet	Schützen	4. Dr. Martin Burkert

JIU-JITSU

JIU-JITSU-VERBAND ÖSTERREICHS (JJVÖ), Fachverband für waffenlose Selbstverteidigung, gegründet 1964
1210 Wien, Prager Straße 20, Telefon 0 22 2 / 77 89 152,
Dienstzeit: Freitag von 19 bis 21 Uhr

37 Vereine, 1660 Mitglieder

Präsident
Bez.-Vorsteher Kurt Landsmann, 1210 Wien, Rußbergstraße 11/5/4
Geschäftsführender Vizepräsident
Erich Ebetshuber, 2320 Schwechat, Mappesgasse 6/3/1

Neben der Jugendarbeit wurden die internationalen Verbindungen forciert, so daß 1985 in Österreich eine internationale Meisterschaft organisiert werden kann.

STAATSMEISTER 1984

Damen	bis 56 kg	**Claudia Hlatky**	1. Simmeringer Jiu-Jitsu Club Samurai
	bis 62 kg	**Christina Karl**	Jiu-Jitsu Club Arashi Schwadorf
	bis 68 kg	**Manuela Mick**	1. Simmeringer Jiu-Jitsu Club Samurai
Herren	bis 62 kg	**Engelbert Brückler**	Sport & Fitneß Union Neulengbach
	bis 68 kg	**Franz Steinmetz**	KSV-Göpfritz
	bis 74 kg	**Alfred Nakowitz**	Jiu-Jitsu Club Shobu St. Andrä
	bis 80 kg	**Goran Milosavljevic**	Jiu-Jitsu Club Arashi Schwadorf
	bis 92 kg	**Franz Topf**	Jiu-Jitsu Club Solkav St. Veit
	über 92 kg	**Walter Haderer**	Jiu-Jitsu Club Ebreichsdorf

ÖSTERREICHISCHE MEISTER 1984

Junioren	weiblich	bis 55 kg	Angelika Hoschky	Jiu-Jitsu Club Arashi Schwadorf
		bis 60 kg	Karl Christina	Jiu-Jitsu Club Arashi Schwadorf
	männlich	bis 60 kg	Rudolf Kumpan	Jiu-Jitsu Club Donau Schwechat
		bis 65 kg	Manfred Daxbeck	Jiu-Jitsu Club Solkav St. Veit
		bis 70 kg	Walter Weiss	Jiu-Jitsu Club Shobu St. Andrä
		bis 85 kg	Herbert Balazs	1. Simmeringer Jiu-Jitsu Club Samurai

Josef Reiter auf dem Weg zur Bronzemedaille in Los Angeles (Foto Votava)

JUDO

ÖSTERREICHISCHER JUDO-VERBAND (ÖJV), Fachverband für die waffenlose Kunst, gegründet 1948
1030 Wien, Wassergasse 26/5, Telefon 0 22 2 / 75 73 31
Dienstzeit
Montag, Dienstag, Mittwoch von 8.30 bis 16.30 Uhr,
Donnerstag von 8.30 bis 19 Uhr, Freitag von 8.30 bis 12 Uhr

177 Vereine, 10.180 Mitglieder

Präsident

Kurt Kucera, 1050 Wien, Stolberggasse 31-33/II/14

Generalsekretär
Monika Leyrer, 1190 Wien, Börnergasse 3/2/11

Mitglied der
International Judo Federation (IJF), gegründet 1954, 113 Länder
Anschrift
Generalsekretär der IJF Heinz Kempa, DDR-106 Berlin, Leipziger Straße 47

und der
Union Europeen de Judo (EJU), gegründet 1934 bzw. 1949, 35 Mitgliedsländer
Anschrift
B. P. 58, Ob. Zollg. 75, CH-3072 Ostermundingen, Bern/Schweiz
Kurt Kucera ist zugleich auch Präsident der EJU

1984 kann wohl als das erfolgreichste des österreichischen Judosportes bezeichnet werden. Neben einer Reihe ausgezeichneter internationaler und nationaler Erfolge ist es erstmals gelungen, durch Peter Seisenbacher und Josef Reiter olympische Medaillen zu erringen.

Mit der Organisation der Frauenweltmeisterschaft 1984 in Wien, dem Bau und der Eröffnung des neuen Judocenters in Wien-Favoriten und der Durchführung des ersten IJF World-Cups in diesem neuen Gebäude, ist es den verantwortlichen Funktionären und den vielen freiwilligen Mitarbeitern geglückt, drei erfolgreiche Großereignisse in einem Zeitraum von nur 4 Tagen zur Zufriedenheit aller internationalen und nationalen Gremien durchzuführen.

Im Spitzensport konnte mit der Schaffung eines Männer-Leistungszentrums, das zusammen mit dem Bundesministerium für Unterricht und Kunst, dem Bundesministerium für Landesverteidigung und dem Leistungsmodell Südstadt ab 1. 1. 1985 in Betrieb ging, eine wesentliche Verbesserung geschaffen werden.

Ein Leistungszentrum für Frauen in Stockerau ist derzeit in Planung und soll bis Ende 1985 fertig sein.

Auf dem Sektor Breitensport ist die Anzahl der lizensierten Mitglieder auf über 10.000 gestiegen. Wesentlich zu dieser Entwicklung dürfte neben den Erfolgen der Aktiven auch der jährliche Judotag beigetragen haben. Es wird an den verantwortlichen Funktionären liegen, diesen Boom erfolgreich zu verarbeiten.

Eine geänderte Gürtelprüfungsordnung soll vor allem den Jugendlichen bis zum 15. Lebensjahr die Möglichkeit einer kontinuierlichen und zweckmäßigen Technikausbildung geben.

Frauenjudo in das Olympiaprogramm 1988 aufzunehmen wird dem Verhandlungsgeschick der internationalen Judofunktionäre, an der Spitze Präsident Kucera, und dem Verhandlungswillen der IOC-Gremien obliegen. Die Voraussetzungen dafür sind seit Jahren erfüllt.

Für 1985 stehen die Europameisterschaften der Frauen und Männer sowie die Weltmeisterschaften der Männer in Seoul im Mittelpunkt der Vorbereitungen. Auf dem Jugend- und Juniorensektor soll durch verstärkte Aktivität der Anschluß an die Spitze gefunden werden.

STAATSMEISTER 1984

Einzel	Herren	bis 60 kg	**Willi Mayr**	SV Straßwalchen
		bis 65 kg	**Masaaki Ueda**	JC Manner
		bis 71 kg	**Stefan Wolfmayr**	UJZ Raika Mühlviertel
		bis 78 kg	**Thomas Haasmann**	JC Manner
		bis 86 kg	**Peter Seisenbacher**	JC Manner
		bis 95 kg	**Robert Köstenberger**	JC Manner
		über 95 kg	**Franz Berger**	JC VB Kufstein
	Damen	bis 48 kg	**Manuela Kühhas**	Union Sierning
		bis 52 kg	**Edith Hrovat**	PSV Tscherne Leoben
		bis 56 kg	**Dr. Gerda Winklbauer**	JGV Schuh Schi
		bis 61 kg	**Herta Reiter**	UJZ Raika Mühlviertel
		bis 66 kg	**Gertrude Kranzl**	PSV Salzburg
		bis 72 kg	**Karin Posch**	ASKÖ Salzburg
		über 72 kg	**Renate Feyrer**	JC VB Ybbstal
Staatsliga Mannschaft	Herren		**Judoclub Manner, Wien**	
	Damen		**JC Schuh Schi, Wien**	

ÖSTERREICHISCHE MEISTER 1984

Einzel	männliche Jugend	bis 45 kg	Norbert Ehrenzweig	WAT Stadlau
		bis 49 kg	Thomas Prodinger	JC Lungau
		bis 53 kg	Reinhold Peters	ASKÖ Reichraming
		bis 57 kg	Gerald Freismuth	ASKÖ Salzburg
		bis 62 kg	Gerhard Hetteger	ATSV Hallein
		bis 68 kg	Roman Karner	WAT Landstraße
		bis 75 kg	Gunther Kaes	WAT Stadlau
		bis 83 kg	Martin Reiter	JC Jahn Feldkirch
		über 83 kg	Andreas Adelsberger	ATUS Deutschlandsberg
	weibliche Jugend	bis 43 kg	Sandra Kammerer	WAT Margareten
		bis 46 kg	Michaela Bornemann	Union Leibnitz
		bis 49 kg	Margot Kubesch	WAT Stadlau
		bis 53 kg	Susanne Profanter	JV VB Kufstein
		bis 57 kg	Petra Profanter	JV VB Kufstein
		bis 62 kg	Renate Lehner	JGV Schuh Schi
		über 62 kg	Margit Klenhart	SV ÖMV Gänserndorf
	männliche Junioren	bis 55 kg	Erwin Otter	JC Lerchenfeld
		bis 60 kg	Robert Pusnik	JC Bregenz
		bis 65 kg	Norbert Wiesner	Union Leibnitz
		bis 71 kg	Josef Fuchs	UJZ Raika Mühlviertel
		bis 78 kg	Hans-Dieter Kotnik	ASKÖ Graz
		bis 86 kg	Manfred Gerhart	ASK Salzburg
		bis 95 kg	Hermann Bernsteiner	Hypo Sanjindo
		über 95 kg	Josef Schmöller	ASKÖ Wels
	weibliche Junioren	bis 48 kg	Barbara Eck	Union Leibnitz
		bis 52 kg	Susanne Profanter	JV VB Kufstein
		bis 56 kg	Petra Profanter	JV VB Kufstein
		bis 61 kg	Renate Lehner	JGV Schuh Schi
		bis 66 kg	Andrea Bachofner	JGV Schuh Schi
		bis 72 kg	Angelika Amann	JC Bregenz

BUNDESLÄNDERCUP

männliche Jugend Wien

OLYMPISCHE SPIELE

Los Angeles	bis 86 kg	**1. Peter Seisenbacher**	31 Starter
	bis 65 kg	3. Josef Reiter	35 Starter

Dr. Winkelbauer besiegt im Kampf um Platz 3 bei der Judo WM 1984 in Wien die Italienerin Soraci (317) (Foto Sündhofer)

WELTMEISTERSCHAFT

10. und 11. 11. 84	Damen	bis 52 kg	2. Edith Hrovat	22 Starterinnen
Wien		bis 56 kg	3. Dr. Gerda Winklbauer	28 Starterinnen

EUROPAMEISTERSCHAFT

3.–6. 5. 1984	Herren	bis 86 Kg	3. Peter Seisenbacher	23 Starter
Lüttich		bis 95 kg	3. Robert Köstenberger	20 Starter
17./18. 3. 1984	Damen	bis 52 kg	**1. Edith Hrovat**	15 Starterinnen
Pirmasens-BRD		bis 56 kg	2. Dr. Gerda Winklbauer	14 Starterinnen
		bis 66 kg	2. Roswitha Hartl	13 Starterinnen
		open	5. Roswitha Hartl	13 Starterinnen
		bis 72 kg	5. Karin Posch	9 Starterinnen
28. 10. 1984	Mannschaften	Herren	in der Gruppe B 3. Platz	11 Länder
Paris				

MILITÄRWELTMEISTERSCHAFT CISM

27.–31. 10. 1984	bis 86 kg	**1. Peter Seisenbacher**	166 Starter/15 Länder
Seoul	open	**1. Peter Seisenbacher**	

UNIVERSITÄTSWELTMEISTERSCHAFTEN

8./9. 12. 1984	bis 78 kg	2. Thomas Haasmann	18 Starter
Straßburg	bis 52 kg	2. Barbara Kylian	8 Starterinnen

IJF WORLD CUP, Herren

13. 11. 1984	bis 60 kg	3. Wilhelm Mayr	12 Starter
Wien	bis 65 kg	2. Josef Reiter	16 Starter
	bis 86 kg	2. Peter Seisenbacher	15 Starter

KANU

ÖSTERREICHISCHER KANUVERBAND (ÖKV), gegründet 1946
1090 Wien, Berggasse 16, Telefon 0 22 2 / 34 92 03
Dienstzeit: Montag, Mittwoch, Donnerstag von 17 bis 20 Uhr

50 Vereine, 2600 Mitglieder

Präsident
Prim. Dr. Hans Ebner, 1050 Wien, Margaretenhof 4, Telefon 0 22 2 / 54 24 622

Sekretärin
Hildegard Swoboda, 1030 Wien, Hintzerstraße 11, Telefon 0 22 2 / 72 11 59

Mitglied der
International Canoe Federation (ICF), gegründet 1924
Anschrift
I-50143 Firenze, Italien, G. Massaia 59, Telefon 48 40 52

Österreichs Vertreter in der ICF:
Leopold Spitz, Rechnungsprüfer und Mitglied des Propaganda- und Informationskomitees,
Max Raub, Rennsportkomitee, Prim. Dr. Hans Ebner, Sportmedizinkomitee

Offizielle Verbandszeitung
„Österreichs Kanusport", viermal jährlich
Für den Inhalt verantwortlich: Günter Goldbach, 6020 Innsbruck, Gumppstr. 21

Der österreichische Wildwasser-Kanusport ist ein reiner Amateursport. Viele Vereine wollen kaum Nachwuchs ausbilden, da in den ersten Jahren sehr viel Arbeit und auch Verantwortung in der Jugendarbeit steckt. Wenn man bedenkt, daß von 20 bis 25 Jugendlichen höchstens ein Kanute bis zur Meisterklasse vorstößt, kann man sich den großen Idealismus der Jugendtrainer und Betreuer vorstellen.

Im Kanurennsport konzentrierte sich die Arbeit auf die olympischen Wettkämpfe. Dadurch konnte auch ein allgemeiner Leistungsanstieg in den Schüler- und Jugendklassen erreicht werden.

Die im Vorjahr begonnene intensive Jugendarbeit wurde in diesem Jahr weiter ausgebaut.

STAATSMEISTER 1984

Wildwasser-Slalom	K1		Herren	**Andy Wolffhardt**	ÖAV Tulln
	K1		Damen	**Brigitte Huber**	Forelle Teefix Steyr
	C1		Herren	**Sven Bürkner**	UKK Wien
	K1	Mannschaft	Herren	**ÖAV Tulln**	
Wildwasser-Regatta	K1		Herren	**Werner Haiberger**	ATSV Steyr
	K1		Damen	**Liesi Mattes**	UKK Wien
	C1		Herren	**Sven Bürkner**	UKK Wien
	C2		Herren	**Petz-Pech**	SGS Spital
	K1	Mannschaft	Herren	**ÖAV Tulln**	
	C2	Mannschaft	Herren	**PSV Wien**	
Rennsport	K1	500 m	Herren	**Werner Bachmayer**	WAT
	K1	1.000 m		**Werner Bachmayer**	WAT
	K1	10.000 m		**Volker Eberle**	ATSV Lenzing
	K2	500 m		**Wolfgang Mack-Werner Bachmayer**	WAT
	K2	1.000 m		**Wolfgang Mack-Werner Bachmayer**	WAT
	K2	10.000 m		**Wolfgang Hartl-A. Madlmayer**	WSV Ottensheim
	K4	500 m		**W. Mack-W. Bachmayer** **H. Felbermayer-M. Heriszt**	 WAT

Werner Bachmayer – einer der erfolgreichsten Kanuten (Foto Schraml)

	K4	1.000 m		**W. Mack-W. Bachmayer**	
				H. Felbermayer-A. Zechmeister	WAT
	K4	10.000 m		**W. Mack-W. Bachmayer**	
				H. Felbermayer-A. Zechmeister	WAT
	C1	500 m		**Georg Molnar**	SWW Wien
	C1	1.000 m		**Egon Muggi**	PSV-Wien
	C1	10.000 m		**Johann Weiss**	PSV-Wien
	C2	500 m		**Egon Muggi-Heinz Morgenbesser**	PSV-Wien
	C2	1.000 m		**Egon Muggi-Heinz Morgenbesser**	PSV-Wien
	C2	10.000 m		**Egon Muggi-Heinz Morgenbesser**	PSV-Wien
	K1	500 m	Damen	**Lisi Bosina**	WAT
	K1	5.000 m		**Lisi Bosina**	WAT
	K2	500 m		**Susanne Hofmann-Lisi Bosina**	WAT
	K2	5.000 m		**Susanne Hofmann-Lisi Bosina**	WAT
	K4	500 m		**Pollhammer-Pölz**	
				Hanousek-Leutgeb	PSV-Wien
Österreichischer Vereinsmeister				**PSV-Wien**	

ÖSTERREICHISCHE MEISTER 1984

Wildwasser-Slalom	K1	Jugend	männlich	Horst Pock	KVK Raiffeisen Klagenfurt
	K1		weiblich	Vroni Pullirsch	Forelle Teefix Steyr
	K1	Mannschaft		Forelle Teefix Steyr	
	K1	Schüler	männlich	Herbert Rirsch	TVN Hainburg
	K1		weiblich	Doris Wilhelmer	KC Glanegg
	K1	Mannschaft		TVN Hainburg	
Wildwasser-Regatta	K1	Jugend	männlich	Horst Pock	KVK Raiffeisen Klagenfurt
	K1		weiblich	Uschi Profanter	Kastner und Öhler Graz
	K1	Mannschaft		Forelle Teefix Steyr	
	K1	Schüler	männlich	Herbert Rirsch	TVN Hainburg
	K1		weiblich	Rita Rirsch	TVN Hainburg
Rennsport Junioren	K1	500 m	Herren	Helmut Felbermayer	WAT
	K1	1.000 m		Helmut Felbermayer	WAT
	K1	5.000 m		Helmut Felbermayer	WAT
	K2	500 m		Rodinger-Hartl	Donau Linz
	K2	1.000 m		H. Felbermayer-Rudolf Heriszt	WAT
	K4	500 m		Peischl-Peischl-Pachner-Schiller	Forelle Steyr
	K1	500 m	Damen	Susanne Hofmann	WAT
	K2	500 m		Hofmann-Fröhlich	WAT
Schüler	K1	300 m	männlich	Günther Hediger	SWW Wien
	K2	300 m		Falkner-Mertz	Schnecke Linz
	K4	300 m		Wenger-Gattermayer-Schneider-Baumann	ATSV Lenzing
	K1	2.000 m		Wolfgang Wimmer	Donau Linz
	K2	2.000 m		Schneider-Wenger	ATSV Linz
	K1	300 m	weiblich	Karin Tschany	ATSV Lenzing
	K2	300 m		Tschany-Geringer	ATSV Lenzing

KARATE

ÖSTERREICHISCHER KARATE-BUND (ÖKB), gegründet 1965
1020 Wien, Pazmanitengasse 17, Telefon 0 22 2 / 24 67 213
Dienstzeit: Montag bis Freitag von 19 bis 20.30 Uhr

75 Vereine, 5.561 Mitglieder

Präsident: Karl Neveceral

Präsident für Kontaktkarate: Fritz Urbanek

Sekretärin: Sieglinde Nedomlel

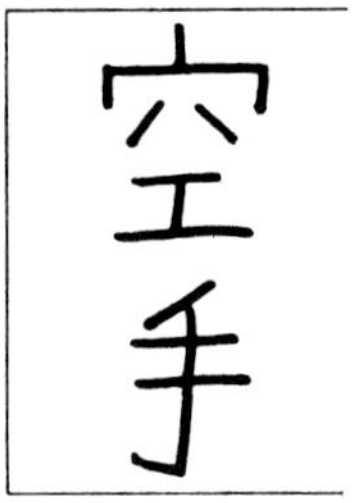

Mitglied der
European Amateur Karate Federation (EAKF), gegründet 1970
Anschrift: Heide 82, D-3133 Bodenteich, BRD
und
Europäische Karate-Union (EKU), gegründet 1964
Anschrift:
122 Rue d la Tombe Issoire, 75014 Paris, France

Weltverbände
World Union Karate Organization (WUKO), gegründet 1964
International Amateur Karate Federation (IAKF), gegründet 1974
Österreichs Präsident Karl Neveceral ist Funktionär in der EAKF, WUKO und IAKF

Die Förderung der Jugendarbeit und des Breitensports stand 1984 im Mittelpunkt der Verbandsaktivitäten. Der Mangel an Mitarbeitern stand diesen Vorhaben jedoch im Wege, obwohl die Fortbildung für Trainer und Schiedsrichter intensiviert wurde. Sportlich war die erstmalige Durchführung eines Trainingslagers für Junioren und die Allgemeine Klasse in Japan ein Höhepunkt des Verbandsjahres.

STAATSMEISTER 1984

Kumite	Einzel	bis 60 kg	**Gerhard Hofer**	HSV Steyr
		bis 65 kg	**Konstantin Jordanidis**	ASKÖ Bregenz
		bis 70 kg	**Walter Raher**	Seibukan Linz
		bis 75 kg	**Wolfgang Resch**	ASKÖ Floridsdorf
		bis 80 kg	**Hans Nagler**	ASVÖ Fürstenfeld
		über 80 kg	**Gerhard Jedliczka**	ASVÖ Fürstenfeld
		Allklasse	**Willibald Eder**	HSV Wien
	Team		**ASKÖ Spielberg**	
Kata	Einzel	Herren	**Konstantin Jordanidis**	ASKÖ Bregenz
	Team		**ASKÖ Bregenz**	
	Einzel	Damen	**Elisabeth Gnaiger**	ASKÖ Bregenz
	Team		**ASKÖ Bregenz**	

ÖSTERREICHISCHE MEISTER 1984

Junioren				
Kumite	Einzel	bis 60 kg	Gerhard Hofer	HSV Steyr
		bis 65 kg	Wolfgang Plank	ASKÖ Dornbirn
		bis 70 kg	Konstantin Jordanidis	ASKÖ Bregenz
		bis 75 kg	Thomas Schwab	Union Salzburg
		über 75 kg	Joachim Venus	ASVÖ Fürstenfeld
	Team		ASKÖ Bregenz	
Kata	Einzel	Damen	Doris Kern	ASKÖ Bregenz
	Team		UNION Wien	
	Einzel	Herren	Gerhard Hofer	HSV Steyr
			ASKÖ Bregenz	

Bundesländermeisterschaft	Vorarlberg

EUROPAMEISTERSCHAFT

10. – 13. 5. Paris	Kata Team Herren Kumite Einzel	5. Österreich 5. Michael Degen	19 Länder 19 Länder
11.–14. 10.	Kumite Einzel Junioren	3. Gerhard Jedliczka	18 Länder
Dublin	Kumite Team Allgemein	3. Österreich	18 Länder

WELTMEISTERSCHAFTEN

15. – 21. 10. Maastricht	Herren Kumite Einzel	8. Robert Hinterleitner	46 Länder

WORLD-CUP

29. – 31. 3. Budapest	Herren Kata Herren Kumite	6. Konstantin Jordanidis 8. Gerhard Hofer	30 Länder

Staatsmeisterschaft 1984 – 100 m Hürden. V. l. n. r. Kleindl, Seitl, Spiesslehner (Foto Votava)

LEICHTATHLETIK

ÖSTERREICHISCHER LEICHTATHLETIKVERBAND (ÖLV),
gegründet 1900
1040 Wien, Prinz-Eugen-Straße 12, Telefon 0 22 2 / 65 73 50, Telex 133 132 Sport
Dienstzeit
Montag bis Donnerstag von 9 bis 15.30 Uhr, Freitag von 9 bis 13.30 Uhr

225 Vereine, 16.944 Mitglieder

Geschäftsführender Vizepräsident
Ing. Karl Benedict

Mitglied der
International Amateur Athletic Federation (IAAF), gegründet 1912,
172 Länder

Anschrift
3 Hans Crescent, Knightsbridge, London SWX OLN, England,
Tel. 01-581 877 1234, Telex 296859 IAAF HQ

Österreichischer Leichtathletik Verband

Offizielle Verbandszeitung
„Marathon“
Verantwortlicher Schriftleiter für den ÖLV-Teil
Otto Baumgarten, 1040 Wien, Prinz-Eugen-Straße 12, Telefon 0 22 2 / 65 73 50

Um einen Überblick über das Geschehen im Jahre 1984 zu erhalten, darf man nicht nur das Abschneiden von Dietmar Millonig, Robert Nemeth, Wolfgang Konrad, Thomas Futterknecht sowie Dr. Georg Werthner betrachten. Man muß auch die Rekordteilnehmerfelder bei den österreichischen Nachwuchsmeisterschaften sehen – so groß wie 1984 war die Beteiligung noch nie – und die anhaltende Aufwärtsentwicklung im Volkslaufsport. Fast jede größere österreichische Stadt hat ihren Marathonlauf. Höhepunkt war gewiß der erste Wiener Frühlingsmarathonlauf mit mehr als 3.000 Teilnehmern.

Bei den Olympischen Spielen waren von den genannten Aushängeschildern nur Dr. Georg Werthner (Neunter im Zehnkampf mit 8.012 Punkten) und Thomas Futterknecht (im Vorlauf über 400 m Hürden mit 50,25 den Aufstieg in das Semifinale um eine Hundertstelsekunde verpaßt). Ebenso knapp verfehlte Erwin Weitzl mit der Kugel mit 18,96 m (um zwei cm) und Johann Lindner mit dem Hammer mit 71,28 m (um zehn cm) den Aufstieg in das Finale. Unsere Weltklasseläufer Dietmar Millonig, Robert Nemeth und Wolfgang Konrad fehlten in Los Angeles wegen Verletzung bzw. Nichterbringung der geforderten Limits.

Nach den Olympischen Spielen konnten Nemeth und Millonig bei internationalen Sportfesten in Berlin, Zürich, Koblenz, Rom und London sowie bei Straßenläufen ihr Können wieder unter Beweis stellen. Thomas Futterknecht unterbot in Zürich über 400 m Hürden die Traumgrenze von 50 Sekunden (49,92).

Erfreulicherweise gibt es aber noch mehr Positives zu berichten: Den Aufstieg des Sprinters Andreas Berger, der bei den Staatsmeisterschaften Rekordmann Roland Jokl zu bezwingen vermochte sowie die Verbesserung des Niveaus im Mittel- und Langstreckenlauf. Zu Saisonende gab es noch eine große Überraschung, als Alfred Stummer im Dreisprung mit 16,18 m eine weitere Traummarke überbot.

Von den erfolgreichen österreichischen Nachwuchsathletinnen der Junioren-Europameisterschaft von 1983 in Schwechat vermochten sich Sabine Seitl, Gerda Haas, Sigrid Kirchmann, Sabine Skvara, Veronika Längle und Christine Samitz, 1984 alle bereits in der Frauenklasse, erfolgreich zu behaupten.

STAATSMEISTER 1984

Halle	Männer	60 m	**Roland Jokl**	ULC Weinland
		200 m	**Roland Jokl**	ULC Weinland
		400 m	**Thomas Futterknecht**	Union St. Pölten
		800 m	**Herwig Tavernaro**	TS Gisingen
		1.500 m	**Wolfgang Konrad**	LAC
		3.000 m	**Hubert Forster**	SV Lochau
		60 m Hürden	**Herbert Kreiner**	ATSV Linz
		Hochsprung	**Markus Einberger**	BSV
		Weitsprung	**Alfred Stummer**	ULC Wildschek
		Stabsprung	**Gerald Kager**	ULC Wildschek
		Dreisprung	**Alfred Stummer**	ULC Wildschek
		Kugelstoßen	**Erwin Weitzl**	SVS Schwechat
	Frauen	60 m	**Grace Pardy**	ÖTB Wien
		200 m	**Grace Pardy**	ÖTB Wien
		400 m	**Gerda Haas**	ASKÖ Kematen
		800 m	**Karoline Käfer**	KLC
		1.500 m	**Christiane Wildschek**	ULC Wildschek
		3.000 m	**Doris Weilharter**	ATSV Innsbruck
		60	**Petra Prenner**	Post SV Graz
		Hochsprung	**Sabine Skvara**	ATSV Linz
		Weitsprung	**Edith Maier**	TS Bregenz
		Kugelstoßen	**Melitta Aigner**	ÖTB Wien
Freiluft	Cross	Herren I	**Gerhard Hartmann**	SV Reutte
		Mannschaft	**T. Innsbruck**	
		Herren II	**Robert Nemeth**	SVS Schwechat
		Mannschaft	**LAC Innsbruck**	
		Damen	**Anni Müller**	DSG Maria Elend
	Männer	100 m	**Andreas Berger**	LCAV doubrava
		200 m	**Andreas Berger**	LCAV doubrava
		400 m	**Thomas Futterknecht**	Union St. Pölten
		800 m	**Herwig Tavernaro**	TS Gisingen
		1.500 m	**Robert Nemeth**	SVS Schwechat
		5.000 m	**Dietmar Millonig**	LC Villach
		10.000 m	**Dietmar Millonig**	LC Villach
		110 m Hürden	**Herbert Kreiner**	ATSV Linz
		400 m Hürden	**Thomas Futterknecht**	Union St. Pölten
		3.000 m Hindernis	**Hannes Gruber**	SVS Schwechat
		Hochsprung	**Wolfgang Tschirk**	ULC Weinland
		Weitsprung	**Alfred Stummer**	ULC Wildschek
		Stabsprung	**Hermann Fehringer**	LCA Umdasch
		Dreisprung	**Alfred Stummer**	ULC Wildschek
		Kugelstoßen	**Erwin Weitzl**	SVS Schwechat
		Diskuswerfen	**Arno Rupp**	TS Fussach
		Speerwerfen	**Georg Werthner**	Zehnkampf-Union
		Hammerwerfen	**Johann Lindner**	LC Villach
		4 × 100 m	**LCAV doubrava**	
		4 × 400 m	**Post SV Graz**	
	Frauen	100 m	**Sabine Seitl**	ULC Wildschek
		200 m	**Grace Pardy**	ÖTB Wien
		400 m	**Gerda Haas**	ASKÖ Kematen
		800 m	**Karoline Käfer**	KLC
		1.500 m	**Anni Müller**	DSG Maria Elend
		3.000 m	**Anni Müller**	DSG Maria Elend
		5.000 m	**Anni Müller**	DSG Maria Elend
		100 m Hürden	**Sabine Seitl**	ULC Wildschek
		400 m Hürden	**Gerda Haas**	ASKÖ Kematen
		Hochsprung	**Sigrid Kirchmann**	Union Ebensee
		Weitsprung	**Sabine Seitl**	ULC Wildschek
		Kugelstoßen	**Ursula Weber**	Cricket
		Diskuswerfen	**Maria Schramseis**	Cricket
		Speerwerfen	**Veronika Längle**	TS Klaus
		4 x 100 m	**TS Höchst**	
		4 x 400 m	**KLC**	

Mehrkampf

Männer	Zehnkampf	**Georg Werthner**	Zehnkampf-Union
	Mannschaft	**Zehnkampf-Union**	
Frauen	Siebenkampf	**Beate Osterer**	SVS Schwechat
Marathonlauf	Männer	**Gerhard Hartmann**	SV Reutte
	Mannschaft	**Union Natternbach**	
	Frauen	**Monika Naskau**	Union Salzburg
	Mannschaft	**LCC Wien**	
Gehen	Männer 20 km	**Martin Toporek**	ATUS Felixdorf
	Mannschaft	**SVS Schwechat**	
	Männer 50 km	**Wilfried Siegele**	SVS Schwechat

ÖSTERREICHISCHE MEISTER 1984

Allgemeine Klasse

Männer	3 × 1.000 m	SVS Schwechat	
	25 km Straße	Hannes Gruber	SVS Schwechat
	Mannschaft	LAC Innsbruck	
	Berglauf	Erich Amann	TS Hohenems
	Mannschaft	Bri×legger SV	
Frauen	10 km Straße	Anni Müller	DSG Maria Elend
	Mannschaft	ATSV Innsbruck	
	Berglauf	Monika Frisch	ÖTB Salzburg
Junioren männlich	Cross	Gerald Habison	LAC Innsbruck
	Mannschaft	LAC Innsbruck	
	100 m	Bruno Mautendorfer	LC Villach
	200 m	Rudolf Zipfelmayer	ULC Wildschek
	400 m	Andreas Rapek	ULC Wildschek
	800 m	Peter Svaricek	KSV Wr. Berufsschulen
	1.500 m	Karl Blaha	KSV
	3.000 m	Karl Blaha	KSV
	110 m Hürden	Jürgen Mandl	USSV Graz
	400 m Hürden	Andreas Rapek	ULC Wildschek
	2.000 m Hindernislauf	Peter Svaricek	KSV Wr. Berufsschulen
	Hochsprung	Helmut Grüssinger	ULC Weinland
	Weitsprung	Jürgen Mandl	USSV Graz
	Stabsprung	Peter Stuchlik	SVS Schwechat und
		Jürgen Mandl	USSV Graz
	Dreisprung	Edwin Wulz	LAC Wolfsberg
	Kugelstoßen	Robert Suchacek	ATSV ÖMV
	Diskuswerfen	Michael Stockklauser	IAC
	Speerwerfen	Matthias Meusburger	TS Dornbirn
	Hammerwerfen	Günther Hofstädter	SVS Schwechat
	4 × 100 m	ULC Wildschek	
	3 × 1.000 m	Kapfenberger SV	
	Zehnkampf	Robert Pracher	ATG
	Mannschaft	TS Dornbirn	
	10.000 m Gehen	Michael Strieder	Spittaler TV
Junioren weiblich	Cross	Karina Quintero	T. Innsbruck
	100 m	Sabine Tröger	ULC Weinland
	200 m	Beate Buxbaum	TS Höchst
	400 m	Ulrike Alge	TS Lustenau
	800 m	Gerlinde Stückler	LAC Wolfsberg
	1.500 m	Pia Spiegel	TS Vorwerk
	100 m Hürden	Angelika Binder	ULC Linz
	400 m Hürden	Gerlinde Stückler	LAC Wolfsberg
	Hochsprung	Sigrid Kirchmann	Union Ebensee
	Weitsprung	Ingeborg Frick	LG Montfort

	Kugelstoßen	Doris Oitzinger	KLC
	Diskuswerfen	Maria Haupt	UKJ Wien
	Speerwerfen	Sigrid Kirchmann	Union Ebensee
	4 × 100 m	ULC Weinland	
	3 × 800 m	ASKÖ Hainfeld	
	Siebenkampf	Beng	SGS Spittal
	Mannschaft	SVS Schwechat	
Jugend männlich	Cross	Walter Lehki	GW Micheldorf
	Mannschaft	LCAV doubrava	
	100 m	Jörg Langusch	Post SV Graz
	200 m	Jörg Langusch	Post SV Graz
	400 m	Arno Buzzi	ULB Wien
	800 m	Wolfgang Fritz	ULC Weinland
	1.500 m	Patrick Haas	LCAV doubrava
	3.000 m	Joachim Brauneder	SVS Schwechat
	110 m Hürden	Norbert Tomaschek	ATSV ÖMV
	300 m Hürden	Thomas Weimann	ATSV ÖMV
	1.500 m Hindernislauf	Wolfgang Fritz	ULC Weinland
	Hochsprung	Herbert Lettner	Union St. Pölten
	Weitsprung	Thomas Weimann	ATSV ÖMV
	Stabsprung	Walter Grofics	SVS Schwechat
	Dreisprung	Herwig Röttl	TLC Feldkirchen
	Kugelstoßen	Andreas Vlasny	ATSV Linz
	Diskuswerfen	Wolfgang Storf	SV Reutte
	Speerwerfen	Thomas Siller	Union Salzburg
	Hammerwerfen	Günther Hofstädter	SVS Schwechat
	4 × 100 m	Post SV Graz	
	3 × 1.000 m	SVS Schwechat	
	Zehnkampf	Michael Arnold	SVS Schwechat
	Mannschaft		Mürztaler LG
	5.000 m Gehen	Michael Strieder	Spittaler TV
Jugend weiblich	Cross	Claudia Forstner	TV Baden
	Mannschaft	ASKÖ Hainfeld	
	100 m	Susanne Krumpholz	SVS Schwechat
	200 m	Susanne Krumpholz	SVS Schwechat
	400 m	Ulrike Alge	TS Lustenau
	800 m	Claudia Forstner	TV Baden
	100 m Hürden	Gabi Miklautsch	LC Villach
	300 m Hürden	Ulrike Alge	TS Lustenau
	Hochsprung	Brigitte Pöck	SVS Schwechat
	Weitsprung	Kathi Sabernig	ULC Linz
	Kugelstoßen	Bettina Lehmann	ATSV Linz
	Diskuswerfen	Bettina Lehmann	ATSV Linz
	Speerwerfen	Bettina Lehmann	ATSV Linz
	4 x 100 m	KLC	
	3 x 800 m	ASKÖ Hainfeld	
	Fünfkampf	Anni Spitzbart	GW Micheldorf
Schüler männlich	Cross	Thomas Wierzbowski	TS Vorwerk
	Mannschaft	Union St. Pölten	
	100 m	Stefan Sommeregger	ATUS Felixdorf
	800 m	Franz Gologranc	ASKÖ Villach
	2.000 m	Bernhard Richter	Union St. Pölten
	110 m Hürden	René Zemann	ULC Wildschek
	Hochsprung	Robert Vlach	ULC Wildschek
	Weitsprung	Manfred Auinger	SK VÖEST
	Stabsprung	Thomas Bibl	ULC Linz
	Kugelstoßen	Andreas Vlasny	ATSV Linz
	Diskuswerfen	Andreas Vlasny	ATSV Linz
	Speerwerfen	Markus Spiessberger	LCAV doubrava

	4 × 100 m	ULC Wildschek (Török-Vlach-Nöster-Zemann)	
	3 × 1.000 m	Union St. Pölten (Kirchner-Can-Richter)	
	Sechskampf	Robert Vlach	ULC Wildschek
	Mannschaft	ULC Linz	
	3.000 m Gehen	Dietmar Reitsammer	Union Salzburg
Schüler weiblich	Cross	Stefanie Karl	Union Geng
	Mannschaft	LC Tirol-Innsbruck	
	100 m	Manuela Merlin	TS Höchst
	800 m	Stefanie Karl	Union Geng
	80 m Hürden	Margit Grundnig	LAC Wolfsberg
	Hochsprung	Ivetta Vierlinger	ASKÖ Leonding
	Weitsprung	Sabernig Kathi	ULC Linz
	Kugelstoßen	Ulli Salzbacher	ATSV Linz
	Diskuswerfen	Ulli Salzbacher	ATSV Linz
	Speerwerfen	Iris Sakofics	SV D. Kaltenbrunn
	4 × 100 m	ATSV Linz	
	3 × 800 m	TS Vorwerk Feldkirch	
	Fünfkampf	Sabernig Kathi	ULC Linz
	Mannschaft	ULC Linz	

ÖSTERREICHISCHE REKORDE, Stand 1. Jänner 1985

Männer	100 m	**Roland Jokl**	ULC Weinland-NÖV	10,44	29. 7. 83	Judenburg
	200 m	**Roland Jokl**	ULC Weinland-NÖV	20,81	12. 5. 83	Salzburg
	400 m	**Alex Fortelny**	WAT	46,82	12. 8. 79	Innsbruck
	800 m	**Rudolf Klaban**	Reichsbund	1:47,4	15. 10. 64	Tokio
	1.000 m	**Robert Nemeth**	SVS BAWAG	2:18,20	2. 9. 82	Schwecha
	1.500 m	**Robert Nemeth**	SVS Schwechat	3:35,80	29. 8. 84	Koblenz
	1 engl. Meile	**Robert Nemeth**	SVS BAWAG	3:52,42	9. 9. 81	Rieti
	2.000 m	**Robert Nemeth**	SVS Schwechat	4:59,56	9. 8. 84	Klagenfur
	3.000 m	**Dietmar Millonig**	SVS BAWAG	7:43,7	15. 8. 80	Lausanne
	5.000 m	**Dietmar Millonig**	SVS BAWAG	13:15,31	18. 8. 82	Zürich
	10.000 m	**Dietmar Millonig**	SVS BAWAG	27:42,98	28. 6. 82	Oslo
	110 m Hürden	**Herbert Kreiner**	ATSV Linz-Sparkasse	14,06	15. 8. 82	Prag
	400 m Hürden	**Thomas Futterknecht**	Union St. Pölten	49,92	22. 8. 84	Zürich
	3.000 m Hindernis	**Wolfgang Konrad**	LAC Raiffeisen Innsbruck	8:17,22	20. 8. 82	Berlin
	Hochsprung	**Wolfgang Tschirk**	ULC Weinland-NÖV	2,22 m	23. 7. 83	Ebensee
	Weitsprung	**Dr. William Rea**	ULC Weinland-NÖV	8,00 m	13. 9. 80	Rovereto
	Stabhochsprung	**Hermann Fehringer**	LCA Umdasch	5,45 m	21. 6. 84	Amstetten
	Dreisprung	**Alfred Stummer**	ULC Wildschek	16,18 m	14. 10. 84	Hartberg
	Kugelstoßen	**Erwin Weitzl**	SVS Schwechat	19,86 m	22. 7. 84	Wien
	Diskuswerfen	**Georg Frank**	KLC	63,32 m	29. 9. 81	Klagenfur
	Speerwerfen	**Walter Pektor**	WAC	82,16 m	16. 10. 68	Mexico C.
	Hammerwerfen	**Johann Lindner**	LC Villach	76,12 m	11. 6. 84	Hainfeld
	Zehnkampf	**Dr. Georg Werthner**	ULC Linz-Oberbank	8229e P.	7./8. 8. 82	Schielleite
	4 × 100 m	**ULC Wildschek**				
		Regner – Dr. Nepraunik – Nöster – Lang		39,9	17. 6. 72	Lüdensch
	4 × 200 m	**ULC Wildschek**				
		Bonesch – Lang – Dr. Nepraunik – Nöster		1:28,2	19. 5. 70	Wien
	4 × 400 m	**Nationalstaffel**				
		Rapek – Göschl – Tavernaro – Futterknecht		3:09,52	17. 6. 84	Lissabon
		TI-Raiffeisen				
		Siegl – Glösl – Zettl – Dr. K. Mayramhof		3:13,8	10. 6. 79	Wien
	3 × 1.000 m	**SVS Schwechat-BAWAG**				
		Gruber – Nemeth – D. Millonig		7:16,1	10. 6. 79	Wien
	4 × 800 m	**SVS Schwechat**				
		Haas – Tschernitz – D. Millonig – Nemeth		7:39,4	27. 9. 78	Schwecha
	4 × 1.500 m	**SVS Schwechat**				
		Jauk – Nemeth – Tschernitz – D. Millonig		15:58,4	14. 9. 76	Südstadt
	5.000 m Gehen	**Martin Toporek**	SVS BAWAG	21:04,8	13. 9. 79	Wien
	10.000 m Gehen	**Martin Toporek**	SVS BAWAG	41.53,59	6. 6. 81	Schwecha
	20.000 m Gehen	**Martin Toporek**	SVS BAWAG	1:31:18,0	30. 5. 81	Fana/Berg

Bisher beste Leistung

25-km-Straßenlauf	**Gerhard Hartmann**	SV Reutte	1:17:28	16. 11. 83	Griesheim
Marathonlauf	**Gerhard Hartmann**	SV Reutte	2:15:32	25. 3. 84	Wien
20-km-Straßengehen	**Martin Toporek**	ATUS Felixdorf	1:25:46	9. 6. 84	Frederikstad
50-km-Straßengehen	**Wilfried Siegele**	SVS Schwechat	4:15:41	20. 5. 84	Esch.-Alzette

Damen	100 m	**Karoline Käfer**	KLC	11,43	10. 6. 78	Fürth
	200 m	**Karoline Käfer**	KLC	23,09	10. 6. 78	Fürth
	400 m	**Karoline Käfer**	KLC	50,62	18. 6. 77	Klagenfurt
	800 m	**Christiane Wildschek**	ULC Wildschek	1:59,4	23. 6. 79	B. Bystrica
	1.500 m	**Doris Weilharter**	ATSV Innsbruck	4:12,94	29. 7. 81	Budapest
	3.000 m	**Anni Müller**	DSG Maria Elend	9:10,92	30. 5. 84	Schwechat
	5.000 m	**Isabelle Hozang**	SVS Schwechat	16:27,2	6. 4. 84	Austin
	110 m Hürden	**Liese Prokopp**	LAC Raiffeisen-Energie	13,4	12. 10. 73	Wien
		Riki Lechner	SVS Schwechat	13,67	20. 8. 77	Sofia
	400 m Hürden	**Maira Sykora**	LAC Raiffeisen-Energie	57,3	23. 6. 73	Frankfurt
	Hochsprung	**Ilona Gusenbauer**	ULC Wildschek	1,93 m	7. 10. 72	Wien
	Weitsprung	**Hanna Kleinpeter**	UKS Wien	6,54 m	7. 6. 76	Basel
	Kugelstoßen	**Liese Prokop**	LAC Raiffeisen-Energie	16,04 m	5. 7. 75	Südstadt
	Diskuswerfen	**Ursula Weber**	Cricket	55,86 m	17. 7. 84	Wien
	Speerwerfen	**Eva Janko**	LAC Raiffeisen-Energie	61,80 m	27. 7. 73	Innsbruck
	Siebenkampf	**Melitta Aigner**	ÖTB Wien	5877e P.	9./10. 7.83	Vöcklabruck
	4 × 100 m	**Nationalstaffel**				
		Hareter – Prenner – Schinzel – Haest		45,3	30. 6. 74	Wien
		Nationalstaffel				
		Wildschek – Schinzel – Hareter – Haest		45,42	19. 6. 76	Südstadt
		TS Bregenz-Stadt				
		H. Brüstle – I. Brüstle – Haest – Maier		45,88	11. 8. 79	Innsbruck
	4 × 200 m	**TS Bregenz Stadt**				
		H. Brüstle – I. Brüstle – Maier – Haest		1:38,6	1. 8. 79	Dornbirn
	4 × 400 m	**Nationalstaffel**				
		Schinzel – Burger – Mühlbach – Wildschek		3:34,42	20. 6. 76	Südstadt
		KLC				
		Kienberger – Jerolitsch – Petutschnig – Käfer		3:45,0	3. 9. 77	Wien
	4 × 800 m	**Cricket**				
		Opelka – Albin – Undeutsch – Ronge		9:29,8	23. 7. 81	Wien

Bisher beste Leistung

10-km-Straßenlauf	**Henriette Fina**	LAC Raiffeisen Innsbruck	34:18	30. 5. 82	Krems
Marathonlauf	**Henriette Fina**	LAC Raiffeisen Innsbruck	2:39:22	30. 1. 83	Osaka

OLYMPISCHE SPIELE

Los Angeles		
Männer	Zehnkampf	9. Dr. Georg Werthner

WESTATHLETIC-CUP

16. – 17. Juni	Männer	5. Österreich
Lissabon	Frauen	4. Österreich

EUROPACUP FÜR VEREINSMANNSCHAFTEN

Frauen	9. ÖTB Wien
Männer	11. ULC Wildschek

ÖSTERREICHISCHER CUP 1984

Gesamtwertung	1. SVS Schwechat
Männer	1. SVS Schwechat
Frauen	1. SVS Schwechat

Thomas Futterknecht konnte in der abgelaufenen Saison beachtliche Resultate erzielen (Foto Sündhofer)

MODERNER FÜNFKAMPF

ÖSTERREICHISCHER VERBAND MODERNER FÜNFKAMPF
gegründet 1970
1040 Wien, Prinz-Eugen-Straße 12, Telefon 0 22 2 / 65 52 164, Telex 133 132
Dienstzeit: Freitag von 13 bis 14 Uhr

11 Vereine, 301 Mitglieder

Präsident
KR Ing. Herbert Schmalzbauer, 1232 Wien, Triester Straße 217,
Telefon 0 22 2 / 67 15 01

Geschäftsführender Vizepräsident
Obstlt. Alexander Peirits, 2700 Wr. Neustadt, Zehnergasse 4/9/2
Telefon 0 26 22 / 83 94

Mitglied der
Union Internationale de Pentathlon Moderne et Biathlon (UIPMB),
gegründet 1948, 52 Länder, 40.000 Länder

Nach gutem Saisonstart waren die Ziele für die Olympiade hochgesteckt. Verletzungspech und zwei Null-Punkte im Reitbewerb Punkte machten jedoch bereits am 1. Tag alle Hoffnungen zunichte.

STAATSNEUSTER 1984

Einzel	**Anton Liederer**	HSV Wiener Neustadt

ÖSTERREICHISCHE MEISTER 1984

Jugend A männlich Einzel	Thomas Bühlbauer	HSV Wiener Neustadt

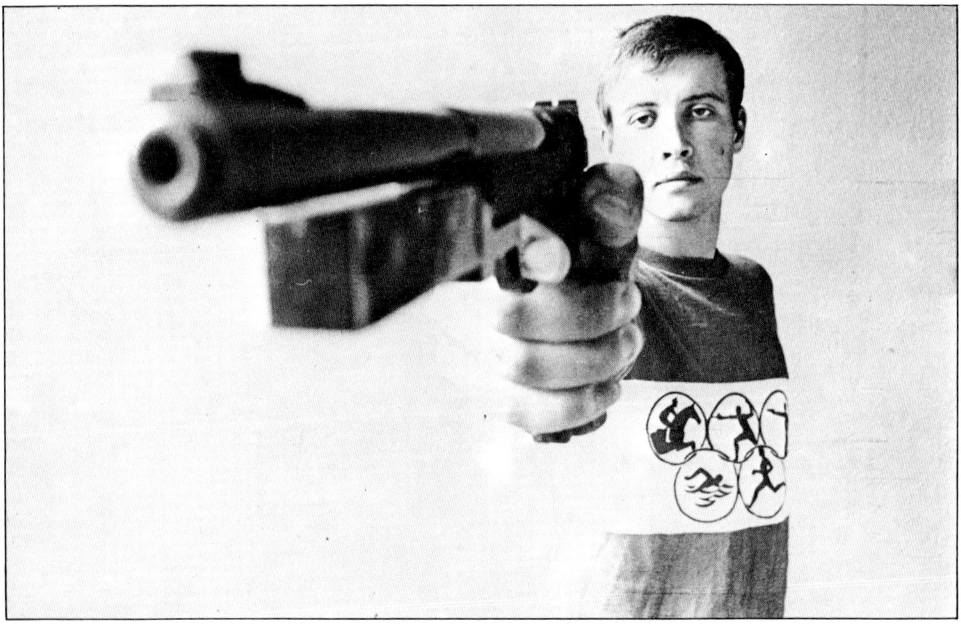

Die Modernen Fünfkämpfer des HSV Wr. Neustadt haben sich in der europäischen Spitze etabliert. Bei der Olympiade in Los Angeles gab es leider keinen Volltreffer.

MOTORBOOT

MOTORBOOT-SPORTVERBAND FÜR ÖSTERREICH (MSVÖ), gegründet 1956

1150 Wien, Hütteldorfer Straße 2b, Telefon 0 22 2 / 92 56 93

62 Vereine, 2700 Mitglieder

Präsident
Hofrat Dipl.-Ing. Bruno Gibisch, 1030 Wien, Hetzgasse 2,
Tel. 0 22 2 / 75 65 11/DW 80 00

Generalsekretär
Prof. Wilhelm G. Kaan, 1030 Wien, Ölzeltgasse 3, Telefon 0 22 2 / 73 15 71

Mitglied der
Union Internationale Motonautique (UIM), gegründet 1922, 51 Länder

Anschrift
B-1000 Bruxelles, CCN Bruxelles 21, Boite Postale 21, rue de Brabant, 26

Schwerpunkte waren 1984 Bemühungen um den Aufbau einer Nachwuchscrew, Erschließung einer neuen Rennpiste im Ennshafen, außerordentliche Erfolge im Rennsport (15 Rennfahrer), die Förderung des Bootstourismus (2150 Boote) durch Errichtung von Stützpunkten in Lignano (Italien) und Nagymaros (Ungarn) sowie eine touristische Großveranstaltung auf der Donau.

STAATSMEISTER 1984	Klasse OB	**Christian Steineder**
	Klasse OC	**Michael Cerveny**

WELTMEISTERSCHAFTEN

Berlin 15. 7.	Klasse OC	3. Christian Steineder	9 Länder
Nottingham 26. 8.	Klasse OB	**1. Christian Steineder**	10 Länder
Brodenbach/BRD 24. 6.	Klasse OD	2. Karl Bohrer	4 Länder
Kerkdiel/Holland	Klasse ON	3. Wilfried Weiland	

EUROPAMEISTERSCHAFTEN

Nottingham 25. 8.	Klasse OC	2. Christian Steineder 5. Erich Gstöttenmayr	9 Länder
Enns 9. 9.	Klasse OB	5. Christian Steineder	9 Länder

6 Stunden von Paris ist das schwerste europäische Rennen.
Wilfried Weiland belegte dabei mit einem deutschen Co-Piloten den 3. Platz.

MOTORSPORT

ÖSTERREICHISCHER AUTOMOBIL-, MOTORRAD- UND TOURING-CLUB

OBERSTE NATIONALE SPORTKOMMISSION FÜR DEN KRAFTFAHRSPORT IN ÖSTERREICH (OSK)
1010 Wien, Schubertring 8, Telefon 0 22 2 / 72 99 DW 1202,
Telex 135 404

Dienstzeit Montag bis Donnerstag von 8 bis 17 Uhr,
Freitag von 8 bis 15 Uhr

Vorsitzender
Sektionschef Dr. Paul Weissenburger

Sekretär
Peter Supp, 1010 Wien, Schubertring 8,
Telefon 0 22 2 / 72 99 DW 1202, Telex 135 404

Offizielle Verbandszeitung

„OSK-Mitteilungen" erscheinen fallweise nach Bedarf

ÖSTERREICHISCHE MEISTER 1984

Rennwagen		Reynard	Franz Theuermann	St. Andrä/Kärnten
Automobilrennsport	Division I, Klasse über 2000 ccm	BMW 635 CSI	Sepp Manhalter	Amstetten/NÖ
Karting	Intercont. A	Birel/Parilla	Christian Moser	Stockerau/NÖ
	Formel C	Kali/MBA	Rainer Wimmer	Freistadt/OÖ
Rally		Audi Quattro	Franz Wittmann	Ramsau/NÖ
Auto-Cross	Div. II	Porsche 911	Siegfried Pfeiffer	Wien
	Div. III	Porsche-Buggy	Karl Wöber	Korneuburg/NÖ
Rally-Cross	Div. I	VW Käfer 1302	Ludwig Hofer	Gutenbrunn/NÖ
	Div. II	Audi Quattro	Walter Mayer	Gießhübl/NÖ
Slalom	Div. I, – 1600 ccm	VW Golf GTI	Willy Penzinger	Wien
Motorradrennsport	bis 125 ccm	Monnet HB	August Auinger	Lambach/OÖ
	bis 250 ccm	Yamaha	Herbert Zwickl	Wels/OÖ
	bis 500 ccm	Yamaha	Karl Truchsess	Fernitz/Stmk.
	501 bis 1300 ccm	Kawasaki	Anton Kraml	Altach/Vlbg.
Moto-Cross	bis 125 ccm	Suzuki	Friedrich Grabner	Hartberg/Stmk.
	bis 250 ccm	KTM	Heinz Kinigadner	Uderns/Tirol
	bis 500 ccm	KTM	Georg Reiter	Mehrnbach/OÖ
Speedway			Toni Pilotto	St. Johann/Slzbg.
Trial		Montesa	Christian Schneider	Mühlbach/Slzbg.
Enduro	bis 1300 ccm, 4-Takt	Husky	Rudolf Promberger	Neumarkt/Stmk.
	bis 125 ccm	KTM	Hubert Trattner	Judenburg/Stmk.
	bis 250 ccm	KTM	Hans Danzinger	Böheimkirchen/NÖ
	über 250 ccm	KTM	Fritz Pelz	Wien
		Norton	Peter Loretter	Tosters/Vlbg.

WELTMEISTERSCHAFTEN

Formel-1-Weltmeisterschaft — **1. Niki Lauda**

Moto-Cross-Weltmeisterschaft
Klasse bis 250 ccm — **1. Heinz Kinigadner**

Weltmeister Heinz Kinigadner (Foto Votava)

ELAN – wir fördern den österreichischen Sport

ORIENTIERUNGS-LAUF

ÖSTERREICHISCHER VERBAND FÜR ORIENTIERUNGSLAUF
gegründet 1966
1040 Wien, Prinz-Eugen-Straße 12, Telefon 0 22 2 / 65 03 93, Telex 133 132

Dienstzeit: Dienstag und Donnerstag, 8 bis 13 Uhr

58 Vereine, 1352 Mitglieder

Präsident
Franz Trampusch, 8020 Graz, Hans-Resel-Gasse 6, Tel. 0 31 6 / 91 26 14

Geschäftsführender Präsident
Erich Simkovics, Wien, Dr.-Heinrich-Maier-Straße 46/5/5,
Tel. 0 22 2 / 44 15 853

Sekretärin: Anneliese Bonek

Mitglied der
Internationalen Orientierungslauf-Föderation (IOF),
gegründet 1961, 34 Länder

Anschrift
IOF, Sue Harvey, Mile End, Main Street DOUNE, Schottland, GB-FK16, 6 BJ,
Telefon 0044/786 84 12 02

Österreich ist durch 5 Funktionäre in IOF-Kommissionen vertreten.

Offizielle Verbandszeitung
„Orientierung", erscheint siebenmal im Jahr

Höhepunkt des Jahres 1984 war das Internationale Juniorenmatch in Hartberg. Die besten Läufer Unter-20 aus 17 Ländern fanden bei der vom Allgemeinen Sportverband Österreichs organisierten Veranstaltung hervorragende Verhältnisse vor.

Die Veranstaltung galt auch als Standortbestimmung für unseren Nachwuchs. Die Ergebnisse zeigen, daß unsere Jugendlichen an die erfolgsgewohnten Nationen, insbesondere die Skandinavier, anschließen. Leider fehlt in Österreich das schwierige Gelände.

Unsere Eliteläufer haben unter unserem Schweizer Trainer im Hinblick auf die Weltmeisterschaft 1985 in Australien schwieriges Gelände in verschiedenen Ländern gesucht, und wir können hoffen, daß dieses Training 1985 Früchte tragen wird.

STAATSMEISTER 1984

Tag Orientierungslauf	Herren	**Roland Arbter**	TVN Wien
	Damen	**Regina Mandl**	HSV Klagenfurt
Nacht-Orientierungslauf	Herren	**Roland Arbter**	TVN Wien
	Damen	**Gabi Hoch**	TVN Veitsch
Staffellauf	Herren	**Manfred Gamauf** **Eugen Kainrath** **Karl Lang**	HSV Pinkafeld
	Damen	**Ulrike Ertl** **Regina Mandl**	HSV Klagenfurt
Langstrecken-Orientierungslauf	Herren	**Roland Arbter**	TVN Wien
	Damen	**Regina Mandl**	HSV Klagenfurt
Ski-Orientierungslauf	Herren	**Max Holzer**	TVN Veitsch
	Damen	**Edith Uidl**	HSV Graz

ÖSTERREICHISCHE MEISTER 1984

Tag-Orientierungslauf	Herren	Senioren 35	Franz Nagele	HSV Salzburg
		Junioren	Peter Bonek	TVN Wien
		H 50 Jahre	Raimund Sobotka	OLG Sportwissenschaften
		H 45 Jahre	Max Wagner	TVN Linz
		H 40 Jahre	Peter Fenzl	ÖTB Gersthof
		H 21 Jahre	Franz Hartinger	LAC
		H 17–18 Jahre	Herwig Allwinger	LAC
		H 15–16 Jahre	Dieter Pertl	HSV Pinkafeld
		H 13–14 Jahre	Martin Schmid	LAC
		H –12Jahre	Mathias Florian	HSV Baden
	Damen	Seniorinnen 35	Helga Kolb	TVN Wien
		D 40 Jahre	Anneliese Bonek	TVN Wien
		D 17–18Jahre	Gislind Berger	ÖTB Meidling
		D 15–16 Jahre	Angelika Aschacher	HSV Wr. Neustadt
		D 13–14 Jahre	Birgit Neubauer	HSV Wr. Neustadt
		D –12 Jahre	Susi Terler	TVN Kindberg
Nacht-Orientierungslauf	Herren	Senioren 35	Leopold Tonka	HSV Salzburg
		Junioren	Norbert Berger	ÖTB Meidling
		H 50 Jahre	Herbert Kleber	TVN Veitsch
		H 45 Jahre	Max Wagner	TVN Linz
		H 40 Jahre	Curt Maier	HSV Klagenfurt
		H 17–18 Jahre	Herwig Allwinger	LAC
		H 15–16 Jahre	Dieter Pertl	HSV Pinkafeld
		H 13–14 Jahre	Thomas Grobner	
			Thomas Walter	HSV Wr. Neustadt
		H – 12 Jahre	Martin Rehling	
			Peter Riebenbauer	HSV Pinkafeld
	Damen	Seniorinnen 35	Elfi Wagner	TVN Linz
		D 40 Jahre	Irene Novak	HSV Baden
		D 17–18 Jahre	Ulli Novotny	HSV Salzburg
		D 15–16 Jahre	Angelika Aschacher	HSV Wr. Neustadt
		D 13–14 Jahre	Birgit Neubauer	
			Beatrix Feichtinger	HSV Wr. Neustadt
		D – 12 Jahre	Susi Terler	
			Angela Bretter	TVN Kindberg
Staffeln	Herren	H 45 Jahre		TVN Veitsch
		H 35 Jahre		HSV Salzburg
		H 17–18 Jahre		HSV Graz
		H 15–16 Jahre		HSV Pinkafeld
		H 13–14 Jahre		HSV Wr. Neustadt
		H –12 Jahre		HSV Wr. Neustadt
	Damen	D 35 Jahre		TVN Wien
		D 17–18 Jahre		ÖTB Meidling
		D 15–16 Jahre		TVN Wien
		D 13–14 Jahre		HSV Wr. Neustadt
		D –12 Jahre		HSV Wr. Neustadt
Langstrecken	Herren	Junioren	Herwig Allwinger	LAC
		Senioren	Franz Maier	HSV Pinkafeld
Ski-Orientierungslauf	Herren	H 45 Jahre	Franz Vanek	HSV Klagenfurt
		H 40 Jahre	Otto Venhauer	HSV Klagenfurt
		H 35 Jahre	Wolf Eberle	HSV Aigen
		H 19-20 Jahre	Gottfried Scheikl	TVN Veitsch
		H 17–18 Jahre	Manfred Kürner	HSV Klagenfurt
		H 15–16 Jahre	Siegfried Stadler	HSV OÖ
		H 13–14 Jahre	Marcel Maier	HSV Klagenfurt
		H –12 Jahre	Bernhard Venhauer	HSV Klagenfurt
	Damen	D 35 Jahre	Dietlinde Venhauer	HSV Klagenfurt
		D 17–18 Jahre	Fiorella Rietschnig	HSV Klagenfurt
		D 15–16 Jahre	Angelika Aschacher	HSV Wr. Neustadt
		D 13–14 Jahre	Beatrix Feichtinger	HSV Wr. Neustadt
		D –12 Jahre	Sandra Oberger	HSV Wr. Neustadt

WELTMEISTERSCHAFT

Ski-OL			
Lavarone/Italien	Herren	Staffel	6. Österreich
30.1.-4.2.1984	Damen	Staffel	5. Österreich

Nur Ausdauer, Schnelligkeit und Sprungkraft führen im Orientierungslauf zum Erfolg

Die österreichische Mannschaft konnte bei der in Ebreichsdorf/NÖ stattgefundenen Europameisterschaft im Voltigieren den 2. Platz belegen (Foto Jarc)

PFERDESPORT

BUNDESFACHVERBAND FÜR REITEN UND FAHREN (BFV),
gegründet 1962
1040 Wien, Prinz-Eugen-Straße 14/1/6a, Telefon 0 22 2 / 65 83 63
Bürozeit: Montag bis Freitag von 9 bis 15 Uhr
Teletex: 232-3222285, TELEX: 613222285 fena a

514 Vereine, 18.676 Mitglieder

Präsident
Komm. Rat Rudolf Haas, 1180 Wien, Schafberggasse 3/2a/1

Mitglied der
Fédération Equestre Internationale (FEI), gegründet 1921
Anschrift
CH-Bern 32, Schosshaldenstraße 32, Telefon 05 / 031 / 43 33 81

Auf Initiative des Bundesfachverbandes konnte in den vergangenen Jahren ein internationales Reglement für Voltigieren – Turnen auf dem galoppierenden Pferd – erarbeitet und in Kraft gesetzt werden. Mit der Europameisterschaft 1984, durchgeführt vom Reitclub Ebreichsdorf, wurde ein neuer Höhepunkt in dieser Sparte erreicht, nachdem Voltigieren 1924 bereits eine olympische Disziplin war. Über 200 Sportler kämpften um die Medaillenränge. Besonders erfreulich war die Silbermedaille im Gruppenvoltigieren für die österreichischen Teilnehmer.

Nach einem Jahr der Vorarbeit konnte am 29. 10. 1984 das neue Konzept des BFV mit dem dazugehörenden Organigramm beschlossen werden. Die Turnierordnung, das Dressuraufgabenheft sowie das Richter- und Parcoursbauregulativ wurden überarbeitet und traten mit 1. Jänner 1985 in Kraft.

Erstmals in der Geschichte des internationalen Springsportes liegen zwei Österreicher, Hugo Simon und Thomas Frühmann an der Spitze der Weltrangliste.

STAATSMEISTER 1984

Dressur	**Heinz Breza**	Wiener Reitverein St. Georg
Springen	**Thomas Frühmann**	Reitclub Andlersdorf
Vielseitigkeit	**Sonja Grossauer**	Reitclub Kronberghof
Fahren	**Johann Wolfmayer**	Union Reit- und Fahrverein Altenfelden Mühltal
Gruppenvoltigieren	**Braunau**	Union Reiterbund
Einzelvoltigieren	**Sabine Bistan**	Reitclub Karwendl
2-Phasen-Voltigieren	**Hiltrud Schaufler**	Union Reiterbund Braunau

ÖSTERREICHISCHE MEISTER 1984

Junioren	Springen	Mike Satran	Reitclub Winterhof
Jugend	Springen	Dieter Köfler	Ländl. Reit- und Fahrverein St. Veit
Junioren	Dressur	Katharina Rüsch	Campagnereitervereinigung Dornbirn
Jugend	Springen	Karin Prochaska	Wiener Reitclub
Fahren	Einspänner	Milos Welde	Union Reit- und Fahrverein Siegersdorf
	Kleinpferde	Gerhard Peter	Verband der Pony- und Kleinpferdezüchter
	Shetland	Heinrich Miksa	Verband der Pony- und Kleinpferdezüchter
Kleinpferde	Dressur	Martina Anderle	Reitzirkel Pinkatal
	Springen	Iris Dittrich	Reitclub St. Patrick
Westernreiten		Wolfram Isopp	Riding Club Annenheim
		Dennis Schulz	Riding Club Annenheim
Isländer-Pferde		Klaus Zwinz	Steirische Islandpferdevereinigung
Bundesländer			
Mannschaft	Springen	Vorarlberg	
	Dressur	Niederösterreich	
	Vielseitigkeit	Steiermark I	

Bundesmeisterschaft ländliche Reiter

Vielseitigkeit

Warmblut	Einzel	Sonja Grossauer	Reitclub Kronberg
	Mannschaft	Niederösterreich	
Haflinger	Einzel	Kunigunde Royer	Reitergr. Ramsau
	Mannschaft	Steiermark III	
Noriker	Einzel	Georg Brötzner	Noriker Reitergruppe Wals
	Mannschaft	Wals, Salzburg	

OLYMPISCHE SPIELE

Los Angeles		Dressur	9. Österreich	18 Länder

EUROPAMEISTERSCHAFT

20.–22. 7. 1984	Allgemeine Klasse	Gruppenvoltigieren	2. Österreich I	8 Länder
		Einzel-Damen	4. Hiltrud Schaufler	
			5. Susanne Eisenkolb	
			6. Gabi Greifeneder	
		Einzel-Herren	6. Gernot Spitzer	
			8. Klaus Haidacher	
Florac, F	Allgem. Klasse	Distanzreiten	2. Dr. Hilde Jarc	9 Länder
Cervia	Junge Reiter	Springen	**1. Monika Hirsch**	
Stromsholm 24.–26. 8. 84	Junge Reiter	Dressur	5. Österreich	8 Länder

Weltrangliste Springen	**1. Hugo Simon**	198 Reiter
	2. Thomas Frühmann	

Jugendeuropameisterin 1984 im Springreiten wurde die Österreicherin Monika Hirsch (Foto Höfler)

RADSPORT

ÖSTERREICHISCHER RADSPORTVERBAND (ÖRV), gegründet 1973
(ÖRK 1946)
1040 Wien, Prinz-Eugen-Straße 12, Tel. 0 22 2 / 65 73 39, 65 78 51,
Telex 133 132
Bürozeit: Montag bis Freitag von 8 bis 17 Uhr

380 Vereine, 41.092 Mitglieder

Präsident
Stefan Mikschl, Hubergasse 8/17, 1160 Wien, Tel. 67 16 46/26 (Firma),
43 87 873 (privat)

Generalsekretär
Alfred Kubik, 1020 Wien, Seb.-Kneipp-Gasse 4/21, Tel. 0 22 2 / 24 09 402

Mitglied der
Fédération Internationale Amateur de Cyclisme (FIAC), gegründet 1972
I-00197 Roma, Via dei Campi Sportivi 48

und der
Fédération Internationale du Cyclisme Professionel, gegr. 1972
26, rue de Cessange, Leudelange, Gr. D. de Luxembourg,

sowie der
Union Cycliste Internationale (UCI), gegründet 1900, 125 Nationen,
CH-1202 Genve, 6, rue Amat, Tel. 32 29 14

Die Saison 84 brachte viel Licht und Schatten. Der sportliche Höhepunkt im Rennsport waren die Olympischen Spiele in Los Angeles, die gute Leistungen brachten, jedoch waren die Erwartungen etwas höher gesetzt.

Äußerst positiv muß man den 5. Platz von Reinhard Hübel bei der Junioren-WM in Frankreich im Punkterennen bewerten. Leider wurde dieser Erfolg von den Medien im Olympiatrubel zu wenig beachtet.

Eine sehr erfreuliche und vor allem erfolgreiche Bilanz erreichten unsere Saalradsportler: Andreas Bösch und Manfred Schneider wurden im Radball Junioren-Europameister. Den gleichen Titel erreichten die Geschwister Brigitte und Sabine Franz im Zweier-Kunstfahren.

Diese beiden jungen Sportlerinnen übertrafen aber alle Erwartungen, als sie auch in der allgemeinen Klasse im Zweier-Kunstfahren für Frauen den Europameistertitel erkämpften.

Einen beachtlichen Erfolg am „grünen Tisch“ erreichte Präsident Stefan Mikschl bei den Kongressen des Radsport-Verbandes für Amateure und Berufsfahrer in Los Angeles und Barcelona. Die Rad-Weltmeisterschaften 1987 auf Bahn und Straße für Amateure, Frauen und Professionals wurden erstmals an Österreich vergeben.

Eine ehrenvolle Aufgabe für den österreichischen Radsport.

STAATSMEISTER 1984

Straße		Einzel	**Helmut Wechselberger**	Union Landlubber Jeans I. F. Moser
		Berg	**Helmut Wechselberger**	Union Landlubber Jeans I. F. Moser
		Vierer-Mannschaft 100 km	**Johann Lienhart**	ASKÖ Puch
			Walter Lauscha	
			Harald Wisiak	
			Paul Popp	
		Zweier-Mannschaft	**Helmut Wechselberger**	Union Landlubber Jeans I. F. Moser
			Bernhard Rassinger	
		Einzelzeitfahren	**Paul Popp**	ASKÖ Puch
		Querfeldein	**Hermann Mandler**	ÖAMTC Modolo Colnago
		Bahn-Sprint	**Günther Sigl**	ÖAMTC RCA Tyrolia
		Zeitfahren 1000 m	**Paul Popp**	ASKÖ Puch
		Einzelverfolgung 4000 m	**Karl Krenauer**	ARBÖ Sparkasse BSPS Denti Neunkirchen
		Punkterennen	**Karl Krenauer**	ARBÖ Sparkasse BSPS Denti Neunkirchen
		4000 m-Mannschaftsverf.	**Roland Königshofer**	ASKÖ Puch
			Willi Lauscha	
			Johann Lienhart	
			Paul Popp	
		Omnium	**Paul Popp**	ASKÖ Puch
		Americain	**Roland Königshofer**	ASKÖ Puch
			Paul Popp	
		Derny	**Roland Königshofer/**	ASKÖ Puch
			Karl Igl	
Saalsport		Radball	**Karl Böhm/Walter Haag**	ARBÖ Staw-HBW
	Frauen	Einer-Kunstfahren	**Brigitte Franz**	ÖAMTC Meiningen
	Herren		**Gerd Fleisch**	ÖAMTC Röthis
	Frauen	Zweier-Kunstfahren	**Sabine Franz**	ÖAMTC Meiningen
			Brigitte Franz	
	Herren		**Gerd Fleisch**	ÖATMC Röthis
			Arno Fleisch	

ÖSTERREICHISCHE MEISTER 1984

Straße	Junioren		Andreas Langl	ARBÖ Sparkasse Ranshofen Sixtus
Einzel	Jugend		Peter Mayrhofer	ARBÖ Zweirad Erd St. Pölten
	Schüler		Gerhard Hütter	ARBÖ Sparkasse Ranshofen Sixtus
	Frauen		Hilde Dobiasch	ARBÖ Merkur Versicherungen
	Senioren		Josef Schalk	SV Altlengbach-Laabental – Sektion Raika Rad
Berg	Junioren		Alois Sinzinger	Union Fussl Mode Ried
	Jugend		Dietmar Hauer	ARBÖ Ford Hauptmann VKB Purgstall
	Schüler		Andreas Müller	SV Altlengbach-Laabental – Sektion Raika Rad
Straße	Senioren		Josef Schalk	SV Altlengbach-Laabental – Sektion Raika Rad
Zweiermannschaft				
	Junioren		Wolfgang Höfer,	ARBÖ RC Vöslauer
			Siegfried Hagen	
	Jugend		Roman Hauser	ÖAMTC Mazda Tirol
			Markus Pilser	
	Schüler		Gerhard Hütter,	ARBÖ Sparkasse Ranshofen-Sixtus
			Günter Schatzl	
	Senioren		Hansjörg Totschnig,	ÖAMTC KTM Kneissl Tirol
Einzelfahrten	Junioren		Norbert Kostel	ARBÖ Adidas Klagenfurt
	Jugend		Roland Körber	ARBÖ RC Vöslauer
	Schüler		Martin Wedl	ÖAMTC Raiffeisen Weyer
	Senioren		Walter Trowal	Union RSV Perchtoldsdorf
Querfeldein	Junioren		Markus Hainz	Union RC Pucking
	Jugend		Siegfried Hagen	Union Velux-BV
	Schüler		Karl Schwarzmayer	Union Velux-BV
Bahn	Junioren		Reinhard Hübel	ARBÖ Merkur Versicherungen
Sprint	Jugend		Wolfgang Kotzmann	ARBÖ Merkur Versicherungen
	Schüler		Richard Smeja	Union Velux-BV
Zeitfahren	Junioren	1000 m	Reinhard Hübel	ARBÖ Merkur Versicherungen
	Jugend	500 m	Franz Stocher	Union Rund um Wien Select Gartner
	Schüler	500 m	Christian Andre	ARBÖ Merkur Versicherungen

Wir haben ein Herz
für den Sport.
Raiffeisen. Die Bank
mit dem persönlichen Service.

Einzelverfolgung	Junioren	3000 m	Reinhard Hübel	ARBÖ Merkur Versicherungen
	Jugend	2000 m	Karl Schwarzmayer	Union Velux-BV
	Schüler	1000 m	Bernd Crkal	Union BV Comet Wien
	Junioren Punktrennen		Reinhard Hübel	ARBÖ Merkuzur Versicherungen

Saalsport			
Radball	Jugend	Manfred Schneider, Andreas Bösch	ÄAMTC Mazda Höchst
	Schüler	Marko Schallert, Reinhard Schneider	ÖAMTC Mazda Höchst
Einer-Kunstfahren	weibl. Jugend	Sabine Franz	ÖAMTC Meiningen
	männl. Jugend	Roland Fleisch	ÖAMTC Röthis
	Schülerinnen	Antoinette Matt	ÖAMTC RV Hohenems
	Schüler	Elmar Franz	ÖAMTC Meiningen
Zweier-Kunstfahren	weibl.Jgd.	Carmen Troy, Claudia Pfeiffer	ÖAMTC Mazda Höchst
Zweier-Kunstfahren	männl.Jgd.	Markus Bachmann, Alexander Loacker	ÖAMTC Enzian Sulz
	Schülerinnen	Sandra Bachmann, Angelika Schneider	ÖAMTC Enzian Sulz
	Schüler	Elmar Franz, Jürgen Mußbacher	ÖAMTC Meiningen

WELTMEISTERSCHAFT

Saalsport		Radball	4. Karl Böhm, Walter Haag	18 Teams
	Junioren	Bahn-Punktefahren	5. Reinhard Hübl	52 Starter

EUROPAMEISTERSCHAFT

Saalsport	Allg.Kl.	Zweier Kunstf.	Frauen	**1. Brigitte und Sabine Franz**	
			Herren	3. Gerd und Arno Fleisch	
	Junioren	Radball		**1. Andreas Bösch, Manfred Schneider**	10 Teams
		Einer Kunstf.	Herren	3. Roland Fleisch 4. Arno Fleisch	11 Starter
		Einer Kunstf.	Frauen	4. Brigitte Franz	17 Starter
		Zweier Kunstf.	Herren	4. Markus Bachmann Alexander Loacker	5 Starter
		Zweier Kunstf.	Frauen	**1. Brigitte Franz, Sabine Franz**	7 Starter

NÖ-RUNDFAHRT

17.–20. 5.	107 Starter	2. Karl Krenauer

WELTMEISTERSCHAFT

30. 1.–4. 2. 1984	Herren	Staffel	16 Länder	6. Österreich
Lavarone/Italien	Damen	Staffel	16 Länder	5. Österreich

GROSSVERANSTALTUNGEN

Europa-Grand Prix

6. 5. 1984				
Innsbruck	AB	Straße	3. Herbert Spindler	10 Länder

Wien–Gresten–Wien

12.–13. 5. 1984				
Wien/NÖ	AB	Straße	1. Franz Spilauer (Gesamtwertung)	5 Länder

Niederösterreich-Rundfahrt

17.–20. 5. 1984	AB	Straße	2. Karl Krenauer (Gesamtwertung)	8 Länder

Rheinland-Pfalz-Rundfahrt				
1.–8.7.1984				
BRD	AB	Straße	5. Karl Krenauer (Gesamtwertung)	12 Länder
G.P. Wilhelm Tell				
19.–26.8.1984				
Schweiz	AB	Straße	5. Helmut Wechselberger (Gesamtwertung)	14 Länder
Sparkassen-Tour				
12.–15.9.1984				
Steiermark	A	Straße	1. Helmut Wechselberger (Gesamtwertung)	6 Länder

Östereich-Rundfahrt – Wechselberger erklimmt den Glockner (Foto Votava)

RINGEN

ÖSTERREICHISCHER AMATEURRINGER-VERBAND (ÖARV),
gegründet 1952
5071 Wals 330/Salzburg, Tel. 0 66 2 / 85 03 33

25 Vereine, 3.160 Mitglieder

Präsident
Primarius Dr. Edgar Baumgartl
Krankenhaus Oberndorf
5110 Oberndorf bei Salzburg, Tel. 0 62 72 / 71 75

Generalsekretär
Reinhard Berger, 5071 Wals 330/Salzburg, Tel. 06 62 / 85 03 33

Mitglied der
Federation internationale de Lutte Amateur (FILA), gegründet 1925,
105 Länder
Anschrift
Lausanne (CH), avt 3, Tel. 22 84 26

Offizielle Verbandszeitung
„Der Amateurringer", sechsmal im Jahr, 1000 Stück

Beim Bundesheer (HSNS Dornbirn) konnte ein Leistungszentrum installiert werden. Die Ringer haben dort sehr gute Trainingsmöglichkeiten und keine Probleme mit Freistellungen.

Im Raum Salzburg soll in nächster Zeit ein zweites Zentrum entstehen.

Es ist geplant, ein Internationales Turnier im Osten Österreichs zu organisieren, um das West-Ost-Gefälle im Ringersport etwas auszugleichen.

Im Nachwuchsbereich konnten 1984 wieder 3 Medaillen errungen werden.

STAATSMEISTER 1984

Griechisch-römisch	Papier	**Reinhard Höfle**	KSV Götzis
	Fliegen	**Karl Tusch**	KSV Götzis
	Bantam	**Daniel Fröschl**	KSV Götzis
	Feder	**Johannes Häusle**	KSV Götzis
	Leicht	**Karl Kathan**	KSV Götzis
	Welter	**Kurt Fleisch**	KSV Götzis
	Mittel	**Georg Marchl**	AC Wals
	Halbschwer	**Franz Marx**	AC Hötting
	Schwer	**Franz Pitschmann**	AC Hötting
	Superschwer	**Carl Dambmann**	RC 21 Wien
Freistil	Papier	**Reinhard Höfle**	KSV Götzis
	Fliegen	**Wolfgang Mittelberger**	KSV Götzis
	Bantam	**Daniel Fröschl**	KSV Götzis
	Feder	**Werner Längle**	KSK Klaus
	Leicht	**Georg Neumaier**	AC Wals
	Welter	**Bartl Brötzner**	AC Wals
	Mittel	**Andreas Quehenberger**	URV Vigaun
	Halbschwer	**Günter Busarello**	KSK Klaus
	Schwer	**Edwin Lins**	KSK Klaus
	Superschwer	**Carl Dambmann**	RC 21 Wien
Mannschaft		**KSK Klaus**	

ÖSTERREICHISCHE MEISTER 1984

Griechisch-römisch			
Junioren	Papier	Reinhard Höfle	KSV Götzis
	Fliegen	Wolfgang Mittelberger	KSV Götzis
	Bantam	Alexander Lescher	URC Mäder
	Feder	Harald Begle	KSK Klaus
	Leicht	Georg Neumaier	AC Wals
	Welter	Anton Marchl	AC Wals
	Mittel	Thomas Brötzner	AC Wals
	Halbschwer	Georg Marchl	AC Wals
	Schwer	Hannes Meindl	AC Wals
	Superschwer	Ernst Salzgeber	KSV Götzis
Freistil/Junioren	Papier	Wolfgang Mittelberger	KSV Götzis
	Fliegen	Karl Tusch	KSV Götzis
	Bantam	Dietmar Schuh	AC Hörbranz
	Feder	Harald Begle	KSK Klaus
	Leicht	Georg Neumaier	AC Wals
	Welter	Rupert Brandauer	URV Vigaun
	Mittel	Anton Marchl	AC Wals
	Halbschwer	Georg Marchl	AC Wals
	Schwer	Hannes Meindl	AC Wals
	Superschwer	Ernst Salzgeber	KSV Götzis
Griechisch-römisch			
Jugend	40 kg	Eduard Nikolic	SV Kelchsau
	44 kg	Andreas Längle	KSK Klaus
	48 kg	Reinhard Höfle	KSV Götzis
	52 kg	Wolfgang Mittelberger	KSV Götzis
	56 kg	Karl Tusch	KSV Götzis
	60 kg	Markus Pittner	KSK Klaus
	65 kg	Johannes Häusle	KSV Götzis
	70 kg	Gustav Berger	AC Wals
	75 kg	Georg Neumaier	AC Wals
	über 75 kg	Hannes Meindl	AC Wals

JUGEND

Freistil	40 kg	Thomas Jochum	AC Hörbranz
	44 kg	Kurt Waibel	KSV Götzis
	48 kg	Reinhard Höfle	KSV Götzis
	52 kg	Karl Tusch	KSV Götzis
	56 kg	Dietmar Schuh	AC Hörbranz
	60 kg	Harald Begle	KSK Klaus
	65 kg	Georg Neumaier	AC Wals
	70 kg	Markus Praxmarer	URC Wolfurt
	75 kg	Manfred Braunauer	KSV Götzis
	über 75 kg	Hannes Meindl	AC Wals

SCHÜLER

Griechisch-römisch	25 kg	Hüsseyin Aknipar	AC Hörbranz
	27 kg	Martin Federa	AC Vollkraft Innsbruck
	29 kg	Andreas Sommer	URC Mörbisch
	31 kg	Gernot Schuh	AC Hörbranz
	34 kg	Josef Erharter	SV Kelchsau
	37 kg	Mario Schindler	URC Mörbisch
	40 kg	Thomas Dravits	URC Mörbisch
	44 kg	Helmut Tschaupp	AC Hörting
	48 kg	Thomas Farkas	PSV Wien
	52 kg	Roman Pöllinger	Union Eisenstadt
	56 kg	Thomas Reiter	AC Wals
	über 56 kg	Horst Mahn	PSV Wien

OLYMPISCHE SPIELE

Griechisch-römisch	Leichtgewicht	5. Dietmar Streitler	14 Starter
	Schwergewicht	5. Franz Pitschmann	8 Starter
	Mittelgewicht	10. Georg Marchl	15 Starter
Freistil	Mittelgewicht	9. Günter Busarello	16 Starter

WELTMEISTERSCHAFT

Washington, Juli			
Jugend			
Griechisch-römisch	bis 60 kg	**1. Markus Pittner**	9 Starter
	bis 65 kg	5. Harald Begle	7 Starter
	bis 81 kg	3. Hannes Meindl	5 Starter
Freistil	bis 52 kg	4. Karl Tusch	12 Starter
	bis 65 kg	3. Georg Neumaier	7 Starter
	bis 81 kg	5. Hannes Meindl	7 Starter

EUROPAMEISTERSCHAFTEN

Holland/Juni			
Junioren			
Freistil	Leichtgewicht	5. Georg Neumaier	14 Starter
	Weltergewicht	7. Rupert Brandauer	12 Starter
Dänemark/Juni			
Junioren			
Griechisch-römisch	Mittelgewicht	7. Georg Marchl	14 Starter
Jönköpping/April			
Herren			
Griechisch-römisch	Leichtgewicht	9. Dietmar Streitler	16 Starter
Freistil	Mittelgewicht	6. Günter Busrello	19 Starter
	Halbschwer	7. Edwin Lins	12 Starter
Polen/August			
Jugend			
Griechisch-römisch	bis 81 kg	6. Hannes Meindl	10 Starter
	bis 70 kg	5. Georg Neumaier	8 Starter
	bis 81 kg	6. Hannes Meindl	9 Starter

Das Schulbeispiel eines technisch einwandfreien Überwurfes. Marchl gegen den Norweger Kleven bei der Junioren EM in Dänemark

RODELN

ÖSTERREICHISCHER RODELVERBAND (ÖRV), gegründet 1945
1040 Wien, Prinz-Eugen-Straße 12, Telefon 0 22 2 / 65 34 78,

Dienstzeit:
Montag und Mittwoch von 8.30 bis 12.30 Uhr

270 Vereine, ca. 23.000 Mitglieder

Präsident
NRAbg. Mag. Dr. Josef Höchtl, 1014 Wien, Löwelstraße 20,
Telefon 0 22 2 / 63 06 01

Mitglied der
Fédération Internationale de Luge de Course (FIL), gegründet 1957,
30 Länder, 50.000 Mitglieder
Anschrift
8786 Rottenmann 168 a, Österreich, Telefon 036 14 / 22 66

Direktor Bert Isatitsch ist Gründer und Vorsitzender des Internationalen Rodelverbandes (FIL), der seinen Sitz in Österreich (Rottenmann) hat.

Offizielle Verbandszeitung
„Mitteilungen des ÖRV", erscheint bei Notwendigkeit.

Die Funktionsdauer des Vorstandes wurde auf drei Jahre erhöht. Für die Zukunft ist der Aufbau der Öffentlichkeitsarbeit geplant, um den Bekanntheitsgrad des Rodelsports zu fördern.

Ebenso wurde die Lehrwarte- und Traineraufbauarbeit in Angriff genommen, so daß bis zum Beginn der Saison 1985/86 ein verstärktes Lehrwarte- und Trainerkontingent zur Verfügung stehen wird.

Für die Kunstbahn wurde wieder Cheftrainer Prof. Filipic verpflichtet, um die Grundlagen für eine kontinuierliche Aufbauarbeit für die 1987 in Igls stattfindende Weltmeisterschaft und die Olympischen Spiele 1988 in Calgari, Kanada, zu schaffen.

STAATSMEISTER 1984

Kunstbahn	Damen	**Annefried Göllner**	Tirol
	Herren	**Georg Fluckinger**	Tirol
	Doppelsitzer	**Fluckinger/Wilhelmer**	Tirol/Vorarlberg
Naturbahn	Damen	**Petra Leitinger**	Oberösterreich
	Herren	**Walter Mauracher**	Tirol
	Doppelsitzer	**Kogler/Huber**	Tirol

ÖSTERREICHISCHE MEISTER 1984

Kunstbahn	Jugend weiblich	Andrea Tagwerker	Vorarlberg
	Jugend männlich	Erich Mayregger	Tirol
	Junioren weiblich	Silvia Manzenreiter	Tirol
	Junioren männlich	Jürgen Ewerz	Tirol
	Senioren	Uwe Linde	Tirol
	Junioren Doppelssitzer	Manzenreiter/Schmid	Tirol
Naturbahn	Jugend weiblich I	Irene Frauenschuh	Salzburg
	Jugend weiblich II	Jeanette Koppensteiner	Salzburg
	Jugend männlich I	Gerald Krößbacher	Tirol
	Jugend männlich II	Stefan Bacher	Salzburg
	Junioren weiblich I	Irene Koch	Steiermark
	Junioren weiblich II	Petra Leitinger	Oberösterreich

Junioren männlich I	Hannes Theurl	Tirol
Junioren männlich II	Gerhard Pilz	Oberösterreich
Junioren Doppelsitzer	Wieltsch/Hofer	Kärnten
Senioren	Gasser Edi	Tirol

OLYMPISCHE WINTERSPIELE

Sarajewo		Damen	Einsitzer	7. Annefried Göllner
		Herren		8. Markus Prock
		Herren	Doppelsitzer	4. Fluckinger/Wilhelmer
			5. Lemmerer/Lechleitner	

WELTMEISTERSCHAFTEN

Kreuth/BRD	Naturbahn	Damen	Einsitzer	4. Petra Leitinger
24. – 29. 1. 84				5. Hilde Fuchs
		Herren		**1. Alfred Kogler**
	Naturbahn	Herren	Einsitzer	3. Willi Danklmair
				5. Hermann Sporer
			Doppelsitzer	3. Kogler/Huber
				5. Trattnig/Rabitsch
				6. Hofer/Hirzegger
Bludenz	Kunstbahn	Junioren	Doppelsitzer	3. Manzenreiter/Schmid
18. – 22. Jänner 1984				6. Ewerz/Ewerz

EUROPAMEISTERSCHAFTEN

16. – 22. Jänner 84	Kunstbahn	Damen	Einsitzer	5. Annefried Göllner
Olang/Italien		Herren		7. Georg Sandbichler
			Doppelsitzer	7. Fluckinger/Wilhelmer
22. – 26. Feb. 84	Naturbahn	Junioren	Einsitzer	**1. Petra Leitinger**
Hol/Norwegen				2. Martha Kogler
				6. Irene Koch
			Doppelsitzer	3. Salentinig/Stadlober
				4. Bischofer/Stöckl

WELTCUP

Herren	Einsitzer	4. Gerhard Sandbichler	14 Nationen
	Doppelsitzer	2. Fluckinger/Wilhelmer	

ROLLSCHUH-LAUF

ÖSTERREICHISCHER ROLLSPORTVERBAND (ÖRSV), gegründet 1937
1020 Wien, Ausstellungsstraße 40, Telefon 0 22 2 / 26 77 87

14 Vereine, 560 Mitglieder

Präsident
Max Grünwald, 1020 Wien, Ennsgasse 7-11/6

Geschäftsführer
Heinz Mauder, 1220 Wien, Markomannenstraße 15/9/10

Mitglied der
Fédération Internatonale de Roller Skating (FIRS), gegründet 1924
45 Mitgliedsverbände

Die Durchführung der Rollschnellauf-Europameisterschaften in Wien war naturgemäß der Höhepunkt des Verbandsjahres. Es wurden die Bahn- und Straßentitel vergeben und damit ein kräftiges Lebenszeichen dieser Sportart in Österreich gegeben.

Erfreulich auch die Gründung einer Rollsportsektion in Salzburg, womit ein neues Bundesland im Kreis der Rollschuhläufer aufscheint.

STAATSMEISTER 1984

Rollschnellauf	Bahn	Damen	**Eva Habesohn**	RSV-Favorit-Wien
		Herren	**Ernst Radler**	1. ÖRHSC
	Straße	Damen	**Eva Habesohn**	RSV-Favorit-Wien
		Herren	**Ernst Radler**	1. ÖRHSC
Rollkunstlauf		Damen	**Claudia Pointner**	RSV-ASKÖ-Wien

Die Rollschnellauf-Europameisterschaft 1984 wurde in Wien am ASKÖ-Eisring Süd und am Rathausplatz ausgetragen

ÖSTERREICHISCHE MEISTER 1984

Bahn

Schnellauf

Damen	300 m	Eva Habesohn	RSV-Favorit-Wien
	1.500 m	Eva Habesohn	RSV-Favorit-Wien
	3.000 m	Andrea Franzl	1. ÖRHSC
	5.000 m	Andrea Franzl	1. ÖRHSC
	10.000 m	Eva Habesohn	RSV-Favorit-Wien
Herren	300 m	Ernst Radler	1. ÖRHSC
	1.500 m	Peter Habesohn	RSC-Stadlau
	5.000 m	Klaus Fischer	RSV-Favorit-Wien
	10.000 m	Thomas Habesohn	RSC-Stadlau
	20.000 m	Christian Habesohn	RSV-Favorit-Wien
Junioren weiblich		Claudia Jarosch	RSG-Floridsdorf Großfeldsiedlung
Jugend A		Anni Holbach	RSC-Stadlau
Jugend B		Veronika Havel	RSC-Hirschstetten
Jugend C		Silvia Dedek	RSC-Hirschstetten
Jugend D		Karoline Dedek	RSC-Hirschstetten
Junioren männlich		Michael Hossek	1. ÖRHSC
Jugend A		Christian Miglinci	RSC-Rennbahnweg
Jugend B		Martin Havel	RSC-Hirschstetten
Jugend C		Thomas Weber	RSG-Leopoldstadt
Jugend D		Harald Wittrich	RSG-Leopoldstadt

Straße

Damen	300 m	Eva Habesohn	RSV-Favorit-Wien
	1.500 m	Eva Habesohn	RSV-Favorit-Wien
	3.000 m	Eva Habesohn	RSV-Favorit-Wien
	5.000 m	Andrea Franzl	1. ÖRHSC
	10.000 m	Eva Habesohn	RSV-Favorit-Wien
Herren	300 m	Ernst Radler	1. ÖRHSC
	1.500 m	Ernst Radler	1. ÖRHSC
	5.000 m	Ernst Radler	1. ÖRHSC
	10.000 m	Ernst Radler	1. ÖRHSC
	20.000 m	Fritz Müssriegler	RSC-Rennbahnweg
Junioren weiblich		Claudia Jarosch	RSG-Floridsdorf Großfeldsiedlung
Jugend A		Anni Holbach	RSC-Stadlau
Jugend B		Veronika Havel	RSC-Hirschstetten
Jugend C		Silvia Dedek	RSC-Hirschstetten
Jugend D		Sabine Wiedenhofer	RSC-Rennbahnweg
Junioren männlich		Peter Necsulescu	1. ÖRHSC
Jugend A		Christian Miglinci	RSC-Rennbahnweg
Jugend B		Martin Havel	RSC-Hirschstetten
Jugend C		Karl-Heinz Czerny	RSC-Stadlau
Jugend D		Harald Wittrich	RSG-Leopoldstadt

Kunstlauf

Junioren	Sabine Schranz	RSG-Leopoldstadt
Jugend	Elisabeth Cucic	RSV-ASKÖ-Wien

EUROPAMEISTERSCHAFTEN

1.–3. 9./Wien	Schnellauf-Bahn	Herren-Team		8. Österreich	8 Länder
		Damen-Team		7. Österreich	
6.–8. 9./Wien	Schnellauf-Straße	Herren-Team		8. Österreich	8 Länder
		Damen-Team		7. Österreich	
1.–3. 9./Wien	Schnellauf-Bahn	Damen	10.000 m	14. von 19 Teilnehmern	Eva Habesohn
		Herren	20.000 m	11. von 23 Teilnehmern	Christian Habesohn
6.–8. 9./Wien	Schnellauf-Straße	Damen	10.000 m	12. von 20 Teilnehmern	Eva Habesohn
		Herren	20.000 m	12. von 21 Teilnehmern	Christian Habesohn

RUDERN

ÖSTERREICHISCHER RUDERVERBAND (ÖRV), gegründet 1891
1040 Wien, Prinz-Eugen-Straße 12, Telefon 0 22 2 / 65 73 07, Telex 133 132
Dienstzeit
Montag von 9 bis 20 Uhr, Dienstag bis Freitag von 9 bis 14 Uhr
34 Vereine, 3.977 Mitglieder

Präsident
Peter Jirka, 2103 Langenzersdorf, Bahnhofplatz 1, Telefon 0 22 2 / 43 59 91 / 15

Schriftführer
Rudolf Moser, 1150 Wien, Sechshauser Straße 24/20

Internationaler Verband
Fédération Internationale des Sociétés d'Aviron (FISA), gegründet 1892

Anschrift
CH-2001 Neuchatel, Case postale 569, Telefon 05 / 038 / 25 72 22

Offizielle Verbandszeitung
„Ruderreport", achtmal jährlich, 2.500 Stück. Eigentümer, Herausgeber und Verleger: Österreichischer Ruderverband.

Erreichung der kleinen Finalis in allen vier gemeldeten Bootsklassen bei den Olympischen Sommerspielen.

Auch bei den Leichtgewicht-Weltmeisterschaften der Herren in Montreal gab es B-Finalplätze.

STAATSMEISTER 1984

Herren	Einer	**Michael Sageder**	Donau-Linz
	Doppelzweier	**Wilfried Auerbach, Thomas Linemayr**	Ister-Sparkasse-Linz
	Zweier o. Stm.	**Manfred Gschwindl, Dietmar Mantler**	LIA-Wien
	Zweier m. Stm.	**Robert Hofmann, Stefan Kratzer, Steuermann Martin Nussgruber**	Rgm. LIA-Wien/Pirat-Wien
	Vierer o. Stm.	**Hannes Bauernfeind, Helmut Obrecht, Harald Dolzer, Arnold Obrecht**	Wiking-Linz
	Vierer m. Stm.	**Herbert Fritz, Harald Dolzer, Norbert Hofmayr, Alexander Holzinger Steuermann Boris Hultsch**	Rgm. Wiking-Linz/Donau/ Pirat-Wien
	Doppelvierer ohne Stm.	**Meinhard Reisinger, Christoph** Schmölzer **Werner Stadler, Werner Wütherich**	Rgm. STAW-Wien/Pirat-Wien/ WSV Ottensheim
	Achter m. Stm.	**Siegfried Sagedel Sageder Hannes Bauernfeind, Helmut Obrecht, Robert Hofmann, Herbert Fritz, Norbert Hofmayr, Alexander Holzinger Steuermann Boris Hultsch**	Rgm. Wiking-Linz/Donau-Linz/ Pirat-Wien
Leichtgewichte	Einer	**Meinhard Reisinger**	WSV Ottensheim
	Doppelzweier	**Christoph Schmölzer, Roland Vogtenhuber**	Rgm. Pirat-Wien/Gmundner RV
	Vierer o. Stm.	**Martin Kessler, Christof Kessler, Christoph Schmölzer, Roland Vogtenhuber**	Rgm. Wiking-Bregenz/Pirat/ Gmundner RV
	Achter m. Stm.	**Martin Kessler, Christof Kessler, Walter Peichl Roland Vogtenhuber Christoph Schmölzer, Meinhard Reisinger, Kurt Palmberger, Gabor Onuska, Steuermann Franz Judmann**	Rgm. Wiking-Bregenz/Pirat/Gmund-nerRV/WSVOttensheim/LIA-Wien
Frauen	Einer	**Astrid Unger**	Donau-Wien
	Doppelzweier	**Inge Niedermayer, Vera Sommerbauer**	Rgm. HSV-Linz/Pirat-Wien
	Doppelvierer m. St.	**Gabi Sinzinger, Inge Niedermayer, Gabi Matous, Vera Sommerbauer Steuerfrau Pia Löblich**	Rgm. HSV-Linz/Pirat-Wien
Mannschaft		**Erster Wiener Ruderclub „LIA"**	

ÖSTERREICHISCHE MEISTER 1984

Junioren	Einer	Thomas Dlouhy	STAW-Wien
	Doppelzweier	Harald Faderbauer, Christian Schyr	LIA-Wien
	Zweier o. Stm.	Walter Rantasa, Peter Borensky	STAW-Wien
	Vierer m. Stm.	LIA-Wien	
	Vierer o. Stm.	Wiking-Linz	
	Doppelvierer o. Stm.	Donau-Wien	
Achter m. Stm.	Wiking-Linz		
Juniorinnen	Einer	Veronika Ebert	Normannen-Klosterneuburg
	Doppelzweier	Renate Hack, Ursula Praschinger	
	Doppelvierer m. Stfr.	WSV-Ottensheim	
Schüler	Einer	Wilfried Kabas	Friesen-Wien
	Doppelzweier	Wilfried Kabas, Michael Podhornik	Friesen-Wien
	Doppelvierer m. Stm. Gig-C	Nautilus-Klagenfurt	
Schülerinnen	Einer	Karin Schustereder	Gmundner RV
	Doppelzweier	Karin Schustereder, Brigitte Pöschko	GMundner RV

OLYMPISCHE SPIELE

Los Angeles – Lake Casitas 30. 7. – 4. 8. 84	Allgem. Klasse	Herren Einer	8.	16 Länder
		Herren Doppelzw.	7.	11 Länder
		Damen Einer	9.	16 Länder
		Damen Doppelzw.	7.	8 Länder

WELTMEISTERSCHAFTEN

23. – 26. 8. 84 Montreal – Kanada	Leichtgewicht	Einer	7.	12 Länder
		Doppelzweier	9.	11 Länder
18. – 21. 7. 84 Jönköping – Schweden	Junioren 16 – 18 Jahre	weiblich Einer	6.	13 Länder
		weibl Doppelzw.	9.	13 Länder
		männl. Einer	10.	16 Länder
		männl Doppelzw.	12.	17 Länder

SCHACH

ÖSTERREICHISCHER SCHACHBUND (ÖSB), gegründet 1920
8010 Graz, Herrengasse 16, Telefon 0 31 6 / 70 31 / 21 69, 22 45

422 Vereine, 5717 Mitglieder

Präsident
Landesrat Prof. Kurt Jungwirth (Vizepräsident der FIDE),
8010 Graz, Landhaus, Herrengasse 16

Schriftführer
Emanuel Staggl

Mitglied der
Fédération Internationale des Echecs (FIDE), gegründet 1924

Anschrift
CH-6006 Luzern, Schweiz, Abendweg 1

STAATSMEISTER 1984

Schüler-Staatsmeister U 16	**Reinhard Heimberger**	Oberösterreich
Mädchen-Staatsmeister U 16	**Karin Ladner**	Tirol
Semifinale I zur Herrenstaatsmeisterschaft	**Josef Klinger**	Salzburg
Semifinale II zur Herrenstaatsmeisterschaft	**Dr. Heimo Titz**	Kärnten
Jugendstaatsmeisterschaft	**Josef Klinger**	Salzburg
BLMM d. Jugend	**Steiermark**	
Damenstaatsmeisterschaft	**Helene Mira**	Vorarlberg
Staatsliga 83/84	**Vöest-Linz**	

MITROPACUP 1984

20. 9. – 6. 10. Bad Lauterberg	7 Länder	3. Österreich

SCHIESSEN

ÖSTERREICHISCHER SCHÜTZENBUND (ÖSB), gegründet 1879
Österreichs ältester Sportverband

6020 Innsbruck

681 Vereine, 33.038 Mitglieder
Präsident: Univ.-Prof. Dr. Wilhelm Sachsenmaier,
6020 Innsbruck, Mariahilfpark 1, Telefon: 05 2 22 / 31 4 65

Internationale Shooting Union (UIT), 60 Millionen Mitglieder, gegründet 1907
Anschrift: D-8000 München 2, Bavariaring 21, Telefon 06 0 89 / 53 10 12,
Telex 52 16 792 UITD

Mitglied der **Internationalen Armbrustschützen-Union** (IAU)
CH-6006 Luzern, Schlösslirain 9

Vizepräsident der IAU ist ÖSB-Ehrenpräsident Prof. Hermann Nußbaumer, Mitglied der Technischen Kommission der IAU ist Schorsch Windhofer. Nußbaumer ist auch Präsidialmitglied der Europäischen Schützen-Konföderation, Vizepräsident Dipl.-Ing. Fritz Schattleitner ist Mitglied der Technischen Kommission der UIT, in der Prof. Nußbaumer Rechnungsprüfer ist.

Verbandszeitung: Österreichische Schützenzeitung, Erscheinungsort 4053 Haid, erscheint monatlich, 2000 Stück.
Chefredakteur Prof. Hermann Nußbaumer, 4040 Linz, Schwarzstraße 37

Das Hauptziel war die Qualifikation unserer Schützen für die Olympischen Spiele.

Die Aufbauarbeit trug ihre Früchte: Sieben Schützen qualifizierten sich zur Teilnahme.

Wir freuen uns natürlich besonders darüber, daß Dipl.-Ing. Andreas Kronthaler im Bewerb Luftgewehr Herren eine Silbermedaille erreichen konnte.

Die Schwarzpulverschützen, die bisher einen eigenen Verband bildeten, wurden als Sparte in den ÖSB aufgenommen. In dieser Sparte werden bereits Europa- und Weltmeisterschaften ausgetragen.

Der Österreichische Schützenbund betreut damit acht Sparten des sportlichen Schießens.

STAATSMEISTER 1984

ARMBRUST	30 m Kombination		**Bernhard Hottowy**	Graz
	30 m stehend		**Kurt Rauner**	HSV-Salzburg
	30 m kniend		**Bernhard Hottowy**	Graz
	10 m	Herren	**Helmut Flucher**	Krieglach
		Damen	**Liselotte Marschnig**	GSV Klagenfurt
	30 m Kombination	Mannschaft	**Steiermark**	
	30 m stehend		**Steiermark**	
	30 m kniend		**Steiermark**	
	10 m	Mannschaft	**Steiermark**	
LAUFENDE	10 m	Einzel	**Johann Hauer**	Waidhofen/Thaya
SCHEIBE	Luftgewehr	Mannschschaft	**Niederösterreich**	
	Normallauf 50 m		**Walter Beck**	KSV-NEWAG Horn
		Mannschaft	**Niederösterreich**	
	Gemischter Lauf	Einzel	**Waltr Beck**	KSV-NEWAG Horn
		Mannschaft	**Niederösterreich**	
LUFTGEWEHR	Einzel	Herren	**Gerhard Krimbacher**	Tirol
		Mannschaft	**Niederösterreich**	
		Damen	**Anneliese Anibas**	Niederösterreich
		Mannschaft	**Salzburg**	

LUFTPISTOLE	Einzel	Herren	**Horst Krasser**	Steiermark
		Mannschaft	**Steiermark**	
		Damen	**Christa Werk**	Steiermark
		Mannschaft	**Steiermark**	
KLEINKALIBERGEWEHR				
English Match		Damen	**Karin Bauer**	Salzburg
Standardgewehr 3×20			**Karin Bauer**	Salzburg
English Match		Mannschaft	**Niederösterreich**	
3 × 20			**Niederösterreich**	
English Match		Herren	**Kurt Rauner**	Salzburg
			Rudolf Scheiber (ex aequo)	Tirol
		Mannschaft	**Niederösterreich**	
40 stehend		Herren	**Andreas Kronthaler**	Niederösterreich
		Mannschaft	**Vorarlberg**	
40 kniend		Herren	**Lothar Heinrich**	Kärnten
		Mannschaft	**Tirol**	
Dreistellungs-match 3 × 40		Herren	**Albert Deuring**	Vorarlberg
		Mannschaft	**Vorarlberg**	
Schnellfeuerpistole	Einzel	Herren	**Karl Pavlis**	Niederösterreich
		Mannschaft	**Tirol**	
Zentralfeuerpistole	Einzel	Herren	**Karl Pavlis**	Niederösterreich
		Mannschaft	**Niederösterreich**	
Freie Pistole	Einzel	Herren	**Gerhard Böhm**	Niederösterreich
		Mannschaft	**Niederösterreich**	
Standardpistole	Einzel	Herren	**Gerhard Petritsch**	Salzburg
		Mannschaft	**Salzburg**	
Sportpistole	Einzel	Damen	**Christine Strahalm**	Steiermark
		Mannschaft	**Steiermark**	
Praktisches Schießen – Pistole	Einzel	Herren	**Peter Paul Ploner**	1. ÖFV (Tirol)
		Mannschaft	**Tirol**	
		Damen	**Dr. Eva Seibert**	SCW (Wien)
Vorderladerschießen				
	Dierstgewehr		**Erich Hiehs**	SV Bad Zell
	Freies Gewehr		**Franz Schickermüller**	SV Bad Zell
	Steinschloßgewehr		**Walter Micheler**	SC Graz
	Perkussionsrevolver		**Kurt Vitale**	SC Lichterberg
	Perkussionspistole		**Alois Fink**	SC Graz
	Steinschloßpistole		**Wilhelm Mörtendorfer**	SC Schlierbach

ÖSTERREICHISCHE MEISTER 1984

Armbrust	Senioren	30 m Kombination		Martin Polz	Bruck a. d. Mur
		30 m stehend		Leo Pammer	LHS Linz a. d. Donau
		30 m kniend		Ludwig Plochberger	Linz a. d. D.
		10 m		Robert Jonak	Salzburg-Rott
	Junioren	10 m		Alois Fink	GSV-Klagenfurt
Laufende Scheibe					
	Junioren	10 m Luftgewehr		Klaus Rabl	Waidhofen/Thaya
		50 m Normallauf		Michael Leitner	Schützenverein Murau
		50 m Gemischter Lauf		Gerhard Köstner	Schützenverein Murau
Luftgewehr	Jungschützen			Thomas Farnik	Niederösterreich
			Mannschaft		Niederösterreich
	Junioren			Alois Fink	Kärnten
			Mannschaft		Steiermark
	Senioren			Stefan Scheidler	Steiermark
			Mannschaft		Tirol
	Altschützen			Rudolf Natmeßnig	Kärnten
			Mannschaft		Tirol
Luftpistole	Jungschützen		Einzel	Willi Sailer	Tirol
			Mannschaft		Tirol
	Junioren weiblich			Gabriele Schweizer	Niederösterreich
	Junioren männlich		Einzel	Rudolf Sailer	Niederösterreich
	Junioren männlich		Mannschaft	Oberösterreich	
	Senioren		Einzel	Josef Meixner	Burgenland

	Senioren	Mannschaft	Burgenland	
	Altschützen	Einzel	Stanislaus Pernegg	Kärnten
	Altschützen	Mannschaft	Kärnten	
KLEINKALIBERGEWEHR				
English Match				
	Jungschützen		Dorothee Deuring	Vorarlberg
	Junioren		Barbara Troger	Salzburg
	Senioren		Hermann Wölflingseder	Vorarlberg
	Altschützen		Eugen Cia	Vorarlberg
3 × 20	Jungschützen		Thomas Farnik	Niederösterreich
	Junioren		Alois Fink	Kärnten
2 × 30	Senioren		Kurt Waldegger	Tirol
	Altschützen	Eugen Cia	Vorarlberg	
PISTOLE				
Schnellfeuerpistole				
	Senioren		Anton Feuerstein	Vorarlberg
		Mannschaft		Vorarlberg
Freie Pistole				
	Senioren		Horst Halder	Vorarlberg
		Mannschaft		Vorarlberg
Standardpistole				
	Senioren		Horst Halder	Vorarlberg
		Mannschaft		Vorarlberg
Sportpistole				
	Senioren		Horst Halder	Vorarlberg
		Mannschaft		Vorarlberg
Sportpistole				
	Junioren		Roland Hödl	Vorarlberg
		Mannschaft		Niederösterreich
	Jungschützen		Franz Lauscher	Niederösterreich
	Altschützen		Franz Peki	Oberösterreich
		Mannschaft		Oberösterreich
Praktisches Schießen - Pistole				
	Senioren	Einzel	Walter Sovacek	SCW (Wien)
		Mannschaft		Wien

OLYMPISCHE SPIELE

Luftgewehr	54 Starter aus 48 Ländern		2. Andreas Kronthaler

EUROPAMEISTERSCHAFTEN

Praktisches Schießen Pistole	91 Startende aus 8 Ländern	Team	4. Österreich
Luftpistole	57 Startende aus 20 Ländern		6. Karl Pavlis
Luftgewehr/Junioren	40 Startende aus 23 Ländern		6. Alois Fink
		Team	3. Österreich

SCHWIMMEN

VERBAND ÖSTERREICHISCHER SCHWIMMVEREINE (VÖS),
gegründet 1899
1020 Wien, Obere Donaustraße 97, Telefon 0 22 2 / 26 12 06
Dienstzeit: Montag bis Freitag von 7.30 bis 16 Uhr

157 Vereine, 63.488 Mitglieder

Präsident
Hofrat Prof. Anton Weghofer, 1030 Wien, Custozzagasse 8/4,
Telefon privat 0 22 2 / 75 73 81

Mitglied der
Fédération Internationale de Natation Amateur (FINA), gegründet 1908
Anschrift
Präsident Robert H. Helmick, 2000 Financial Center Des Moines, Iowa, 50309 USA
und der
Ligue Europeen de Natation (LEN), gegründet 1927
Anschrift Ante Lambasa, Vojvode Misica 19, Beograd Yugoslavia

Hofrat Prof. Anton Weghofer ist Vizepräsident der LEN
Reg.-Rat Dirnweber ist Sekretär des Wasserball-Board der LEN
Peter Huber ist Sekretär des Sprung-Board der FINA und der LEN

Im VÖS sind Schwimmen, Wasserspringen, Wasserball und Synchronschwimmen, die auch im internationalen Fachverband betrieben werden, vereinigt. In allen vier Sparten werden Staats-, Hallen- und Jugendmeisterschaften ausgetragen.

Herausragend die Leistungen bei den Olympischen Spielen durch die beiden Schwimmer Sonja Hausladen und Thomas Böhm.

Nach wie vor bereitet die Sparte Wasserball große Sorgen, da ganz einfach zu wenig Bäder vorhanden sind, welche die vorgesehene Wassertiefe von mindestens 2 m für das gesamte Spielfeld in der Länge von 30 m aufweisen. Umso bemerkenswerter ist die Leistung der Junioren-Nationalmannschaft, die bei einem 6-Nationen-Turnier den zweiten Platz erreichen konnte.

STAATSMEISTER 1984

Schwimmen	Herren	100 m Kraul	**Alexander Pilhatsch**	AT Graz
		200 m Kraul	**Harald Sinzinger**	SG Wr. Neustadt
		400 m Kraul	**Klaus Mayr**	Salzburger TV
		1.500 m Kraul	**Stefan Petschnig**	SV Wörthersee
		4 × 100 m Kraul	**Opatril, Opatril, Sparer, Lun**	SC Innsbruck
		4 × 200 m Kraul	**Kastner, Ostermann, Kastner, Krainer**	SV Spittal
		100 m Rücken	**Christian Schneeberger**	Salzburger TV
		200 m Rücken	**Werner Zitzmann**	SU Neulengbach
		100 m Brust	**Thomas Böhm**	ESV St. Pölten
		200 m Brust	**Thomas Böhm**	ESV St. Pölten
		100 m Delphin	**Mario Moritz**	SV Wörthersee
		200 m Delphin	**Heimo Krainer**	SV Spittal
		200 m Lagen	**Christian Schneeberger**	Salzburger TV
		400 m Lagen	**Christian Schneeberger**	Salzburger TV
		4 × 100 m Lagen	**Schwarz, Böhm, Ortner, Rupp**	ESV St. Pölten
	Damen	100 m Kraul	**Brigitte Wanderer**	ASV Wien
		200 m Kraul	**Brigitte Wanderer**	ASV Wien
		400 m Kraul	**Doris Walenta**	AT Graz
		800 m Kraul	**Monika Bayer**	ASV Wien
		4 × 100 m Kraul	**Bayer, Rothauer, Hausladen, Wanderer**	ASV Wien

		100 m Rücken	**Birgit Ulrich**	SV Wörthersee
		200 m Rücken	**Monika Bayer**	ASV Wien
		100 m Brust	**Ulrike Bauer**	SU Wien
		200 m Brust	**Ulrike Bauer**	SU Wien
		100 m Delphin	**Sonja Hausladen**	ASV Wien
		200 m Delphin	**Sonja Hausladen**	ASV Wien
		200 m Lagen	**Brigitte Wanderer**	ASV Wien
		400 m Lagen	**Sonja Hausladen**	ASV Wien
		4 × 100 m Lagen	**Bayer, Edlinger, Hausladen, Wanderer**	SV Wien
Wasserspringen	Damen	Kunstspringen	**Grete Peschek**	SU Wien
	Herren		**Michael Worisch**	SU Wien
	Damen	Turmspringen	**Grete Peschek**	SU Wien
	Herren		**Erich Pils**	SU St. Pölten
	Damen	Kombination	**Grete Peschek**	SU Wien
	Herren		**Erich Pils**	SU St. Pölten
Wasserball	A-Liga	**ASV Wien**		

ÖSTERREICHISCHE MEISTER 1984

Wasserspringen (Halle)	Herren	1 m	Michael Worisch	SU Wien
		3 m	Erich Pils	SU St. Pölten
		Kombination	Erich Pils	SU St. Pölten
	Damen	1 m	Grete Peschek	SU Wien
		3 m	Grete Peschek	SU Wien
		Kombination	Grete Peschek	SU Wien
Wasserball (Halle)	A-Liga	1983/84	TWV Innsbruck	
Schwimmen	Herren	100 m Kraul	Alexander Pilhatsch	AT Graz
		200 m kraul	Harald Sinzinger	SG Wr. Neustadt
		400 m Kraul	Harlad Sinzinger	SG Wr. Neustadt
		1.500 m Kraul	Klaus Mayr	Salzburger TV
		4 × 100 m Kraul	Opatril, Opatril, Sparer, Lun	SC Innsbruck
		4 × 200 m Kraul	Humpelstetter, Rieder, Dittrich, Leu	SU Wien
		100 m Rücken	Alexander Pilhatsch	AT Graz
		200 m Rücken	Werner Zitzmann	SU Neulengbach
		100 m Brust	Gerhard Prohaska	SC Donau Wien
		200 m Brust	Gerhard Prohaska	SC Donau Wien
		100 m Delphin	Kurt Dittrich	SU Wien
		200 m Delphin	Harald Sinzinger	SG Wr. Neustadt
		200 m Lagen	Christian Schneeberger	Salzburger TV
		400 m Lagen	Christian Schneeberger	Salzburger TV
		4 × 100 m Lagen	Schwarz, Böhm, Ortner, Rupp	ESV St. Pölten
	Damen	100 m Kraul	Brigitte Wanderer	ASV Wien
		200 m Kraul	Brigitte Wanderer	ASV Wien
		400 m Kraul	Monika Bayer	ASV Wien
		800 m Kraul	Monika Bayer	ASV Wien
		4 × 100 m Kraul	Bayer, Hausladen, Rothbauer, Wanderer	ASV Wien
		100 m Rücken	Monika Bayer	ASV Wien
		200 m Rücken	Monika Bayer	ASV Wien
		100 m Brust	Ulrike Bauer	SU Wien
		200 m Brust	Ulrike Bauer	SU Wien
		100 m Delphin	Sonja Hausladen	ASV Wien
		200 m Delphin	Sonja Hausladen	ASV Wien
		200 m Lagen	Brigitte Wanderer	ASV Wien
		400 m Lagen	Brigitte Wanderer	ASV Wien
		4 × 100 m Lagen	Bayer, Edlinger, Hausladen, Wanderer	ASV Wien

Thomas Böhm konnte sich bei den Olympischen Spielen steigern (Foto Sündhofer)

NACHWUCHSMEISTER

Wasserspringen	Kunstspringen	männliche Jugend	Walter Peternell	Grazer AK
		Schüler	Jürgen Richter	SU Wien
		Knaben	Viktor Schmuck	SV Spittal
		weibliche Jugend	Andrea Schurowetz	SU Wien
		Schülerinnen	Andrea Unzeitig	SU Wien
		Mädchen	Lydia Brunner	SU Wien
	Turmspringen	männliche Jugend	Karl Dieber	Grazer AK
		Schüler	Jürgen Richter	SU Wien
		Knaben	Viktor Schmuck	SV Spittal
		weibliche Jugend	Debra Wiesinger	SU Wien
		Schülerinnen	Eveline Göttlich	Grazer AK
		Mädchen	Lydia Brunner	SU Wien
Schwimmen	100 m Kraul	männliche Jugend	Herbert Humpelstetter	SU Wien
		Schüler	Hans Hercog	Wolfsberger SV
		weibliche Jugend	Katrin Petzer	TS Raika Wörgl
		Schülerinnen	Petra Kozicz	USC Graz
	400 m Kraul	männliche Jugend	Klaus Pecl	SV Bruck
		Schüler	Wolfgang Königsberger	ASV Wien
		weibliche Jugend	Doris Walenta	AT Graz
		Schülerinnen	Barbara Kamper	SU Eisenstadt
	800 m Kraul	weibliche Jugend	Sabine Thöni	SC Innsbruck
		Schülerinnen	Barbara Kamper	SU Eisenstadt
	1.500 m Kraul	männliche Jugend	Stefan Petschnig	SV Wörthersee
		Schüler	Wolfgang Königsbeger	ASV Wien
	100 m Rücken	männliche Jugend	Stefan Petschnig	SV Wörthersee
		Schüler	Roland Schlager	WSV Halleiner
		weibliche Jugend	Kathrin Marberger	SU Wien
		Schülerinnen	Ingrid Flöck	AT Graz
	200 m Rücken	männliche Jugend	Stefan Petschnig	SV Wörthersee
		Schüler	Roland Schlager	Halleiner WSV
		weibliche Jugend	Kathrin Marberger	SU Wien
		Schülerinnen	Ingrid Flöck	AT Graz
	100 m Brust	männliche Jugend	Michael Kleinsasser	SV Spittal
		Schüler	Hans Hercog	Wolfsberger SV
		weibliche Jugend	Sandra Edlinger	ASV Wien
		Schülerinnen	Sabine Malina	ASV Wien
	200 m Brust	männliche Jugend	Michael Kleinsasser	SV Spittal
		Schüler	Wolfgang Königsberger	ASV Wien
		weibliche Jugend	Sandra Edlinger	ASV Wien
		Schülerinnen	Christina Kopeinig	AT Graz

100 m Delphin	männliche Jugend	Wolfgang Bauer	SU Wien
	Schüler	Alexander Fleischmann	USC Graz
	weibliche Jugend	Christine Czermak	SC Donau Wien
	Schülerinnen	Andrea Rohrer	Wolfsberger SV
200 m Delphin	männliche Jugend	Klaus Pecl	SV Bruck
	Schüler	Alexander Fleischmann	USV Graz
	weibliche Jugend	Christine Czermak	SC Donau Wien
	Schülerinnen	Gudrun Matzelberger	Salzburger TV
200 m Lagen	männliche Jugend	Stefan Petschnig	SV Wörthersee
	Schüler	Wolfgang Königsberger	ASV Wien
	weibliche Jugend	Sandra Edlinger	ASV Wien
	Schülerinnen	Petra Kozicz	AT Graz

ÖSTERREICHISCHE REKORDE, Stand 1. 1. 1985

Herren	100 m Kraul	**Alexander Pilhatsch**	AT Graz	0:51,64	16. 6. 84
	200 m Kraul	**Harald Sinzinger**	SG Wr. Neustadt	1:56,10	30. 7. 83
	400 m Kraul	**Harald Sinzinger**	SG Wr. Neustadt	4:08,88	9. 7. 82
	1.500 m Kraul	**Günther Türke**	ASV Wien	16:22,63	29. 8. 82
	4 × 100 m Kraul	**Bayer, Moritz, Eberl, Falkensammer**	SV Wörthersee	3:37,31	10. 7. 82
	4 × 200 m Kraul	**Bayer, Moritz, Eberl, Falkensammer**	SV Wörthersee	8:06,68	9. 7. 82
	100 m Rücken	**Herwig Bayer**	SV Wörthersee	1:00,04	10. 7. 80
	200 m Rücken	**Werner Zitzmann**	SU Neulengbach	2:12,04	20. 7. 84
	100 m Brust	**Thomas Böhm**	ESV St. Pölten	1:04,60	29. 7. 84
	200 m Brust	**Thomas Böhm**	ESV St. Pölten	2:22,09	2. 8. 84
	100 m Delphin	**Kurt Dittrich**	SU Wien	0:56,12	11. 4. 80
	200 m Delphin	**Kurt Dittrich**	SU Wien	2:09,54	17. 6. 79
	200 m Lagen	**Christian Schneeberger**	alzburger TV	2:09,11	19. 3. 83
	400 m Lagen	**Christian Schneeberger**	alzburger TV	4:43,86	8. 3. 84
	4 × 100 m Lagen	**Schwarz, Böhm, Ortner, Rupp**	ESV St. Pölten	4:03,85	22. 7. 84
Damen	100 m Kraul	**Heidi Koch**	SC Innsbruck	0:59,13	10. 5. 80
	200 m Kraul	**Brigitte Wanderer**	ASV Wien	2:07,31	17. 6. 84
	400 m Kraul	**Andrea Strachota**	ASV Wien	4:25,58	24. 8. 78

Nationalstaffel				
Herren	4 × 100 m Kraul	**Pilhatsch, Sifferlinger, M. Opatril, Dittrich**	3:35,35	17. 3. 84
	4 × 200 m Kraul	**M. Opatril, Pilhatsch, Sifferlinger, R. Kastner**	8:05,46	18. 3. 84
	4 × 100 m Lagen	**Zitzmann, Böhm, Dittrich, Pilhatsch**	3:58,24	18. 3. 84
Damen	4 × 100 m Kraul	**Koch, Strachota, Panholzer, Hausladen**	4:04,09	17. 7. 78
	4 × 200 m Kraul	**Bayer, Wanderer, Walenta, Hausladen**	8:52,00	18. 3. 84
	4 × 100 m Lagen	**Humpelstetter, Swoboda, Hausladen, Koch**	4:27,75	14. 6. 80

OLYMPISCHE SPIELE

Los Angeles 29. 7. – 4. 8. 84	100 m Brust	13. Thomas Böhm	40 Länder
	200 m Brust	14. Thomas Böhm	
	400 m Lagen	13. Sonja Hausladen	
	100 m Delphin	15. Sonja Hausladen	
	200 m Delphin	7. Sonja Hausladen	
	Solo Synchro	10. Alexandra Worisch	
	Duo Synchro	10. A. Worisch/Eva Edinger	

EUROPACUP

5. – 8. 4. 84 Hamar/Norwegen	Springen	6. Österreich	18 Länder

Weitere Großsportveranstaltungen in Österreich waren das Volksbanken-Sprungmeeting vom 22. – 24. Juni in Innsbruck und das internationale Turnier der Nationen vom 12. – 13. Mai in Wien (Siege von Sonja Hausladen über 100 m und 200 m Schmetterling).

SEGELN

ÖSTERREICHISCHER SEGELVERBAND (ÖSV), gegründet 1946
1040 Wien, Große Neugasse 9, Telefon 0 22 2 / 57 86 88, 57 86 89
Sprech- und Besuchszeit
Montag bis Freitag von 11 bis 13 Uhr und von 14 bis 17 Uhr

66 Vereine, 12.458 Mitglieder

Präsident
Dkfm. Kurt Czajka, 1010 Wien, Jasomirgottstraße 3, Telefon 0 22 2 / 63 88 32

Generalsekretärin
Dagmar Sammern-Frankenegg, 1010 Wien, Singerstraße 20,
Telefon 0 22 2 / 52 08 633

Mitglied der
International Yacht Racing Union (IYRU), gegründet 1907, 70 Länder

Anschrift
60 Knightsbridge, London SW1X7JX, England, Tel. 01-235 6221/2, Telex 85554
Yachting Woking

Offizielle Verbandszeitung
Yachtrevue, zwölfmal jährlich, 15.000 Stück

Chefredakteur
Helmut Hanusch im Verlag Orac, 1010 Wien, Graben 17, Tel. 0 22 2 / 52 85 52

Die Vorbereitung auf die olympischen Konkurrenzen, der Ausbau der Betreuung bei Großveranstaltungen im Ausland. die Einführung der EDV-Buchhaltung sowie die Durchführung von zwei Europameisterschaften auf heimischen Gewässern stellten den Schwerpunkt des Arbeitsjahres dar.

Sportlich entsprachen die Placierungen bei den Olympischen Spielen teilweise den Erwartungen, litten jedoch auch unter mißlichen Verhältnissen (Beinbruch). Erfreulich der Gewinn im Swan-Weltcup.

STAATSMEISTER 1984

Klasse	Soling	**Michael Farthofer/Richard Holler/ Christian Holler**	SC Kammersee
	Starboot	**Hubert Raudaschl/Karl Ferstl**	UYC Wolfgangsee
	Tornado	**Christian Claus/Herwig Brunar**	UYC Mondsee
	470	**Heinz Doppelmayer/Emanuel Trappel**	YC Bregenz
	Finn	**Michael Luschan**	UYC Wolfgangsee
	H. Boot	**Dr. Harald Fereberger/Herbert Spitzbart/ Erwin Zelder**	UYC Traunsee/UYC Mondsee
	Yngling	**Heinz Drack/Rudi Mayr**	UYC Traunsee/UYC Wolfgangsee
	Dart	**Andreas Hagara/Roman Hagara**	YC Breitenbrunn
	Korsar	**Manfred Schöchl/Michael Müller**	SC Mattsee
	Pirat	**Gerhard Reimitz/Peter Schmid**	UYC Mattsee
	420	**Richard Höfer/Angelika Pawelka**	UYC Attersee / UYC Mondsee
	Laser	**Michael Luschan**	UYC Wolfgangsee
Surf	Offene Kl. leicht	**Thomas Wallner**	Windsurf-Club Ebensee
	schwer	**Otto Urban**	UYC Traunsee
	Mistral	**Dr. Claus Fasthuber**	Segel-Surf-Club Seewalchen

In der Klasse Flying Dutchman konnten wegen Windmangels nur 3 (von mind. 4) Wettfahrten gesegelt werden, daher wurde kein Staatsmeister ermittelt.

OLYMPISCHE SPIELE

31. 7. – 14. 8. 1984			
Los Angeles	Starboot	19 Starter	5. Hubert Raudaschl/Karl Ferstl

EUROPAMEISTERSCHAFTEN

11. 9. – 19. 9. 84	Tornado	49 Starter	3. Norbert Petschel/Walter Schlagbauer
Brouwershaven/NL			5. Christian Claus/Herwig Brunar
25. 8. – 2. 9. 84	Dart	138 Starter	3. Dipl.-Ing. Remigio Gazzari/Uschi Lerchl
Embiez/F			
22. 6. – 24. 6. 84	20 m²-Jollenkreuzer	41 Starter	3. Uilke Zijlstra/Ing. Peter Steinfellner/Volker Lambrecht
Neusiedlersee			5. Carl Bauer/Alfred Svejnoha/Karl Svejnoha
14. 7. – 20. 7. 84	Windsurfer	250 Starter	4. Thomas Wallner
St. Cast/F			
Lindau/BRD	Tandem-Surfer		**1. Robert Petritsch/Dirk Petritsch**
			(Österreicher, in der BRD lebend, kein österr. Club)
			2. Georg Lechner/Othmar Urban

JUNIOR-EUROPAMEISTERSCHAFT

22. 8. – 26. 8. 84	Finn	34 Starter	6. Hans Spitzauer
Helsinki/SF			
11. 8. – 14. 8. 84	Korsar	25 Starter	6. Anton Cuber/Elisabeth Cuber
Ammersee/BRD			

Bei den Seglern lief es diesmal bei Olympia trotz guter Ergebnisse nicht nach Wunsch (Foto Sündhofer)

SKIBOB

ÖSTERREICHISCHER SKIBOBVERBAND (ÖSBV), gegründet 1963

1040 Wien, Prinz-Eugen-Straße 12, Telefon 0 22 2 / 65 23 17, Telex 133 132
Dienstzeit: Montag bis Freitag von 9 bis 13 Uhr

67 Vereine, 1.710 Mitglieder

Präsident
Komm.-Rat Baumeister Franz Greiner, 1170 Wien, Lascygasse 10,
Telefon 0 22 2 / 46 46 24

Generalsekretär
Walter Machata, 1050 Wien, Fendigasse 33/20/6, Telefon 0 22 2 / 55 13 69

Sekretärin
Gertrud Dluhosch, 1070 Wien, Stollgasse 1 a /5/18, Telefon 0 22 2 / 93 68 154

Mitglied der
Federation Internationale de Skibob (FISB), gegründet 1961,
15 Länder, ca. 10.000 Aktive
Anschrift
1040 Wien, Prinz-Eugen-Straße 12, Haus des Sports

Dem Präsidium der Federation Internationale de Skibob gehören nachstehende ÖSBV Angehörige an:
Präsident: Hans Thallmaier
Vizepräsident: Ing. Heinz Sedelmayer
Kampfrichterchef: Siegfried Almesberger
Rennsportdirektor für Europa: Richard Aistleitner
Chef des medizinischen Ressorts: Dr. Georg Fritsch

Nach 2 Jahrzehnten Skibobsport in Österreich kann der ÖSBV auf seine nationalen und internationalen Erfolge bei Europa-, Weltmeisterschaften und im Weltcup, die durch intensive Aufbauarbeit mit der Jugend in den Landesverbänden und in den Vorbereitungskursen zurückblicken.

Nach einigen Versuchen mit der Disziplin Parallel-Slalom, die positiv verliefen und beim Publikum großen Anklang fanden, wurde diese Disziplin neben den bisherigen in die internationalen Bewerbe aufgenommen.

Es sind Bestrebungen im Gange, Skibob auch als olympische Disziplin anzuerkennen. Bereits 1988 in Calgary könnte es ein Demonstrationsrennen (Slalom) geben.

Trotz des derzeitigen finanziellen Engpasses ist der ÖSBV bemüht, seine Aufbauarbeit mit der Jugend, die für diesen Sport großes Interesse zeigt, fortzusetzen.

STAATSMEISTER 1984

Damen	Abfahrt	**Petra Wlezcek**	SBC ASTA Oed
	Riesenslalom	**Petra Wlezcek**	SBC ASTA Oed
	Slalom	**Petra Wlezcek**	SBC ASTA Oed
	Kombination	**Petra Wleczek**	SBC ASTA Oed
Herren	Abfahrt	**Walter Kroneisl**	SBC Linz
	Riesenslalom	**Rochus Krallinger**	SBC Hallein
	Slalom	**Gerhard Wolf**	SBU Linz
	Kombination	**Walter Kroneisl**	SBC Linz

ÖSTERREICHISCHE MEISTER 1984

Schüler, weiblich	Abfahrt	Evelin Mair	SBC Münster
	Riesenslalom	Evelin Mair	SBC Münster
	Slalom	Evelin Mair	SBC Münster
	Kombination	Evelin Mair	SBC Münster
Schüler, männlich	Abfahrt	Gerhard Kostenzer	SBC Münster
	Riesenslalom	Horst Antos	SBC ASTA Oed
	Slalom	Horst Antos	SBC ASTA Oed
	Kombination	Gerhard Kostenzer	SBC Münster
Jugend, männlich	Abfahrt	Michael Hossek	Post SV Wien
	Riesenslalom	Michael Hossek	Post SV Wien
	Slalom	Andreas Peer	SBC ASTA Oe
	Kombination	Michael Hossek	Post SV Wien
Senioren, weiblich	Abfahrt	Margot Hilby	USBC Walgau
	Riesenslalom	Gerhild Schiffkorn	SBC Bad Hofgastein
	Slalom	Gerhild Schiffkorn	SBC Bad Hofgastein
	Kombination	Gerhild Schiffkorn	SBC Bad Hofgastein
Senioren, männlich	Abfahrt	Paul Daxer	SBC Hallein
	Riesenslalom	Paul Daxer	SBC Hallein
	Slalom	Paul Daxer	SBC Hallein
	Kombination	Paul Daxer	SBC Hallein
Damen		1. Wleczek Petra	
		2. Hannelore Gigler	
		3. Manuela Geuze	
Herren		1. Walter Kroneisl	
		3. Willi Dimmer	

EUROPAMEISTERSCHAFT

20.–24. 2. 1984
Aschau/D

Damen	Abfahrt	**1. Maria Höller**	18 Starter
		2. Petra Wlezcek	
		3. Hannelore Gigler	
	Riesenslalom	**1. Petra Wlezcek**	19 Starter
		2. Hannelore Gigler	
	Slalom	**1. Petra Wlezcek**	20 Starter
		2. Hannelore Gigler	
		3. Manuela Geuze	
	Kombination	**1. Petra Wlezcek**	
		2. Hannelore Gigler	
Herren	Abfahrt	**1. Willi Dimmer**	53 Starter
	Riesenslalom	2. Thomas Schäfauer	51 Starter
	Slalom	**1. Walter Kroneisl**	51 Starter
	Kombination	3. Thomas Schäfauer	20 Starter
Jugend, männlich	Abfahrt	**1. Michael Hossek**	25 Starter
		2. Peter Eschlböck	
		3. Gerfried Seeber	
	Riesenslalom	**1. Andreas Peer**	25 Starter
		2. Michael Hossek	
	Slalom	2. Klaus Klaffenböck	27 Starter
		3. Siegfried Eschlböck	
	Kombination	**1. Gerfried Seeber**	
		2. Klaus Klaffenböck	
		3. Siegfried Eschlböck	
Schüler, männlich	Abfahrt	**1. Horst Antos**	16 Starter
		3. Claus Schauberger	
	Riesenslalom	**1. Claus Schauberger**	16 Starter
		3. Horst Antos	
	Kombination	**1. Claus Schauberger**	
		2. Horst Antos	
Jugend, weiblich	Abfahrt	**1. Petra Wlezcek**	14 Starter
		2. Manuela Geuze	
		3. Maria Höller	

	Riesenslalom	**1. Petra Wlezcek**	13 Starter
		2. Maria Höller	
		3. Manuela Geuze	
	Kombination	**1. Petra Wlezcek**	
		2. Maria Höller	
		3. Manuela Geuze	
Senioren, weiblich	Abfahrt	**1. Gerhild Schiffkorn**	5 Starter
		2. Margot Hilby	
	Riesenslalom	**1. Gerhild Schiffkorn**	5 Starter
		2. Margot Hilby	
	Kombination	**1. Gerhild Schiffkorn**	
		2. Margot Hilby	
Senioren, männlich	Abfahrt	**1. Paul Daxer**	32 Starter
		2. Franz Winkler	
	Riesenslalom	**1. Paul Daxer**	31 Starter
		2. Franz Winkler	
	Kombination	**1. Paul Daxer**	
		2. Franz Winkler	

SKILAUF

ÖSTERREICHISCHER SKIVERBAND (ÖSV), gegründet 1905
6020 Innsbruck, Olympiastraße 10, Telefon 0 52 22 / 22 1 43 Serie,
Telex 05 3876 skiau
Dienstzeit
Montag bis Freitag von 8.15 bis 12 Uhr und von 13 bis 17 Uhr

1.319 Vereine, 159.143 Mitglieder

Präsident
Arnold Koller, Adresse wie oben

Direktor
Dr. Klaus Leistner, Adresse wie oben

Mitglied des
Internationalen Skiverbandes (FIS), gegründet 1924, 51 Länder
Technisches Büro der FIS:
CH-3073 Gümlingen b. Bern, Worbstr. 210, Telex 911109,
Telefon 05 031 / 52 58 15

STAATSMEISTER 1984

Nordisch		Sprunglauf 70 m	**Manfred Steiner**	SC Wörgl
		Sprunglauf 90 m	**Manfred Steiner** und **Adolf Hirner**	SC Wörgl, WCV Eisenerz
	Damen	Langlauf 5 km	**Andrea Grossegger**	HSV Saalfelden
	Herren	Langlauf 15 km	**Alois Stadlober**	Union Seckau
	Damen	Langlauf 20 km	**Margot Kober**	SC Hopfgarten
	Herren	Langlauf 50 km	**Peter Juric**	USC Altenmarkt
	Damen	Langlauf 10 km	**Andrea Grossegger**	HSV Saalfelden
	Herren	Langlauf 30 km	**Alois Stadlober**	Union Seckau
	Damen	Langlauf 3 × 5 km	**Tirol I**	
	Herren	Langlauf 3 × 10 km	**Steiermark**	
		Nordische Kombinat.	**Fritz Koch**	SV Villach
		Biathlon 10 km	**Alfred Eder**	HSV Saalfelden
		Biathlon 20 km	**Rudolf Horn**	PSV Linz
Grasskilauf				
	Damen	Slalom	**Ingrid Hirschhofer**	SC Sport Husar/NÖ
		Riesenslalom	**Astrid Ecker**	SC St. Corona
	Herren	Slalom	**Richard Karrer**	ATSV Laussa
		Riesentorlauf	**Hannes Hofstätter**	SC Sport Husar/NÖ
Alpin	Damen	Abfahrt	**Lea Sölkner**	SK Tauplitz
		Slalom	**Roswitha Steiner**	SC Radstadt
		Riesentorlauf	**Claudia Riedl**	SC Steinach
	Herren	Abfahrt	**Helmut Höflehner**	TVN Haus
		Slalom	**Bernhard Gstrein**	SC Vent
		Riesentorlauf	**Franz Gruber**	SV Molln

ÖSTERREICHISCHE MEISTER 1984

Nordisch	Junioren	Sprunglauf 70 m	Adolf Hirner	WSV Eisenerz
	Schüler I		Heinz Kuttin	SV Villach
	Schüler II		Andreas Rauschmeier	SC Höhnhart
	Jugend		Harald Rodlauer	WSV Eisenerz
	Altersklasse	Langlauf 15 km	Gerhard Plank	ZW Bad Leonfelden
	Junioren		Alois Schwarz	
	Allgemeine Klasse		Christian Minatti	
	Altersklasse	Langlauf 50 km	Walter Furlan	
	Allgemeine Klasse		Josef Ostermann	
	Junioren	Langlauf 3 × 10 km	Tirol	
	Schülerinnen I	Langlauf 3 km	Susanne Persterer	Salzburg
	Schüler I	Langlauf 4 km	Markus Kürschner	Tirol
	Schülerinnen II	Langlauf 4 km	Birgit Hasenauer	Tirol

TYROLIA®
TOTAL DIAGONAL
Der Abfahrtslauf ist die Königsdisziplin des alpinen Skirennsports.
Härteste Belastungen für Mensch und Material im Kampf um Hundertstelsekunden. Es ist sicher kein Zufall, daß gerade die beiden Olympiasieger von Sarajevo, Bill Johnson und Michela Figini, der TYROLIA TOTAL DIAGONAL ihr Vertrauen schenken.
Erfolge, die darüberhinaus durch den Gewinn von einer Silber- und zwei Bronzemedaillen in Sarajevo, sowie durch die Titel von vier Juniorenweltmeister und des Profiweltmeisters bestätigt werden.
Dieses Know-How aus unzähligen Renneinsätzen steckt voll und ganz in der Bindungsgeneration der neuen 90er von TYROLIA.
Zur bewährten TOTAL DIAGONAL Technik jetzt neu: das Komfort-Sicherheitssystem. Damit sind die neuen 90er jetzt jederzeit einstiegsbereit.* Der weiche Einstieg im Tiefschnee und die komfortable Stocköffnung vollenden das System.
Vorteile über Vorteile und dazu ein neues, optisch bestechendes Design.
TYROLIA TOTAL DIAGONAL. Die Bindung für Sieger.
*nach Fersenöffnung
TYROLIA
390
TYROLIA
390RD

Zollers dritter Platz im Slalom bei der WM in Bormio kam auch für die Experten überraschend (Foto Bissuti)

Zweifacher Weltmeister Zurbriggen! Franz Klammer, in der Abfahrt bester Österreicher, gratuliert (Foto Bissuti)

	Jugend I weiblich	Langlauf 4 km	Petra Pelzmann	Salzburg
	Jugend II weiblich	Langlauf 5 km	Frederike Feller	Tirol
	Schüler II	Langlauf 6 km	Alexander Marent	Vorarlberg
	Jugend I männlich	Langlauf 8 km	Christian Gatti	Kärnten
	Jugend II männlich	Langlauf 10 km	Markus Gandler	Tirol
	Schülerinnen	Langlauf 3 × 3 km	Tirol I	
	Schüler	Langlauf 3 × 4 km	Salzburg I	
	Jugend männlich	Langlauf 3 × 7 km	Tirol I	
	Junioren männlich	Langlauf 20 km	Andre Blatter	FVV Tragöß
	Herren	Langlauf 30 km	Josef Ostermann	Tirol
	Altersklasse	Langlauf 30 km	Walter Furlan	Kärnten
	Junioren	Nord. Kombination	Klaus Sulzenbacher	Kitzbüheler Skiclub
	Schüler I		Heinz Kuttin	SV Villach
	Schüler II		Roland Schmutzer	HSV Saalfelden
	Jugend		Günther Csar	SC Mayrhofen
	Junioren	Biathlon 15 km	Egon Leitner	HSV Lienz
		Biathlon 10 km	Egon Leitner	HSV Lienz
Grasski	Schülerinnen	Slalom	Eveline Kratochwil	SC Sport Husar
	Jugend weiblich		Gabriele Pimper	WSV Wienerwald
	Jugend männlich		Marcus Peschek	NFJ
	Schüler		Markus Gugg	SC Oberndorf
	Herren		Alfred Pelz sen.	NFJ
	Schülerinnn	Riesentorlauf	Eveline Kratochwil	SC Sport Husar
	Damen		Petra Huber	OETSU Thalgau
	Schüler		Markus Gugg	SC Oberdorf
	Jugend männlich		Markus Peschek	NFJ
	Herren		Franz Nemeth	SC Wals
Alpin	Jugend männlich	Riesentorlauf	Rudolf Nierlich	WSV St. Wolfgang
		Slalom	Rudolf Nierlich	WSV St. Wolfgang
		Abfahrt	Hanspeter Stöckl	WSV Gerlos
	Jugend weiblich	Riesentorlauf	Anita Wachter	WSV Tschagguns
		Slalom	Anita Wachter	WSV Tschagguns
		Abfahrt	Christine Zangerl	SC Rheintal
	Schüler I	Slalom	Rainer Schultes	Tirol
	Schüler II		Stefan Eberharter	Tirol
	Schülerinnen I		Sabine Rausch	Tirol
	Schülerinnen II		Petra Kronberger	Tirol
	Schüler I	Riesentorlauf	Hans Knaus	Steiermark
	Schüler II		Kurt Aigner	Steiermark
	Schülerinnen I		Sabine Rausch	Tirol
	Schülerinnen II		Ingrid Stöckl	Salzburg

OLYMPISCHE SPIELE

7.–19. 2. 1984/Sarajevo

Alpin	Herren	Abfahrt	3. Anton Steiner
			5. Helmut Höflehner
		Riesentorlauf	4. Franz Gruber
	Damen	Abfahrt	8. Lea Sölkner
		Slalom	4. Roswitha Steiner
Nordisch	Springen 90 m	6. Armin Kogler	
		Springen 70 m	6. Andreas Felder
		Nordische Komb.	9. Klaus Sulzenbacher

WELTMEISTERSCHAFTEN

26. 2. – 4. 3. 84			
Sugarloaf/USA			
Alpin	Junioren männlich	Riesentorlauf	**1. Rudolf Nierlich**
			2. Helmut Mayer
			4. Rainer Salzgeber
		Abfahrt	5. S. Stürzenbecher
		Torlauf	5. Johann Hofer
		Kombination	**1. Johann Hofer**
	Junioren weiblich	Abfahrt	**1. Vroni Wallinger**
		Riesentorlauf	5. Anita Wachter
			6. I. Salvenmoser
		Slalom	**1. Monika Maierhofer**
			4. Vroni Wallinger
		Kombination	**1. Vroni Wallinger**
Nordisch			
26. 2.		Springen Mannsch.	4. Österreich
4. 2. (Trondheim)		Springen	4. Günther Stranner
Biathlon			
Chamonix		Damen	3. Andrea Grossegger

WELTCUP

Alpin	Herren	Abfahrt	2. Erwin Resch
			4. Franz Klammer
			6. Helmut Höflehner
			7. Anton Steiner
		Slalom	3. Franz Gruber
			8. Robert Zoller
		Riesentorlauf	3. Hans Enn
			6. Hubert Strolz
		Kombination	3. Anton Steiner
			7. Guido Hinterseer
		Gesamt	5. Anton Steiner
			8. Franz Gruber
	Damen	Gesamt	10. Elisabeth Kirchler
		Abfahrt	9. Lea Sölkner
		Slalom	2. Roswitha Steiner
			7. Elisabeth Kirchler
		Kombination	6. Elisabeth Kirchler
			7. Lea Sölkner
	Herren	Mannschaften	**1. Österreich**
	Damen		3. Österreich
		Gesamt	2. Österreich
		Springen Gesamt	11. Armin Kogler
		Nationen	4. Österreich

EUROPACUP

Alpin	Herren	Abfahrt	3. Rudolf Huber
		Slalom	**1. Dietmar Köhlbichler**
			2. Thomas Stangassinger
			3. Roland Pfeifer
		Riesenslalom	4. Konrad Walk
		Gesamt	**1. Dietmar Köhlbichler**
			3. Thomas Stangassinger
	Damen	Abfahrt	**1. Gudrun Arnitz**
			4. Alexandra Probst
		Slalom	**1. Ulrike Maier**
			2. Anita Wachter
		Riesenslalom	**1. Anita Wachter**
			3. Ulrike Maier
		Gesamt	**1. Anita Wachter**
			2. Ulrike Maier
		Springen Gesamt	6. Raimund Resch

SPORTKEGELN

ÖSTERREICHISCHER SPORTKEGLERBUND (ÖSKB), gegründet 1935
1150 Wien, Huglgasse 13–15/2/2:10, Telefon 0 22 2 / 95 95 91
Dienstzeit: Dienstag von 17 bis 19 Uhr

525 Vereine, 8.080 Mitglieder

Präsident

Rudolf Tonn, Stadtamt, 2320 Schwechat, Telefon 0 22 2 / 77 76 75
Generalsekretär
Karl Boldrino, 1170 Wien, Laczygasse 24/2/1/4, Telefon 0 22 2 / 46 61 923

Mitglied der
Federation Internationale de Quilleurs (FIQ), gegründet 1928, 84 Länder, 10 Millionen Mitglieder
Anschrift
FIQ-Generalsekretär
George Sarahete, Linnustajantie 6/49, 02940 ESPOO 94, Finnland

Österreich ist vertreten durch
Alexander Hofmann, Sekretär der FIQ-Sektion Asphalt
Ing. Johann Kriha, Vorsitzender der Technischen Kommission FIQ-Sektion Asphalt

Offizielle Verbandszeitung
„der österreichische Sportkegler“, monatlich 2500 Stück

Amtsführender Präsident
Roger H. Dessman, 5301 South 76 Street, Greendale, Wisc. 53129, USA, Tel. (414) 421-6400

Die Modernisierung der Organisation im Verband sowie die Vorbereitung der Auswahlmannschaften auf die kommenden internationalen Großereignisse bildeten den Schwerpunkt der Verbandstätigkeit 1984. Das größte Handicap der Tätigkeit liegt jedoch nach wie vor im Fehlen einer Kegelsportanlage von internationalem Format für die intensive Trainingsarbeit der Teamangehörigen.

STAATSMEISTER 1984

Asphalt	Damen	Mannschaft	**BSV Glanzstoff St. Pölten/LN NÖ**	
	Herren		**ESV Leoben/LV Stmk**	
Bowling	Damen	5er-Mannschaft	**Strike & Spare/LV Wien/B**	
		3er-Mannschaft	**Split BC/LV Wien/B**	
	Herren	5er-Mannschaft	**BV Diamonds/LV Wien/B**	
		3er-Mannschaft	**Strike & Spare/LV Wien/B**	
Asphalt	Damen	Paar	**Monika Hruska – Erika Schilles**	KSK Lozza Großfeld Wien
	Herren		**Manfred Hammerl – Ferdinand Kellner**	Polizei SV Schwechat
Bowling	Damen		**Christa Kirschbaum – Elisabeth Vratil**	Inter-BJB
	Herren		**Johann Hlavacek – Heinz Swatschina**	Diamonds Wien
		Mixed-Doppel	**Hermine Irzl – Walter Irzl**	Strike & Spare Wien/B
Asphalt	Damen	Einzel	**Helma Tatzer**	SV Mayr Melnhof II/Stmk.
	Herren		**Peter Petzel**	KSK Felten Wien
Bowling	Damen		**Christa Kirschbaum**	Inter-BJB
	Herren		**Robert Skach**	Etoile Wien

ÖSTERREICHISCHE MEISTER 1984

Asphalt	Damen	Einzel	Gabriele Ganz	Pol. SV Schwechat
		Junioren Einzel	Andrea Staufer	Fortuna Hochhauser NÖ
	Herren	Schüler Einzel	Michael Barthold	KSK Gaswerk Wien
		Jugend Einzel	Wolfgang Wilhalm	KSK Jenbach Tirol
		Junioren Einzel	Johann Ambach	Nettingdorf II OÖ
	Damen	Senioren Einzel	Hedwig Gunzy	BBXV Wien
	Herren		Erich Wilhalm	KSK Jenbach Tirol

WELTMEISTERSCHAFT

26. 5. – 1. 6. 84 Ljubljana	Asphalt	Mannschaft	Damen	6. Österreich	10 Länder
			Herren	6. Österreich	
		Paarbewerb	Herren	9. Österreich	

SQUASH

ÖSTERREICHISCHER SQUASH RACKETS VERBAND
1030 Wien, Dannebergplatz 16

23 Vereine, 1.800 Mitglieder

Präsident
im Moment nicht besetzt
1. Vizepräsident
Gerhard Herzel, Innsbruck
2. Vizepräsident
Fanz Lintner, Salzburg
Kassier
Werner Reich, Wien
Sekretär
Dr. Dagmar Mitringer, Wien
Schriftführer
Renate Fritz, Wien
Sportwart
Manfred Girak, Wien

1984 konnte ein erheblicher Zuwachs festgestellt werden. Immer mehr Österreicher betreiben diesen Hallensport. Bei der Europameisterschaft konnte Österreich den 16. Platz erreichen. Dem jungen Innsbrucker Michael Haselwanter ist es gelungen, in die Weltrangliste aufgenommen zu werden.

Zwei neue Landesverbände wurden gegründet: Tirol und Salzburg.

Der Verband wird 1985 versuchen, auch als Schulsport anerkannt zu werden und damit die Nachwuchsprobleme wesentlich zu verbessern.

1984 wurde auch der AUSTRIA SQUASH POOL gegründet.

Mit seiner Hilfe werden in Zukunft mehr Mittel für den Schulsport und die Nachwuchsarbeit zur Verfügung stehen.

ÖSTERREICHISCHE STAATSMEISTER 1984

Einzel	Herren	**Thomas Meissner**	Tornado Squash Club
	Damen	**Heike Resler**	Squash Club AS
Mannschaft	Herren	**Squash Club Oberlaa**	
	Damen	**Squash Club 19**	

Sektion beim Karatebund

TAE-KWON-DO

ÖSTERREICHISCHER TAE-KWON-DO-VERBAND
Geschäftsstelle 6020 Innsbruck, Körnerstraße 18
53 Vereine, 4.520 Mitglieder

Mitglied der
Europäischen Tae-Kwon-Do-Union, gegründet 1973
und der
Welt-Tae-Kwon-Do-Federation
Präsident
Dkfm. Günther Zoller, 6020 Innsbruck, Pontlatzerstraße 40
Telefon 0 52 22 / 22 0 52/27, priv. 0 52 22 / 63 1 41

Generalsekretär
Robert Kreisl, 6020 Innsbruck, Zollerstraße 1, Telefon 0 52 22 / 28 7 61,
priv. 0 52 22 / 22 68 72

1984 gab es zahlreiche Aktivitäten, die mit der weiteren Aufwärtsentwicklung im Einklang standen. Internationale Veranstaltungen, der Gewinn eines Europameistertitels, die Übertragung der EM 1986 sowie zahlreiche organisatorische Verbesserungen kennzeichnen dieses erfreuliche Verbandsjahr.

STAATSMEISTER 1984

Damen	bis 48 kg	**Singer Regina**	Völs
	48 bis 52 kg	**Hilde Göllner**	Salzburg
	52 bis 56 kg	**Veronika Six**	
	56 bis 60 kg	**Petra Hilzensauer**	Salzburg
	64 bis 68 kg	**Michaela Huber**	Innsbruck
Herren	bis 52 kg	**Stefan Scheffauer**	Schwaz
	52 bis 56 kg	**Gerhard Anfang**	Mayrhofen
	56 bis 60 kg	**Rolf Stark**	Salzburg
	60 bis 64 kg	**Klaus Zalto**	Salzburg
	64 bis 68 kg	**Markus Ambach**	Schwaz
	68 bis 73 kg	**Kuno Hufnagl**	Salzburg
	73 bis 78 kg	**Helmut Köck**	St. Johann
	78 bis 84 kg	**Andreas Rauter**	St. Johann
	über 84 kg	**Franz Stöllberger**	Salzburg
Poomse		**Regina Singer**	Völs
Mannschaft		**Taekwondo Verein Salzburg**	

ÖSTERREICHISCHE MEISTER

Schüler	bis 36 kg	Gerhard Netzer	Landeck
	bis 40 kg	Gunther Mayr	Wörgl
	bis 45 kg	Gerhard Hochmuth	Mayrhofen
	bis 57 kg	Soran Nestorovic	Innsbruck
Jugend	bis 44 kg	Mario March	Linz
	bis 48 kg	Martin Eberharter	Mayrhofen
	bis 56 kg	Oswin Lechthaler	Innsbruck
	bis 64 kg	Klaus Obertausch	St. Johann
	bis 68 kg	Leo Brunner	Mayrhofen
	bis 78 kg	Dragan Milenkovic	Innsbruck
Poomse		Peter Bernroithner	Mayrhofen

EUROPAMEISTERSCHAFT

26.–28. 10. 84					
Stuttgart	Damen	bis 64 kg	**1. Michaela Huber**	Tirol	20 Länder
		bis 48 kg	2. Regina Singer	Tirol	
	Herren	über 84 kg	3. Franz Stöllberger	Salzburg	
	Junioren	bis 56 kg	3. Oswin Lechthaler	Tirol	

TANZEN

ÖSTERREICHISCHER TANZSPORT-VERBAND (ÖTSV), gegründet 1955

LGV-Präsident Dr. Karlheinz Demel, Präsidium des Landesgerichtes für Zivilrechtssachen Wien
1016 Wien, Justizpalast, Tel. 96 22 / 601 oder 613

54 Vereine, 2.657 Mitglieder

Präsident
LGV-Präsident Dr. Karlheinz Demel, Adresse wie oben

Offizielle Verbandszeitung:
„ÖTSV-Information-Aktuell", monatlich

Beschickung österreichischer Paare zu WM, EM, Weltcup, MEM, Länderkämpfen. Organisation von Internationalen Großsportveranstaltungen, Tanz-Turnierserien mit ausländischen Spitzenpaaren der Weltklasse, Länderkämpfen, Staatsmeisterschaften usw.

Schwerpunkte: „Trainerausbildung" und Fortbildung mit dem 13fachen Weltmeisterpaar Bill und Bobbie Irvine aus England für die Standardtänze. Laufende Latein-Schulungen mit Spitzentrainern aus England.

STAATSMEISTER 1984

Lateinamerikanische Tänze	**Georg und Barbara Hanser**	Tirol – Innsbruck
Standardtänze	**Michael Herdlitzka-Karin Schlüter**	Imperial – Wien
Kombination	**Michael Herdlitzka-Karin Schlüter**	Imperial – Wien

ÖSTERREICHISCHE MEISTER 1984

Allgemeine Klasse Einzel	Klasse D	Dieter Steinmassl-Silvia Thanner	Alpha-Linz
	Klasse C	Clauspeter Brunnbauer-Brigitte Schmidsberger	Jeunesse-Linz
	Klasse B	Wolfgang Dietachmayr-Andrea Schinkinger	Jeunesse-Linz
	Klasse A	Wolfgang Kovac-Brigitte Czösz	Studio XIV-Wien
Lateinamerikanische Tänze	Klasse D	Helmut Hanke-Irene Altmann	Casino-Wien
	Klasse C	Helmut Hanke-Irene Altmann	Casino-Wien
	Klasse B	Thomas Ebner-Liane Muchitsch	Grazer Tanzsportklub
	Klasse A	Peter Dobner-Christine Edinger	Schwarz-Weiß-Wien

WELTMEISTERSCHAFT

11. November 1984 Bremen	Allgemeine Klasse	Formation, Latein	5. Jeunesse-Linz	12 Teams

TAUCHEN

TAUCHSPORTVERBAND ÖSTERREICHS (TSVÖ), gegründet 1967
9020 Klagenfurt, Wiener Gasse 10, Telefon 0 42 22 / 51 35 91
Dienstzeit: jeden Montag und Dienstag von 17.30 bis 19 Uhr

52 Vereine, 2.900 Mitglieder

Präsident
Johann Dworak, 1150 Wien, Gablenzgasse 41/10/9, Telefon 0 22 2 / 92 91 113

Mitglied der
Confédération Mondiale des Activités Subaquatiques (CMAS),

gegründet 1959, 57 Länder

Anschrift
75 Paris 8, 34, rue du Colisee, Telefon 35 92 215

Ing. Franz Medlitsch ist als Präsident der Commission d'orientation subaquatique im Comité Sportif der CMAS tätig.

Offizielle Verbandszeitung
„Aquanaut", U.-H.-Dillier-Verlag, CH-9500 Wil, Schweiz

1984 fand in Österreich nun schon zum dritten Mal eine Europameisterschaft im Orientierungstauchen statt.

Sportlich war die EM nicht ein so großer Erfolg als die bisherigen Bewerbe, denn zwei vierte Plätze waren die beste Placierung.

Sehr erfolgreich waren die Taucher im Europacup der Orientierungstaucher. Hier konnte mit dem HSV Wien wieder einmal der Sieger gestellt werden.

STAATSMEISTER 1984

Flossenschwimmen	100 m	**Kurt Dittrich**	EKUS Klagenfurt
	200 m	**Karl Kastner**	EKUS Klagenfurt
	400 m	**Rudolf Kastner**	EKUS Klagenfurt
	800 m	**Rudolf Kastner**	EKUS Klagenfurt
	1500 m	**Kar Kastner**	EKUS Klagenfurt
	4 × 100 m	**Kurt Dittrich, Stefan Bergmann, Heimo Krainer, Rudolf Kastner**	EKUS Klagenfurt
	4 × 200 m	**Kurt Dittrich, Markus Plankensteiner, Hans Peter Ostermann, Karl Kastner**	EKUS Klagenfurt
Streckentauchen	50 m	**Kurt Dittrich**	EKUS Klagenfurt
	100 m	**Dr. Kurt Schmidt**	STC Graz
	400 m	**Fritz Grossauer**	HSV Wien
	800 m	**Fritz Grossauer**	HSV Wien
Orientierungstauchen	5-Punkte Kurs	**Fritz Grossauer**	HSV Wien
	M-Kurs Herren	**Martin Glozik**	HSV Wien
	M-Kurs Damen	**Dr. Ingrid Gisel**	HSV Wien
	Sternbewerb	**Fritz Zajic**	HSV Wien
	Kombination	**Dr. Walter Purrer**	STC Graz
	Monk-Mannschaft	**A. Lerz, H. Kratky**	ASC Wien
	Mannschaftsbewerb	**STC Graz**	
	4 Teilnehmer	**Dr. Robert Röhrer, Dr. Kurt Schmidt, Dr. Walter Purrer, Mag. Jörg Schmidt**	
Unterwasser Rugby		**Tauchklub Salzburg**	

ÖSTERREICHISCHE MEISTER 1984

1500 m FS AK	Karl Kastner	EKUS
4 × 100 m FS Staffel AK	EKUS	
100 m FS Jugend	Klaus Rebernik	STC Graz
100 m FS AK	Kurt Dittrich	EKUS
400 m ST Jugend	Sigi Schatz	Neptun Wels
400 m ST AK	Fritz Grossauer	HSV Wien
800 m FS Jugend	Hans Peter Ostermann	EKUS
800 m FS AK	Rudolf Kastner	EKUS
4 × 200 m FS Staffel AKA	EKUS	
MONK Bewerb	ASC Wien	
Stern Bewerb	Fritz Zajic	HSV Wien
5-Punkte-Bewerb	Fritz Grossauer	HSV Wien
M-Kurs Herren	Martin Glozik	HSV Wien
M-Kurs Damen	Dr. Ingrid Gisel	HSV Wien
Kombination	Dr. Walter Purrer	STC Graz
Mannschaftsbewerb	STC Graz	

EUROPAMEISTERSCHAFT

9. – 14. 9. 84 Stubenberg/Stmk. Orientierungslauf	Monk	4. Dr. Purrer, Dr. Schmidt	12 Länder
	Stern	6. Martin Glozik	
	Mannsch.	5. Österreich	

Europacup-Orientierungstauchen

22. – 23. 9. 84/Hannover **1. HSV Wien**

TENNIS

ÖSTERREICHISCHER TENNISVERBAND (ÖTV), gegründet 1902
1030 Wien, Hainburger Straße 36/4, Telefon 0 22 2 / 75 33 45
Dienstzeit
Montag bis Donnerstag von 8 bis 16.30 Uhr, Freitag von 8 bis 14 Uhr

1.120 Vereine, 110.216 Mitglieder

Präsident
Dr. Theodor Zeh, 1020 Wien, Ausstellungsstraße 3, Tel. 0 22 2 / 63 66 91, Kl. 338

Generalsekretär: Peter Nader

Mitglied der
International Tennis Federation (ITF), gegründet 1913
Anschrift
Church Road, Wimbledon, London SW 195 TF

und der
Europäischen Tennis-Association (ETA), gegründet 31. 5. 1975
Anschrift
Dornacher Straße 250, CH-4018 Basel

Österreichs Vertreter in den internatirionalen Verbänden, Dr. Theodor Zeh ist Mitglied des Amateurkomitees der ITF
Dr. Walter Spieß ist Europastellvertreter des Welttennisverbandes für Senioren

Offizielle Verbandszeitung
„Tennis", 4000 Stück, zehnmal jährlich
Druckerei Anton Aumayer, 5230 Mattighofen, Jahnstraße 8

Im Bundesleistungszentrum Südstadt begann 1984 Dipl.-Ing. Jan Kukal seine Arbeit als Trainer der Nationalmannschaften.

Horst Skoff gewann bei den Jugend-Europameisterschaften bis 16 Jahre den Titel im Einzelbewerb.

Petra Huber gelang es als erster österreichischen Spielerin in der Weltrangliste der Damen unter die ersten 50 vorzustoßen.

Das Federation Cup Team (Damen) erreichte erstmals die 2. Hauprunde nach einem Sieg über Spanien und verlor dann gegen Italien 1 : 2.

STAATSMEISTER 1984

Freiluft	Herren	Einzel	**Thomas Muster**	STTV
	Damen	Einzel	**Judith Pölzl**	STV
	Herren	Doppel	**Muster/Antonitsch**	STTV/KTV
	Damen	Doppel	**Huber/Pesak**	NÖTV/WTV
	Herren-Mannschaft		**TC Blau Weiß**	Wien
	Damen-Mannschaft		**Salzburger TC**	Salzburg

ÖSTERREICHISCHE MEISTER 1984

Halle				
Allg. Kl.	Herren	Einzel	Hans Peter Kandler	NÖTV
	Damen	Einzel	Barbara Pollet	STV
	Herren	Doppel	Norbert Deufelberger	OÖ
			Gerald Thonhauser	Wien
	Jugend D männlich		Hannes Müller	STV
	weiblich		Dagmar Schuler	TTV
	Jugend C männlich		Gerhard Köchl	TTV
	weiblich		Bettina Diesner	WTV
	Jugend B männlich		Norbert Höfling	WTV
	weiblich		Andrea Jungwirth	WTV
	Jugend A männlich		Oliver Ploner	TTV
	weiblich		Brigitte Rupp	VTV
	Jungsenioren		Hannes Futterknecht	NÖTV
	Senioren I		Franz Hainka	WTV
	Senioren II		Laci Legenstein	
	Senioren III		Franz Illich	TTV
	Senioren IV		Max Rössler	OÖTV
	Seniorinnen I		Andrea Aichelburg	WTV

Wo Sport ist, ist Coca-Cola.

TISCHTENNIS

ÖSTERREICHISCHER TISCHTENNIS-VERBAND (ÖTTV),
gegründet 192

1040 Wien, Prinz-Eugen-Straße 12, Telefon 0 22 2 / 65 28 05, Telex 133 132
Dienststunden
Montag bis Freitag von 10 bis 16 Uhr

566 Vereine, 21.529 Mitglieder

Präsident
Dr. Karl Smekal, 1040 Wien, Argentinierstraße 16, Telefon 0 22 2 / 65 85 80

Generalsekretär
Rudolf Sporrer, 1160 Wien, Ottakringer Straße 242, Telefon 0 22 2 / 46 46 78

Mitglied der
International Table Tennis Federation (ITTF), gegründet 1926, 131 Länder
Anschrift
53 London Road, St. Leonards-on-Sea, East Sussex TN 37 6 AY, England,
Telefon 00 44 42 44 30 971

und der
European Table Tennis Union (ETTU), gegründet 1957, 34 Länder
Anschrift
43 Knowsley Road, Smithills, Bolton, England, Telefon 00 44 204 4223

Als erstem Tischtennis-Verband Europas ist es dem ÖTTV – mit tatkräftiger Unterstützung des Bundesministeriums für Unterricht und Kunst und der Österreichischen Bundessportorganisation – gelungen, zwei Weltklasse-Sportler aus der Volksrepublik China als Trainingspartner für die österreichische Nationalmannschaft zu engagieren.

Die überaus positiven Auswirkungen des zweimonatigen Trainingsaufenthaltes der beiden asiatischen Spitzenspieler kamen bereits unmittelbar nach ihrem Einsatz bei den Europameisterschaften in Moskau zum tragen: Die Herrenmannschaft erkämpfte den Aufstieg in die 1. Kategorie!

Völlig unerwartet wurde der ÖTTV 1984 neuerlich – nach 1976 und 1982 – mit der Ausrichtung der Jugend-Europameisterschaften betraut. Diese absolut kurzfristige, nach einer Absage Spaniens notwendige Übernahme konnte deshalb erfolgen, weil das gesamte Organisationsteam der zwei Jahre vorher in Hollabrunn durchgeführten gleichen Veranstaltung zur Verfügung stand und andererseits der Oberösterreichische Tischtennis-Verband und die Stadt Linz als Austragungsort alle erdenklichen Bemühungen unternahmen, diese sportliche Großveranstaltung (29 teilnehmende Nationen mit einer Gesamtkapazität von über 800 Personen) in kürzester Vorbereitungszeit zu einem vollen Erfolg werden zu lassen.

STAATSMEISTER 1984

Herren	Mannschaft	**TTC Raiffeisen Langenlois**	
Damen	Mannschaft	**ATUS Judenburg-Sparkasse**	
Herren	Einzel	**Peter Gockner**	TTC Raiffeisen Langenlois
Damen	Einzel	**Barbara Wiltsche**	ATUS Judenburg-Sparkasse
Herren	Doppel	**Zbigniew Fraczyk /**	TTC Sparkasse Stockerau
		Günter Müller	ATUS Judenburg-Sparkasse
Damen	Doppel	**Dolores Fetter /**	ATUS Judenburg-Sparkasse
		Elisabeth Maier	ATUS Judenburg-Sparkasse
Mixed	Doppel	**Günter Müller /**	ATUS Judenburg-Sparkasse
		Dolores Fetter	ATUS Judenburg-Sparkasse

ÖSTERREICHISCHE MEISTER 1984

Senioren	Herren	Einzel ab 40 Jahren	Johann Kleewein	WAT Leistungszentrum
	Damen	Einzel ab 35	Aranka Puymann	Toyota UTTC Hörbranz
	Herren	Doppel ab 40	Dr. Reinhold Luckeneder /	TTC Sonni – Bastler-Star
			Günter Heine	DSG Union Waldegg Linz
	Damen	Doppel ab 35	Aranka Puymann /	Toyota UTTC Hörbranz
			Brigitte Bärnthaler	SV Raiffeisen Kirchbichl
	Mixed	Doppel ab 40 bzw. 35	Günter Heine /	DSG Union Waldegg Linz
			Brigitte Bärnthalter	SV Raiffeisen Kirchbichl
	Herren	Einzel ab 50	Dr. Waldemar Fritsch	SV Lochau
	Herren	Einzel ab 60	Dr. Waldemar Fritsch	SV Lochau
Junioren	Bundesländerbewerb männlich		Steiermark	
	Bundesländerbewerb weiblich		Wien	
	männlich	Einzel	Dietmar Palmi	TTC Raiffeisen Langenlois
	weiblich	Einzel	Barbara Wiltsche	ATUS Judenburg-Sparkasse
	männlich	Doppel	Thomas Hocheneder /	DSG Union Waldegg Linz
			Werner Lettkemann	Hypo ASC Klagenfurt
	weiblich	Doppel	Claudia Puymann /	Toyota UTTC Hörbranz
			Sigrid Awart	SV Semperit Traiskirchen
	Mixed	Doppel	Peter Eckel /	ATUS Judenburg-Sparkasse
			Barbara Wiltsche	ATUS Judenburg-Sparkasse
Jugend	Bundesländerbewerb männlich		Niederösterreich	
	Bundesländerbewerb weiblich		Niederösterreich	
	männlich	Mannschaft	WAT Leistungszentrum	
	weiblich	Mannschaft	WAT Leistungszentrum	
	männlich	Einzel	Walter Bauer	TTC Raiffeisen Langenlois
	weiblich	Einzel	Elisabeth Maier	ATUS Judenburg-Sparkasse
	männlich	Doppel	Joachim Hasenburger	ATUS Graz
			Martin Zillner	TT Casino Baden AC
	Mixed	Doppel	Walter Bauer /	TTC Raiffeisen Langenlois
			Andrea Krauskopf	SV Semperit Traiskirchen
Schüler	Bundesländerbewerb männlich		Wien	
	Bundesländerbewerb weiblich		Niederösterreich	
	männlich	Mannschaft	Allround-Sparkasse Wr. Neustadt	
	weiblich	Mannschaft	SV Semperit Traiskirchen	
	männlich	Einzel	Manfred Gsodam	ATUS Judenburg-Sparkasse
	weiblich	Einzel	Michaela Zillner	SV Semperit Traiskirchen
	männlich	Doppel	Manfred Gsodam /	ATUS Judenburg-Sparkasse
			Mario Huber	SV Köbau Mödling
	weiblich	Doppel	Michaela Zillner /	SV Semperit Traiskirchen
			Brigitte Wotruba	SV Semperit Traiskirchen
	Mixed	Doppel	Harald Schlager /	Allround-Sparkasse Wr. Neustadt
			Brigitte Wotruba	SV Semperit Traiskirchen
Unterstufe	Bundesländerbewerb männlich		Niederösterreich	
	Bundesländerbewerb weiblich		Steiermark	
	männlich	Mannschaft	Polizei SV Wien	
	weiblich	Mannschaft	Union Sefra Korneuburg	
	männlich	Einzel	Peter Handler	ASKÖ Grimmenstein
	weiblich	Einzel	Petra Fichtinger	UTTC Raiffeisen Oberndorf
		Doppel	Richard Maurer /	Polizei SV Wien
			Christian Friessnegger	SV Schwechat
Mini-Unterstufe		Einzel	Dieter Buchberger	Union VKB Gmunden

EUROPACUP-MEISTER 1984

Herren	Club de 7 a 9 Barcelona (SPA) – TTC Raiffeisen Langenlois	1:5
	TTC Raiffeisen Langenlois – Olympija Ljubljana (YUG)	2:5
Damen	TTC Uster (SUI) – ATUS Judenburg-Sparkasse	2:5
	ATUS Judenburg-Sparkasse – Mladost Zagreb (YUG)	0:5

TURNEN

ÖSTERREICHISCHER FACHVERBAND FÜR TURNEN (ÖFT),
gegründet 1946
1040 Wien, Schwarzenbergplatz 10/3, Telefon 0 22 2 / 65 51 79
Dienstzeit
Montag, Mittwoch, Freitag 9 bis 13 Uhr, Dienstag, Donnerstag 14 bis 18 Uhr

600 Vereine,
143.976 Mitglieder

Sekretärin: Liliane Urpani

Präsident:
Rudolf Otepka, 1130 Wien, Geylinggasse 35/8, Telefon 0 22 2 / 82 86 855

Mitglied der
Fédération Internationale de Gymnastique (FIG), gegründet 1881,
88 Nationen
Anschrift
CH-3250 Lyss, Juraweg 12, Schweiz, Telefon 05 0 32 / 84 19 60

Neben der normalen Verbandsarbeit wurden im Jahr 1984 zwei Schwerpunkte gesetzt:

Für die Breitenarbeit wurde am Verbandstag durch eine Statutenänderung ein Fachwart für allgemeines Turnen bestellt. Dieser hat u. a. das Österreichische Leistungsturnabzeichen zu propagieren. Dieses ÖLTA wurde im Schuljahr 1983/84 zum ersten Mal österreichweit angeboten und von ca. 60.000 Schülern erworben.

Die Organisation der Sportgymnastik-Europameisterschaft brachte für den Verband einen großen organisatorischen Aufwand. Es ist zu hoffen, daß damit die weitere Verbandsarbeit positiv befruchtet und vor allem die Sportart in Österreich besser bekannt wird.

STAATSMEISTER 1984

Geräteturnen	Herren	Geräte 6-Kampf	**Pavel Janicek**	Union West Wien
		Boden	**Jürgen Frick**	TS Satteins
			Werner Mörzinger	Union Linz Lustenau
		Seitpferd	**Pavel Janicek**	Union West Wien
		Ringe	**Leopold Past**	Union Braunau
		Pferdsprung	**Stefan Fussenegger**	TS Hohenems
		Barren	**Pavel Janicek**	Union West Wien
		Reck	**Peter Rohrbacher**	Union West Wien
			Werner Mörzinger	Union Linz Lustenau
	Damen	Geräte 4-Kampf	**Birgit Schier**	TS Hohenems
		Pferdsprung	**Birgit Schier**	TS Hohenems
		Stufenbarren	**Birgit Schier**	TS Hohenems
		Schwebebalken	**Birgit Schier**	TS Hohenems
		Boden	**Sandra Bösch**	TS Lustenau
Rhythmische Sportgymnastik		4-Kampf	**Gertrude Ramsauer**	Union Linz
		Reifen	**Gertrude Ramsauer**	Union Linz
		Ball	**Elke Nürnberger**	Union Linz
		Keulen	**Elke Nürnberger**	Union Linz
		Band	**Gertrude Ramsauer**	Union Linz
	Gruppe		**Union Linz West**	

ÖSTERREICHISCHE MEISTER 1984

Geräteturnen	Jugend m. Geräte 6-Kampf	Reinhard Schertler	TS Hohenems
	Jugend w. Geräte 4-Kampf	Sandra Bösch	TS Lustenau
	Schüler m. Geräte 6-Kampf	Alexander Schwerzler	TS Wolfurt
	Schüler w. Geräte 4-Kampf	Edda Pecoraro	TS Bludenz
Rhythmische Sportgymnastik	Schüler w.	Corinna Juli	ÖTB Wiener Neustadt
	Jugend w.	Margit Stadler	Union Linz West

EUROPAMEISTERSCHAFT

Rhythmische Sportgymnastik	15. – 18. 11. 1984/Wien	Gruppe	5. Österreich

Chinesische Turner zeigten anläßlich der Olympiagala ihr Können. Xiaoping am Reck (Foto Sündhofer)

Eröffnung der 4. Europameisterschaft in Rhythmischer Sportgymnastik in der Wiener Stadthalle (Foto Votava)

Jubel im österr. Juniorenteam. Der Sieg über Ungarn brachte den Aufstieg zur EM

VERSEHRTEN-SPORT

ÖSTERREICHISCHER VERSEHRTENSPORTVERBAND (ÖVSV),
gegründet 1958
1200 Wien, Brigittenauer Lände 42, Telefon 33 61 34 (Gen.-Sekr. Oskar Blaha)

Präsident: Gen.-Dir. Wilhelm Thiel, 1200 Wien, Adalbert-Stifter-Straße 65–67
Sportwart: Dipl.-Sportlehrer Oswald Kneissl, BAFL Wien, 1150 Wien,
Auf der Schmelz 6, Telefon 92 26 61 / 49

Mitglied bei
International Stoke Mandeville Games Federation (ISMGF) für die Rollstuhlsportler,

International Sports Organisations for the Distabled (ISOD) für die Amputiertensportler,

International Blind Sports Association (IBSA) für die Blindensportler,

Cerebral Palsy International Sports and Recreation Association (CP-ISRA) für die Spastikersportler

VOLKSWANDERN

ÖSTERREICHISCHER VOLKSSPORTVERBAND
IM INTERNATIONALEN VOLKSSPORTVERBAND

305 Vereine

Präsident
Maximilian Bräuml, 4600 Wels, Edelweißstraße 25, Telefon 0 72 42 / 38 5 84
Geschäftsstelle: 4600 Wels, Kuhnstraße 16, Telefon 0 72 42 / 21 2 40

VOLLEYBALL

ÖSTERREICHISCHER VOLLEYBALLVERBAND (ÖVV), gegründet 1953
1040 Wien, Prinz-Eugen-Straße 12, Telefon 0 22 2 / 65 74 42,
Telex 133 132 sport a

177 Vereine, 9.720 Mitglieder

Präsident
Dr. Heinz Badner, 1100 Wien, Ettenreichgasse 48/5/26

Geschäftsführer: Karl Hanzl

Mitglied der
Fédération Internationale de Volleyball (FIBV), gegründet 1946
Anschrift
Place Chanderou 7 (Annexe), 1003 Lausanne, Tel. (021) 20 89 32

Offizielle Verbandszeitung
„Volleyball-Magazin", Mitteilungsblatt des ÖVV, erscheint achtmal jährlich
Redakteur: Karl Hanzl, Telefon 0 22 2 / 65 74 42

Die größten Erfolge gab es 1984 am Jugend- und Juniorensektor: Den spektakulärsten Sieg der Mädchen vom BRG Wien 2, Wohlmuthstraße bei der inoffiziellen Europameisterschaft der Jugend in Israel und den gleichfalls hervorragenden 2. Platz der Burschen des BRG Wien 21, Franklinstraße. Unzweifelhaft macht sich hier der Volleyball-Boom an den Schulen bemerkbar.

Ganz ausgezeichnet schlugen sich auch unsere Nationalteams der männlichen und weiblichen Junioren. Die Burschen qualifizierten sich erstmals für die Europameisterschaft, nachdem sie bei dem Qualifikationsturnier in Klagenfurt so prominente Teams wie die aus Schweden und Ungarn ausgeschaltet hatten. Die Mädchen waren zwar nicht ganz so erfolgreich, aber der dritte Platz bei der Ausscheidung in Ungarn ist auch ein kräftiges Lebenszeichen.

Der aufwendige Spielbetrieb der Landesverbände sowie der überregionalen Bewerbe wurde trotz zunehmender Finanzierungsprobleme dank des aufopfernden Einsatzes unserer Trainer und Funktionäre klaglos abgewickelt. Besonders erfreulich ist auch die zunehmende Zahl von Turnieren, angefangen von Mini-Volleyball und Mixed-Turnieren bis zu solchen von europäischem Niveau.

STAATSMEISTER 1984

Damen	**Post SV Wien**
Herren	**Club A. Tyrolia Wien**

ÖSTERREICHISCHE MEISTER

Schüler-Bewerbe	BG Lerchenfeldstraße Klagenfurt
Schülerligafolgebewerb weibl.	Jennersdorf
Österreichischer Cup Damen	IAC/ITV
Österreichischer Cup Herren	Club A. Tyrolia Wien
Junioren männlich	Sokol V Wien
weiblich	1. Guntramsdorfer SV
Jugend männlich	Sokol V Wien
weiblich	1. Guntramsdorfer SV
Schüler weiblich	1. Guntramsdorfer SV
Bundesjuniorenbewerb weiblich	Kärnten
männlich	Wien

EUROPAMEISTERSCHAFTEN

3.–7. 5. 84 Klagenfurt	Junioren	Qualifikation	2. Österreich	6 Länder
24. 8.–3. 9. 84 Clermont Ferrand Frankreich		Endrunde	12. Österreich	12 Länder
16.–20. 5. 84 Ungarn	Juniorinnen	Qualifikation	3. Österreich	6 Länder

SPRINGCUP

Die Damen belegten unter 16 Ländern den 8., die Herren den 12. Rang (18 Länder).

EUROPACUP

Im Meisterbewerb der Männer stieg Club A Tyrolia nach Siegen gegen Genf in die 2. Runde gegen Radiotechnika Riga auf.
Bei den Frauen bezwang Post SV Hapoel Nam (Israel) und traf in der 2. Runde auf den SV Lohlof.
Im Cupsiegerbewerb kamen Sokol V (Herren) über Luxemburg und IAC/ITV (Damen) über Luzern in die nächste Runde gegen Salesianos Madrid.

EUROPACUP DER MEISTER

Herren	1. Runde	Tyrolia – Radiotechnika Riga	0 : 3
		Radiotechnika Riga – Tyrolia	3 : 0 Tyrolia ausgeschieden
Damen		Lohof SC – Post	3 : 0
		Post – Lohof	1 : 3 Post ausgeschieden

CUP DER CUPSIEGER

Herren	1. Runde	Sokol V – Salesianos Madrid	3 : 2
		Salesianos Madrid – Sokol V	3 : 0 Sokol V ausgeschieden
Damen		CSG Paris – IAC/ITV	3 : 1
		IAC/ITV – CSG Paris	1 : 3 IAC ausgeschieden

CEV-CUP

Herren	1. Runde	AS Grenoble – IAC	3 : 0
		IAC – AS Grenoble	0 : 3 IAC ausgeschieden
Damen		ÖMV – Victoria Augsburg	0 : 3
		Viktoria Augsburg – ÖMV	3 : 0 ÖMV ausgeschieden

DONAUPOKAL 1984

Damen	**1. Post SV**
	6. Sokol V
Herren	2. Club A. Tyrolia
	6. Sokol V

WASSER-RETTUNG

ÖSTERREICHISCHE WASSER-RETTUNG, wiedergegründet 1957
1041 Wien, Prinz-Eugen-Straße 12, Haus des Sports, Telefon 0 22 2 / 65 52 163
Dienstzeit: Dienstag und Freitag von 18 bis 20 Uhr

13.050 Mitglieder

Präsident
derzeit unbesetzt

Generalsekretär
Gerhard Stipani, 3013 Preßbaum, Badgasse 13, Tel. 02 2 33 / 32 15

Mitglied der
Fédération Internationale de Sauvetage et Sports Utilitaires (FIS),
gegründet 1910
Anschrift: D-4300 Essen I, Alfredstraße 73

und der
World Live Saving Society
Anschrift: 166 East Coast Road Takatuna, Auckland City 10, New Zealand

Präsident Dr. Tachezi ist Mitglied der Kommission für Internationale Beziehungen und Fragen der FIS.
Generalsekretär Stipani Gerhard ist Vizepräsident der FIS, Verbindungsoffizier zur World Live Saving Society sowie Mitglied der Internationalen Kommission für Ausbildungsfragen und Technische Angelegenheiten.

Die Österreichische Wasser-Rettung kann auch 1984 mit einem stolzen Jahresbericht aufwarten. Um jedoch die Organisation noch schlagkräftiger zu machen, ist es erforderlich, daß sich die noch außenstehenden Personen der Organisation anschließen.

Insbesondere die Verantwortlichen des Fremdenverkehrs – die Besitzer der diversen Badeanstalten – die zuständigen Gemeinden, aber auch die Eltern der zahlreichen Kinder, die die Badefreuden ja am meisten genießen und dadurch der größten Gefahr ausgesetzt sind.

Vielseitig sind die Aufgaben, Sie reichen vom Sportlichen über das Soziale bis zum Humanitären. Gibt es jedoch was Würdigeres, als durch Einsatz des eigenen Lebens den Nächsten vor dem Nassen Tod zu bewahren?

1985 wird die Generalversammlung der Federation Internationale de Sauvetage in Baden bei Wien organisiert.

BUNDESMEISTER 1984

200 m Hindernisschwimmen	Herren	Günter Türke	Niederösterreich
100 m Hindernisschwimmen	Damen	Adelgunde Prirsch	Vorarlberg
Rettungsballwerfen	Herren	Siegfried Enzenhofer	Wien
	Damen	Roswitha Galehr	Vorarlberg
50 m Retten einer Tauchgruppe	Herren	Jörg Mäser	Vorarlberg
	Damen	Adelgunde Prirsch	Voralrberg
50 m Retten mit der Luftmatratze	Herren	Bernhard Rupp	Niederösterreich
	Damen	Heike Seiwald	Vorarlberg
Gesamtwertung über 4 Bewerbe Einzel	Herren	Siegfried Enzenhofer	Wien
	Damen	Adelgunde Prirsch	Vorarlberg

4 × 50 m gemischte Rettungsstaffel
Herren
LV-Wien

	Damen	LV-Vlbg.	
Gesamtwertung über 5 Bewerbe (Mannschaftswertung)	Herren	LV-Wien	
	Damen	LV-Vorarlberg	

EUROPAPOKAL

8. 8. – 13. 8. 1984 Roermond/Holland	Rettungsballwerfen	Herren	**1. Siegfried Enzenhofer**	8 Länder
		Damen	**1. Heike Seiwald**	
			6. Adelgunde Prirsch	
	200 m Hindernis-schwimmen	Herren	3. Harald Sinzinger	
		Damen	4. Adelgunde Prirsch	

WASSER-SKILAUF

ÖSTERREICHISCHER WASSERSKIVERBAND (ÖWSV), gegründet 1951
5201 Seekirchen, Schöngumprechting 66/Postfach 41
Tel. 06 2 12 / 64 05; Telex 6-33151 ticom

28 Vereine, 2.200 Mitglieder

Präsident
Brigitte Felder, 1070 Wien, Mariahilfer Straße 82

Geschäftsführer und Kassier
Franz Kuhn, 5201 Seekir
chen, Schöngumprechting 66 / Postfach 41
Tel. 06 2 12 / 64 05; Telex 6-33151 ticom

Mitglied der
Union Mondiale de Ski Nautique (UMSN), gegründet 1955
Präsident Isidro Oliveras, 31, Caspe – Barcelona 10 – Spanien

---

Forcierte Nachwuchsarbeit in den Vereinen mit starker Unterstützung durch die Bundestrainer und Einsatz der Lehrwarte sowie Durchführung von Schüler- und Jugendveranstaltungen in allen Bundesländern sind besonders zu erwähnen.

Die Schaffung bzw. der Ausbau der Leistungszentren in Wien und OÖ sowie die Gründung des 4. Landesverbandes (Salzburg) waren weitere Erfolge.

STAATSMEISTER 1984

Klassische Disziplinen			
Damen	Slalom	**Claudia Gusenbauer**	MYC Nibelungen Linz
	Figuren	**Claudia Gusenbauer**	MYC Nibelungen Linz
	Springen	**Britta Grebe**	WSC Union Traunsee
	Kombination	**Claudia Gusenbauer**	MYC Nibelungen Linz
Herren	Slalom	**Michael Rauchenwald**	WSC Union Pörtschach
	Figuren	**Christian Swoboda**	WSC Union Traunsee
	Springen	**Christian Swoboda**	WSC Union Traunsee
	Kombination	**Werner Schütz**	WSC Union Pörtschach
Wasserschirennen			
Herren		**René Schemmel**	MYC Strudengau
Barfuß-Wasserschilauf			
Herren	Slalom	**Josef Kaisergruber**	1. Öst. Barfuß-WSC Ardagger
	Figuren	**Georg Wimmer**	1. Öst. Barfuß-WSC Ardagger
	Springen	**Georg Wimmer**	1. Öst. Barfuß-WSC Ardagger
	Kombination	**Georg Wimmer**	1. Öst. Barfuß-WSC Ardagger

ÖSTERREICHISCHE MEISTER

Mannschaften			Union WSC Traunsee	
Junioren	männlich	Slalom	Peter Kuhn	WSC Tiroler Nußöl-Seewalchen
		Figuren	Peter Kuhn	WSC Tiroler Nußöl-Seewalchen
		Springen	Florian Gorbach	WSC Tiroler Nußöl-Seewalchen
		Kombination	Florian gorbach	WSC Tiroler Nußöl-Seewalchen
Jugend	weiblich	Slalom	Sylvia Holle	WSC Union Pörtschach
		Figuren	Christiane Madritsch	WSC Ossiachersee
		Springen	Christiane Madritsch	WSC Ossiachersee
		Kombination	Christiane Madritsch	WSC Ossiachersee
Jugend	männlich	Slalom	Michael Wienerroither	WSC Union Pörtschach
		Figuren	Karl Ahammer	WSC Union Traunsee
		Springen	Daniel Dobringer	WSC Union Traunsee
		Kombination	Karl Ahammer	WSC Union Traunsee
Schüler	männlich	Slalom	René Gschiel	WSC Tiroler Nußöl-Seewalchen
		Figuren	René Gschiel	WSC Tiroler Nußöl-Seewalchen
		Kombination	René Gschiel	WSC Tiroler Nußöl-Seewalchen
Senioren	Herren	Slalom	Herwig Petodnig	WSC Seeboden
ab 35 Jahre		Figuren	Helmuth Seidler	Int. Wiener WSC
		Springen	Herwig Petodnig	WSC Seeboden
		Kombination	Herwig Petodnig	WSC Seeboden
Teleski (Wasserski an der Seilbahn)				
Allgem.	Damen	Slalom	Petra Untersberger	WSC Feldkirchen
Klasse	Herren	Slalom	Siegfried Auer	WSC Feldkirchen
		Figuren	Wolfgang Dutzler	1. Steirischer WSC-Plankensee
		Springen	Christian Swoboda	WSC Union Traunsee
		Kombination	Siegfried Auer	WSC Feldkirchen

EUROPAMEISTERSCHAFTEN

14.–16. 9. 84	Allgemeine Klasse	Springen	2. Franz Oberleitner	18 Länder
Mailand		Mannschaft	6. Österreich	18 Länder
23.–25. 8. 84	Junioren	Slalom	2. Claudia Gusenbauer	13 Länder
Banolas/Span.		Springen	5. Claudia Gusenbauer	
		Kombination	4. Claudia Gusenbauer	
	Jugend	Slalom	4. Christiane Madritsch	12 Länder
17.–19. 8. 84	Allg. Klasse	Barfuß-Wasserschi	6. Josef Kaisergruber	8 Länder
Grimbergen/Belgien				
24.–26. 8. 84	Senioren	Slalom	3. Dieter Hausamann	8 Länder
Trier/BRD	ab 35 Jahre	Figuren	6. Herwig Petodnig	
		Springen	**1. Herwig Petodnig**	
		Kombination	5. Herwig Petodnig	
			6. Helmuth Seidler	
	ab 55 Jahre	Slalom	3. Robert Christl	4 Länder
		Figuren	3. Robert Christl	
		Springen	2. Robert Christl	
		Kombination	2. Robert Christl	

Im EUROPACUP gewann Österreich die Sprungwertung, und Franz Oberleitner siegte vor seinem Landsmann Christian Swoboda in der Einzelwertung (24 Springer).

ZILLENSPORT

ÖSTERREICHISCHER ZILLENSPORTVERBAND (gegründet 1978)
3500 Krems, Heinemannstraße 4, Telefon 0 27 32 / 55 22/26

307 Vereine, 3372 Mitglieder

Präsident
OSR Dir. Wilhelm Röder

1984 konnte der Zillensport weitere Erfolge verzeichnen. Die Einführung eines Sportwartes und eines Pressewartes haben sich bewährt.
Auf der Trainerseite wurden 2 Fortbildungsseminare abgehalten.
Die Abhaltung eines CUP-Bewerbes brachte gute Ergebnisse.
Die Zusammenarbeit mit dem Ruderverband hat sich sehr bewährt.

STAATSMEISTER 1984

Zillen	Einer	**Josef Fischer**	VÖAFV Haslau
	Zweier	**Josef Fischer, Josef Gassleder**	VÖAFV Haslau
	Mannschaft	**VÖAFV Haslau, Ma. Ellend**	

ÖSTERREICHISCHE MEISTER 1984

Schüler	Einer	Karl Heinz Almstädter	FF Wildungsmauer
	Zweier	Dietmar Kern, Gerald Neundliner	HSV OÖ
	Mannschaft	HSV OÖ	
Jugend	Einer	Michael Hammerschmid	FF Wildungsmauer
	Zweier	Christian Edlinger, Gerhard Homola	HSV Hainburg
	Mannschaft	HSV OÖ	

SPORT-BEHÖRDEN

BUNDESMINISTERIUM FÜR UNTERRICHT, KUNST UND SPORT
– Sektion V (Sektionschef Dr. Johann Altenhuber)
Gruppe V/A – Außerschulischer Sport
1041 Wien, Prinz-Eugen-Straße 12, Telefon 0 22 2 / 65 37 42 / DW 12
Leiter: Ministerialrat Mag. Robert Mader

Abteilung V/2 (Allg. Sportförderung)
Leiter: ObRat Dr. Erich Irschik

Abteilung V/3 (Bundessporteinrichtungen)
Leiter: MinRat Mag. Robert Mader

Abteilung V/4 (Sportlehrwesen und Leistungsabzeichen)
Leiter: MinRat Mag. Werner Czisek

Abteilung V/5 (Trainerwesen und Ehrenzeichen)
Leiter: MinRat Herbert Wiedermann
Dienstzeit: Montag bis Freitag von 8 bis 16 Uhr

Abteilung V/1 – Leibeserziehung (Schulsport)
1010 Wien, Minoritenplatz 5, Telefon 0 22 2 / 66 21-0
Leiter: Ministerialrat Mag. Dr. Hermann Andrecs

BUNDESMINISTERIUM FÜR GESUNDHEIT UND UMWELTSCHUTZ
Abteilung II/6 – Gesundheitliche Angelegenheiten des Sportes
1010 Wien, Stubenring 1, Telefon 0 22 2 / 75 00 / DW 63 91

BUNDESMINISTERIUM FÜR LANDESVERTEIDIGUNG
Armeekommando, Abt. G3, Referat Körperausbildung und Sport
1140 Wien, Hütteldorfer Straße 126, Telefon 92 66 51, Telex 132 0
80
Dienstzeit: Montag bis Freitag von 8 bis 16 Uhr

BUNDESMINISTERIUM FÜR INNERES
Abt. 22 – Vereins- und Versammlungswesen
1010 Wien, Am Hof 4, Telefon 0 22 2 / 63 37 31

SPORTEINRICHTUNGEN DES BUNDES

Bundessportschulen	Hintermoos	5761 Maria Alm bei Saalfelden	0 65 84 / 561 oder 598
	Obertraun	4831 Obertraun	0 61 34 / 239 oder 411
	Schielleiten	8223 Stubenberg	0 31 76 / 211 oder 254
	Spitzerberg	2405 Bad Deutsch-Altenburg	0 21 65 / 22 49
Bundessportheime	Blattgasse	1030 Wien, Blattgasse 6	0 22 2 / 72 43 73
	Faaker See	9583 Faak am See, Halbinselstraße 14	0 42 54 / 21 20
	Kitzsteinhorn	5710 Kaprun	0 65 47 / 85 10
	Obergurgl	6456 Obergurgl	0 52 56 / 204, 212
	St. Christoph	6580 St. Anton am Arlberg	0 54 46 / 26 27
Bundessportzentrum	Südstadt	2344 Maria Enzersdorf, Johann-Steinböck-Straße 5	0 22 36 / 26 8 33-35
Haus des Sports	Wien	1041 Wien, Prinz-Eugen-Straße 12	0 22 2 / 65 37 42-46
Bundesstadion	Liebenau	8041 Graz-Liebenau, Liebenauer Hauptstraße 2-4	0 31 6 / 41 5 31, 41 5 32
Bundesschullandheime	Mariazell	8630 Mariazell, Erzherzog-Johann-Weg 2	0 38 82 / 21 65
	Raach	2640 Gloggnitz	0 26 62 / 28 55 11
	Radstadt	5550 Radstadt, Schloß Tandalier	0 64 52 / 348
	Saalbach	5754 Hinterglemm 38	0 65 41 / 303

BUNDESANSTALTEN FÜR LEIBESERZIEHUNG

Wien	1150 Wien, Auf der Schmelz 6 Tel. 0 22 2 / 92 26 61-65	Dir. Mag. Franz Nowak
Graz	8010 Graz, Engelgasse 56, Tel. 0 31 6 / 37 9 80/81	Dir. Mag. Dr. Helmut Aigelsreiter
Innsbruck	6020 Innsbruck, Fürstenweg 185, Tel. 0 52 22 / 81 3 66	Dir. Mag. Günther Pajek
Linz	4020 Linz, Auf der Gugl 30, Tel. 0 73 2 / 52 3 22	Dir. Mag. Manfred Leitner

UNIVERSITÄTS-SPORTINSTITUTE

Graz	8010 Graz, Universitätsplatz 3, Tel. 0 31 22 / 31 5 81	Dir. Mag. Eckart Erhold
Innsbruck	6020 Innsbruck, Fürstenweg 185, Tel. 0 52 22 / 724/65 40	Dir. Mag. Elmar Pipp
Linz	4045 Linz, Julius-Raab-Straße 10, Tel. 0 73 2 / 23 13 81 oder 23 23 81	Dir. Mag. Peter Huber
Salzburg	5020 Salzburg, Residenzplatz 1, Tel. 0 62 22 / 44 5 11 / 608	Dir. Mag. Albert Morocutti
Wien	1150 Wien, Auf der Schmelz 6 Tel. 0 22 2 / 92 26 61/36	Dir. Mag. Franz Schmette
Leoben	8700 Leoben, Franz-Josef-Str. 18, Tel. 0 38 42 / 42 5 55 / 467	Dir. Mag. Dr. Udo Grollitsch
Klagenfurt	9020 Klagenfurt, Universitätsstraße 67, Tel. 0 42 22 / 23 7 30	Dir. Mag. Rudolf Peyker

ZENTRALER HOCHSCHULSPORTAUSSCHUSS

Sekretariat Wien	1150 Wien, Auf der Schmelz 6 Tel. 0 22 2 / 92 26 61/39	Amtrat Gustav Posch

SPORTWISSENSCHAFTLICHE GESELLSCHAFT

Wien	1150 Wien, Auf der Schmelz 6 Tel. 0 22 2 / 92 26 61	Univ.-Prov. Dr. Ludwig Prokop
Graz	8010 Graz, Mozartgasse 14, Tel. 0 31 6 / 31 5 81	Prof. Dr. Josef Recla
Innsbruck	6020 Innsbruck, Fürstenweg 185, Tel. 0 52 22 / 72 40	Univ.-Prof. Dr. Friedrich Fetz
Salzburg	5020 Salzburg, Mühlbacherhofweg 6, Tel. 06 2 22 / 44 5 11/491 od.492	

SCHULSPORT

BMUKS – Referat 15c, Schulsport
Postadresse: Postfach 65, 1014 Wien
Sitz: Wipplingerstraße 28, 1013 Wien
Ob.-Rat Mag. Norbert Bayer, Telefon 66 20 / 35 24 oder
A.Dir. Lieselotte Ecker, Telefon 66 20 / 35 26

Mitglied der
Internationalen Schulsport Föderation

SIEGER DER SCHUL-BUNDESMEISTERSCHAFTEN 1984

Basketball	Jg. 1967 u. j.	Schülerinnen	BG Bludenz/V
		Schüler	BRG Wien IV, Waltergasse
Volleyball	Jg. 1966 u. j.	Schülerinnen	2. BG Wien II, Wohlmutstraße
		Schüler	BG BRG Wien XXI, Frankl.

Schülerliga-Fußball	Jg. 1. 8. 1971	Schüler	HS Güssing/B
BSPS-Fünfkampf	Technikbewerb der Schülerliga Fußball		Privatgymnasium Katzelsdorf/NÖ
Schülerliga-Volleyball	Jg. 1. 8. 1969	Schülerinnen	2. BG Wien II, Wohlmutstraße
Langlauf-Cup		Schulwertung	HS Sandl/OÖ
		Sonderklasse	HS Saalfelden-Markt/Sbg.

Leichtathletik-Mannschafts-Dreikampf (Fernwettkampf)

Schülerinnen	Jg. 1968/69	Schulwertung	wiku BRGfM Graz/Stmk.
	(Ak B)	Einzelwertung	Brigitte Rohrer BG Feldkirch/V
	Jg. 1970/71	Schulwertung	HS 11 Linz/OÖ
	(Ak C)	Einzelwertung	Waltraud Steiner BG BRG Stockerau/NÖ
	Jg. 1972/73	Schulwertung	BG BRG Klagenfurt/Ktn.
	(Ak D)	Einzelwertung	Elisabeth Ammerer HS Schwarzach/Sbg.
Schüler	Jg. 1968/69	Schulwertung	HS 11 Linz/O)
(Ak B)	Einzelwertung	Herwig Röttl	
			BORG Feldkirchen/Ktn.
	Jg. 1970/71	Schulwertung	HS 11 Linz/OÖ
	(Ak C)	Einzelwertung	Oliver Reifenauer HS 11 Linz/OÖ
	Jg. 1972/73	Schulwertung	2. BRG Linz/OÖ
	(Ak D)	Einzelwertung	Viet Inguyen BG Tanzenberg/Ktn.

Folgende Bundessieger nahmen an den internationalen Schulwettkämpfen 1984 als Vertreter Österreichs teil:

ISF-Cross-Country	Jg. 1967 u. j.	Schülerinnen	10. BG BRG Klagenfurt	12 Länder
Brüssel		Schüler	8. RG IS f. Skisportler Stams	13 Länder
ISF-Handball	Jg. 1966 u. j.	Schülerinnen	6. HAK Mödling	10 Länder
Marseille		Schüler	7. PG Paulinum Schwaz	11 Länder
ISF-Volleyball	Jg. 1966 u. j.	Schülerinnen	1. 2. BG Wien II, Wohlm.	10 Länder
Neurim (Israel)		Schüler	2. BG BRG Wien XXI Franklinstraße	10 Länder

Gymnasiade in Florenz (Italien) für Jahrgang 1967 und jünger
(Nominierung erfolgte in Zusammenarbeit mit dem jeweiligen Fachverband)

Leichtathletik	400 m	Schülerinnen	**1. Ulrike Alge**
	200 m	Schülerinnen	2. Susanne Krumpholz
	4 × 100 m	Schüler	2. Österreich (Lettner, Arnold, Weimann, Langusch)
	400 m Hürden	Schülerinnen	3. Manuela Moosmann
	Speerwurf	Schülerinnen	3. Claudia Müller
Schwimmen	200 m Brust	Schüler	2. Michael Kleinsasser
	100 m Rücken	Schüler	2. Werner Zitzmann
	4 × 100 m	Schüler	3. Österreich (Zitzmann, Schwarz, Manninger, Petschnig)
	4 × 100 m Lagen	Schüler	3. Österreich (Zitzmann, Kleinwasser, Bauer, Opalrie)
Turnen	Mannschaft	Schülerinnen	5. Österreich (Bösch, Schier, Konzett, Lechner)
	Finale (Pferdsprung, Boden)	Schülerinnen	7. Sandra Bösch
	Mannschaft	Schüler	6. Österreich (R. Blum, Widmann, J. Blum, Schwerzler)

UNIVERSITÄTS-SPORT

ZENTRALER HOCHSCHULSPORTAUSSCHUSS ÖSTERREICHS,
gegründet 1960
1150 Wien, Auf der Schmelz 6, Telefon 0 22 2 / 92 26, 61, Klappe 39
Sprechstunden: Montag, Mittwoch, Freitag 9.30 bis 11.30 Uhr

Vorsitzender
Ministerialrat Dr. Rudolf Metz, 1014 Wien, Freyung 1, Tel. 0222 / 6620 – 3138
Sekretär
Amtsrat Gustav Posch, 1150 Wien, Auf der Schmelz 6
Telefon 0 22 2 / 92 26 61, Klappe 39

Mitglied der
Fédération Internationale du Sport Universitaire (FISU),
72 Nationen, gegründet 1949
Sekretariat
Rue Général Thys 12, 1050 Bruxelles (Belgique)

Ministerialrat Mag. Werner Czisek ist Mitglied des Exekutivkomitees der FISU und Vorsitzender der Studienkommission (CESU) der FISU

Amtsrat Gustav Posch ist Mitglied der Kontrollkommission der FISU

Prof. Mag. Klaus Ruckenbauer ist Vorsitzender der FISU-Subkommission Ski nordisch

Die sportliche Betätigung an den sieben Universitäts-Sportinstituten Österreichs nimmt im Leben vieler Studenten einen hohen Stellenwert ein. Als Ausgleich zum eher bewegungsarmen Tagesablauf bringt sie nicht nur eine willkommene Ablenkung von der geistigen Tätigkeit und zugleich körperliche Fitneß, sondern steigert erwiesenermaßen auch die Ausdauer und die geistige Aufnahmefähigkeit beim Studieren.

Das älteste und größte der österreichischen Universitäts-Sportinstitute ist dasjenige in Wien. Gegründet 1848 und damit drittältestes Institut dieser Art auf der Erde, bot im Wintersemester 1984/85 in 69 verschiedenen Übungsbetrieben 630 wöchentlich stattfindende Übungseinheiten an.

Die Inskriptionszahlen steigerten sich vom Studienjahr 1973/74 von 18.879 bis zum Studienjahr 1983/84 auf 33.124.

Gesamtösterreichisch ergab sich im gleichen Zeitraum eine Steigerung von 41.101 auf 84.489.

Ein deutlicher Anstieg der Inskriptionszahlen ist 1984/85 und in der Folge in Graz zu erwarten, da im Herbst 1984 das neue Universitäts-Sportzentrum „Rosenhain" seiner Bestimmung übergeben wurde.

Internationale Studenten-Sportveranstaltungen, die 1984 seitens Österreichs beschickt wurden: Weltmeisterschaften in Cross-Country in Antwerpen/Belgien, im Orientierungslauf in Jönköping/ Schweden und in Judo in Straßburg/Frankreich.

Schwerpunkte im Jahr 1985 sind die Winteruniversiade vom 16. bis 24. Februar in Belluno/Italien und die Sommeruniversiade vom 24. August bis 4. September in Kobe/Japan.

ÖSTERREICHISCHE AKADEMISCHE MEISTER 1984

Ski alpin	Damen	Slalom	**Alexandra Probst**	Innsbruck
	Damen	Abfahrt	**Alexandra Probst**	Innsbruck
	Herren	Slalom	**Michael Gruber**	Linz
	Herren	Abfahrt	**Hubertus von Hohenlohe**	Graz
Fechten	Damen	Florett	**Beate Urdl**	Graz

	Herren	Florett	**Robert Blaschka**	Graz
		Degen	**Arno Strohmeyer**	Wien
		Säbel	**Robert Blaschka**	Graz
Skilanglauf	Damen	5 km	**Monika Kober**	Innsbruck
		3 × 5 km	**M. Kober, R. Wieser, G. Reidlinger**	Studenten-Nationalstaffel
	Herren	15 km	**Wolfgang Kattnig**	Innsbruck
		3 × 10 km	**Waldbauer, Jochum, Minatti**	Innsbruck
	Gemischte	Staffel	**Winter, Brad, Maunz**	Salzburg
Faustball				**Linz II**
Judo	Herren	65,0 kg	**Wolfgang Stradner**	Linz
		71,0 kg	**Karl Pfeil**	Wien
		76,9 kg	**Horst Lumper**	Innsbruck
		84,5 kg	**Thomas Haasmann**	Wien
		124,0 kg	**Paul Fiala**	Wien
	Mannschaft			**Wien**
Orientierungslauf	Damen	Einzel	**Regina Mandl**	Graz
	Herren	Einzel	**Roland Arbter**	Wien
	Gemischte	Staffel	**Arbter, Pamlitschka, Lang**	Wien
Leichtathletik	Damen	100 m	**Petra Prenner**	Graz
		200 m	**Elisabeth Norz**	Innsbruck
		400 m	**Elisabeth Domonkos**	Wien
		800 m	**Regina Fortner**	Salzburg
		Weitsprung	**Regina Helfenbein**	Innsbruck
		Hochsprung	**Martina Hauser**	Wien
		Kugelstoßen	**Mag. Stefanie Jagenbrein**	Wien
		Diskus	**Maria Schramseis**	Wien
		100 m Hürden	**Ulli Kreindl**	Graz
		4 × 100 m	**Gastgeber, Zenz, Kreindl, Prenner**	Graz
		7-Kampf	**Sabine Müller**	Graz
	Männer	100 m	**Mario Gründl**	Linz
		200 m	**Wolfgang Göschl**	Graz
		400 m	**Wolfgang Göschl**	Graz
		800 m	**Winfried Pessentheiner**	Klagenfurt
		1.500 m	**Horst Röthel**	Graz
		5.000 m	**Horst Röthel**	Graz
		Weitsprung	**Helmuth Metz**	Wien
		Hochsprung	**Dieter Oberkofler**	Innsbruck
		Stabhochsprung	**Robert Klock**	Linz
		Dreisprung	**Alfred Stummer**	Wien
		Kugelstoßen	**Erik Frank**	Klagenfurt
		Diskus	**Helmuth Hochegger**	Wien
		Speer	**Dr. Georg Werthner**	Linz
		110 m Hürden	**Helmuth Metz**	Wien
		4 × 100 m	**Mayerhofer, Wörtz, Frank, Hostinar**	Salzburg
		10-Kampf	**Harald Regensburger**	Graz
Tischtennis	Damen	Einzel	**Vera Kottek**	Wien
	Herren	Einzel	**Harald Schicht**	Wien
	Damen	Doppel	**Barbara Wiltsche/Vera Kottek**	Wien
	Herren	Doppel	**Otto Ramsenthaler/ Peter Eckel**	Wien
	Mixed	Doppel	**Barbara Wiltsche/ Harald Schicht**	Wien
Hallenfußball			**Montanuniversität Leoben**	

STUDENTENWELTMEISTERSCHAFT – JUDO

Damen	bis 52 kg	2. Barbara Kylian
	bis 61 kg	7. Gabriele Wellan
Herren	bis 78 kg	2. Thomas Haasmann
	bis 60 kg	7. Wolfgang Stradner

SONSTIGE SPORTVERBÄNDE

ÖSTERREICHISCHER ALPENKLUB (ÖAK)
1060 Wien, Getreidemark 3, Telefon 0 22 2 / 56 38 673
Dienstzeit: Donnerstag von 17 bis 20 Uhr

ÖSTERREICHISCHER ALPENVEREIN (ÖAV)
Verwaltungsausschuß
6020 Innsbruck, Wilhelm-Greil-Straße 15, Telefon 0 52 22 / 23 1 71
Dienstzeit:
Montag bis Donnerstag von 8 bis 12.30 Uhr und von 13.30 bis 18 Uhr,
Freitag 8 bis 12.30 Uhr

VERBAND DER ÖSTERREICHISCHEN ARBEITERFISCHERVEREINE
1080 Wien, Lenaugasse 14, Telefon 0 22 2 / 43 21 76
Dienstzeit:
Montag, Mittwoch, Freitag von 8.30 bis 12.30 Uhr, Freitag von 14 bis 18 Uhr

AUTO-, MOTOR- UND RADFAHRERBUND ÖSTERREICHS (ARBÖ)
1150 Wien, Mariahilfer Straße 180, Telefon 0 22 2 / 85 35 35, Telex 07/6581
Sportsekretariat
1030 Wien, Schlechtastraße 4, Telefon 0 22 2 / 78 21 16, Telex 135 344

ÖSTERREICHISCHE BERGSTEIGERVEREINIGUNG (ÖBV)
1010 Wien, Bäckerstraße 16/I/10, Telefon 0 22 2 / 46 50 632,
Direktor Franz Dworzak

ÖSTERREICHISCHER EISENBAHNERSPORT
1010 Wien, Nibelungengasse 11/8 Telefon 0 22 2 / 56 50 / DW 54 14
Dienstzeit: Montag bis Freitag von 8 bis 16 Uhr

ÖSTERREICHISCHER GEHÖRLOSEN-SPORTVERBAND
1100 Wien, Ettenreichgasse 48/3/5/22

ÖSTERREICHISCHER GENDARMERIE-SPORTVERBAND
1030 Wien, Oberzellergasse 1, Telefon 0 22 2 / 73 35 81, Klappe 218
Dienstzeit: Montag bis Freitag von 8 bis 16 Uhr

ÖSTERREICHISCHER GYMNASTIKBUND
1170 Wien, Promenadengasse 29/1
Dienstzeit: Montag bis Freitag von 18 bis 20 Uhr

ÖSTERREICHISCHE HIMALAYA-GESELLSCHAFT
1041 Wien, Prinz-Eugen-Straße 12, „Haus des Sports", Telefon 0 22 2 / 65 40 553
Dienstzeit: Dienstag und Donnerstag von 10 bis 14 Uhr

ÖSTERREICHISCHE HOCHSCHÜLERSCHAFT
Sportreferat
1090 Wien, Liechtensteinstraße 13, Telefon 0 22 2 / 34 65 18
Dienstzeit: Montag bis Freitag von 9 bis 15 Uhr

JUDO-DO-VERBAND ÖSTERREICHS
4650 Lambach, OÖ., Karl-Köttl-Straße 26a, Telefon 0 72 45 / 40 8 42

HAUPTVERBAND KATHOLISCHER ELTERNVEREINE ÖSTERREICHS
Sportreferat
1180 Wien, Semperstraße 45, Telefon 0 22 2 / 34 62 80

KATHOLISCHE JUGEND ÖSTERREICHS
Sportreferat
1010 Wien, Johannesgasse 16, Telefon 0 22 2 / 52 16 21
Dienstzeit: Montag bis Freitag von 9 bis 17 Uhr

KATHOLISCHE SCHULEN
Sportreferat
1180 Wien, Semperstraße 45, Telefon 0 22 2 / 34 62 80
Dienstzeit: Dienstag bis Freitag von 14 bis 18 Uhr

ÖSTERREICHISCHER POLIZEISPORTVERBAND
Präsidium: 1010 Wien, Herrengasse 7, T
elefon 0 22 2 / 63 17 11, Kl. 157
Dienstzeit: Montag bis Freitag von 8 bis 15 Uhr
Sportleitung: Bundespolizeidirektion Salzburg, 5010 Salzburg, Churfürstenstraße 1, Telefon 0 62 22 / 44 5 51, Kl. 221
Dienstzeit: Montag bis Freitag von 8 bis 15 Uhr

ÖSTERREICHISCHER PRELLBALL-VERBAND
1180 Wien, Thimiggasse 39

REICHSBUND FÜR TURNEN UND SPORT
1010 Wien, Ebendorferstraße 6/V, Telefon 0 22 2 / 42 54 06
Dienstzeit: Montag bis Freitag von 9 bis 12 Uhr und von 15 bis 19 Uhr

SAMBO-VERBAND ÖSTERREICHS
2320 Schwechat, Barngasse 2, Telefon 77 69 142

SPORT UND KIRCHE
Kontaktstelle des Referates Sport und Seelsorge
1041 Wien, Prinz-Eugen-Straße 12, Telefon 0 22 2 / 65 52 164
Dienstzeit: Montag, Mittwoch und Freitag von 14 bis 18 Uhr

ÖSTERREICHISCHER TOURISTENKLUB (ÖTK)
1010 Wien, Bäckerstraße 16, Telefon 0 22 2 / 52 38 44
Dienstzeit: Montag, Mittwoch von 9 bis 17 Uhr, Dienstag, Donnerstag von 9 bis 19 Uhr, Freitag von 9 bis 15 Uhr

TOURISTENVEREIN „DIE NATURFREUNDE ÖSTERREICHS"
1150 Wien, Viktoriagasse 6, Telefon 0 22 2 / 83 86 08

ÖSTERREICHISCHER TOURISTENVEREIN (ÖTV)
1080 Wien, Laudongasse 16, Telefon 0 22 2 / 42 75 81/65
Dienstzeit: Montag, Mittwoch, Freitag von 9 bis 17 Uhr,
Dienstag, Donnerstag von 9 bis 19 Uhr

ÖSTERREICHISCHER TURNERBUND (ÖTB)
4020 Linz, Kellergasse 14, Telefon 0 73 2 / 55 3 59

ZENTRALE FÜR TRABER-ZUCHT UND -RENNEN IN ÖSTERREICH
1010 Wien, Nibelungengasse 3, Telefon 0 22 2 / 57 72 58
Dienstzeit: Montag bis Freitag von 8 bis 16.30 Uhr

ARBEITSGEMEINSCHAFT ÖSTERR. WASSERRETTUNGSWESEN (ARGE ÖWRW)
1041 Wien, Prinz-Eugen-Straße 12, Postfach 108, Telefon 0 22 2 / 65 37 42-46
Dienstzeit: Montag bis
Freitag von 8 bis 15 Uhr

VERBAND DER ZOLLWACHEBEAMTEN ÖSTERREICHS
Sektion Sport
1010 Wien, Wollzeile 1-3, Telefon 0 22 2 / 52 26 51
Dienstzeit: Montag von 8 bis 16 Uhr, Dienstag bis Freitag von 8 bis 12 Uhr

SONSTIGE EINRICHTUNGEN

ÖSTERREICHISCHE SPORTHILFE
1041 Wien, Prinz-Eugen-Straße 12, „Haus des Sports“,
Telefon 0 22 2 / 65 55 92

ÖSTERREICHISCHES INSTITUT FÜR SCHUL- UND SPORTSTÄTTENBAU (ÖISS)
1041 Wien, Prinz-Eugen-Straße 12, „Haus des Sports“, Tel. 0 22 2 / 65 37 42 / 51

KURATORIUM FÜR ALPINE SICHERHEIT
1041 Wien, Prinz-Eugen-Straße 12, „Haus des Sports“

Präsident: Brigadier Dr. Raimund Truxa, Bundesministerium für Landesverteidigung, Telefon 52 95 25

ÖSTERREICHISCHER BETRIEBSSPORTVERBAND
1010 Wien, Falkestraße 1, Telefon 0 22 2 / 52 39 80
Dienstzeit
Montag bis Donnerstag von 8 bis 17 Uhr, Freitag von 8 bis 12 Uhr

Präsident
Helmut Dembsher, 1010 Wien, Gonzagagasse 3, Telefon privat 0 22 2 / 63 72 01

Mitglied der
EUROPEAN FEDERATION FÜR COMPANY SPORT
Anschrift
Tulegatan 5, Box 6303, 11381 Stockholm

Präsident Helmut Dembsher ist Mitglied des Präsidiums der European Federation

ÖSTERREICHISCHES INSTITUT FÜR SPORTMEDIZIN (ÖISM)
1150 Wien, Auf der Schmelz 6
Telefon 0 22 2 / 92 26 61

VERBAND ÖSTERREICHISCHER SPORTÄRZTE (VÖSpÄ)
1150 Wien, Auf der Schmelz 6, Telefon 0 22 2 / 92 26 61 / 74 Dw.

312 Mitglieder

Präsident
Prim. Doz. Dr. Reinhard Suckert, Allg. Öffentl. Krankenhaus der Stadt Linz
4020 Linz, Krankenhausstraße 9

Untersuchungsstellen siehe Seite 78

VEREIN FÜR MEDIZINISCHE UND SPORTWISSENSCHAFTLICHE BERATUNG (VMSB)
Sekretariat 1040 Wien, Prinz-Eugen-Straße 12, „Haus des Sports“,
Telefon 0 22 2 / 65 83 96

VEREINIGUNG ÖSTERREICHISCHER SPORTMASSEURE (VÖSM)
gegründet 1977
Sekretariat
Bundessportzentrum Südstadt, 2346 Maria Enzersdorf, Johann-Steinböck-Str. 5,
Telefon 0 22 36 / 26 8 33

Präsident
Ministerialrat Dr. Otto Ventruba, 1100 Wien, Troststraße 16/2

Gesundheit sichern in Spiel und Sport

Vorsorgemedizinische Betreuung durch Sportärzte

gesundes Leben gesunde Umwelt

Bundesministerium für
Gesundheit und Umweltschutz
1010 Wien, Stubenring 6

Untersuchungen — Beratungen — Konditionskontrollen

Sportärztliche Untersuchungsstellen

WIEN

ÖISM (Österr. Institut für Sportmedizin)
1150 Wien, Possingergasse 2, Di, Mi, Fr 16–18 Uhr
Anmeldung: 0 22 2 / 92 26 61/Dw. 74

ÖISM-Sportunfallzentrum
Kaiser-Franz-Josef-Spital, Chirurg. Abteilung
1100 Wien, Kundratstraße 3, Mo, Mi, Fr 15–17 Uhr
0 22 2 / 64 16 91/Kl. 239

II. Med. Universitätsklinik Wien
Vorstand: Prof. Dr. Geyer
1095 Wien, Alser Straße 4, 9. Hof, 0 22 2 / 42 89/Dw. 22 74

Pulmolog. Zentrum d. Stadt Wien — Baumgartner Höhe
1145 Wien, Sanatoriumstraße 2, 0 22 2 / 94 31 51/Dw. 27 17

ASKÖ-Arbeitsgemeinschaft für Sport und Körperkultur
1050 Wien, Bacherplatz 14, Mo, Do 18.30–20 Uhr
0 22 2 / 55 63 91

BURGENLAND

ÖISM Burgenland a. ö. Krankenhaus Oberwart,
7400 Oberwart, 0 33 52 / 411, 412

ÖISM Burgenland
a. ö. Krankenhaus der Barmherzigen Brüder,
Unfallchirurg. Abteilung
7000 Eisenstadt, Esterházystraße 26, 0 26 82 / 25 71–25 74

KÄRNTEN

ÖISM Klagenfurt Landeskrankenhaus Klagenfurt
9020 Klagenfurt, St. Veiter Straße 47
Anmeldung: 0 42 22 / 41 2 11/257

NIEDERÖSTERREICH

ÖISM Wr. Neustadt
2700 Wr. Neustadt, Neunkirchner Straße 24
Anmeldung: Do 17–19 Uhr, 0 26 22 / 56 9 63, oder täglich in der Unfallaufnahme des Krkh. Wr. Neustadt
0 26 22 / 35 21/Kl. 395

ÖISM Krems a. ö. Krankenhaus Krems
3500 Krems, Hohensteinstraße 79
Anmeldung: 0 27 32 / 35 61/Kl. 27, Hr. Urban

NÖ. Landes-Sportschule Südstadt
2344 Maria Enzersdorf, Johann-Steinböck-Straße 5
0 22 36 / 67 39

OBERÖSTERREICH

ÖISM Linz a. ö. Krankenhaus der Stadt Linz
4020 Linz, Krankenhausstraße 9
Anmeldung: 0 73 2 / 22 4 62, Sportamt Linz

Paracelsusinstitut des Landes OÖ., Bad Hall
Interne Abteilung, 4540 Bad Hall, 0 72 58 / 30 84

a. ö. Landeskrankenhaus Bad Ischl
4820 Bad Ischl, Dr.-Mayer-Straße 10
0 61 32 / 31 81

Krankenhaus Kirchdorf
4560 Kirchdorf, Hausmanninger Straße 8
0 75 82 / 33 61-0

a. ö. Landeskrankenhaus Steyr
4400 Steyr, Sierninger Straße 170, Postfach 221
0 72 52 / 62 3 51, 62 3 61

a. ö. Landeskrankenhaus Vöcklabruck
4840 Vöcklabruck, Hatschekstraße 24
0 76 72 / 24 11/Dw. 299, Mo, Mi, Fr 7.30–12 Uhr
Anmeldung: Bez.-Hptm. 0 76 72 / 25 41/Dw. 68

SALZBURG

Institut für Sportmedizin des Landes Salzburg
5020 Salzburg, Aiglhofstraße 30
Anmeldung: 0 62 22 / 34 6 98, Mo–Fr 8.30–12 Uhr

Beratungsstelle an der Bez.-Hptm. Hallein
5400 Hallein, Anmeldung: 0 62 45 / 25 31

STEIERMARK

ÖISM Graz
Sonderkrankenhaus für innere Erkrankungen
8111 Judendorf-Straßengel bei Graz, Anmeldung: 0 31 24 / 22 37

Sportambulanz am Unfallkrankenhaus Graz
8020 Graz, Göstinger Straße 24
0 31 6 / 505-0 (nur Verletzungen!)

ASKÖ Steiermark, Sportmed. Untersuchungsstelle
8020 Graz, Schloßstraße 20 (Eggenberger Stadion)
Anmeldung: 0 31 6 / 53 3 54/Dw. 32, Mi 15.30–20 Uhr

UNION Steiermark, Sportmed. Untersuchungsstelle
8010 Graz, Gaußgasse 3
Anmeldung: 0 31 6 / 34 2 16/Kl. 5, Do 17–19 Uhr

ARGE-Sportmedizin Steiermark
8030 Graz, Radetzkystraße 20
Anforderung: stationäre und mobile Untersuchungsmöglichkeiten
0 31 6 / 72 0 94

Landeskrankenhaus Graz, II. Med. Abteilung
8036 Graz, Auenbruggerplatz 1
0 31 6 / 385, 232

Landeskrankenhaus Graz, III. Chirurg. Abteilung
8010 Graz, Rosenberggürtel 12
0 31 6 / 385–930, Mo und Mi 17–18 Uhr

ASVÖ Steiermark
8010 Graz, ATG Kastellfeldgasse 8
Anmeldungen: 0 31 6 / 77 4 19, Mi 15–17 Uhr

Landes-Sonderkrankenhaus Stolzalpe
orth.-unfallchir. Abteilung, Sportambulanz,
Erwachsenenabteilung
8852 Stolzalpe bei Murau
0 35 32 / 24 24 Serie, Mo–Fr 8–12 Uhr

TIROL

Institut für Sport- und Kreislaufmedizin
6020 Innsbruck, Anichstraße 35
Anmeldung: 0 52 22 / 26 7 11/Dw. 31, Mo–Fr 8–12 Uhr

ÖISM St. Johann in Tirol
Abteilung für Herz-, Kreislauf- und Sportmedizin
am Krankenhaus St. Johann in Tirol
6380 St. Johann in Tirol
Anmeldung: 0 53 52 / 21 39/Dw. 276, Mo–Fr 8–12 Uhr

VORARLBERG

ÖISM Vorarlberg, Landeskrankenhaus Feldkirch
6800 Feldkirch-Tisis, Carinagasse 47, Anmeldung: 0 55 22 / 24 5 11-0

INTERESSEN-VERTRETUNGEN

VERBAND DER LEIBESERZIEHER ÖSTERREICHS
1150 Wien, Auf der Schmelz 6, Universitätssportzentrum,
Tel. 0 22 2 / 92 26 61-64
Vorsitzender
Dir. Mag. phil. Erich Mayerhofer
Sekretärin: Hilde Siebert, Telefon 0 22 2 / 78 18 623

ARBEITSGEMEINSCHAFT FÜR EISKUNSTLAUF UND TANZEN AUF DEM EIS
7000 Eisenstadt, St.-Antoni-Straße 31, Telefon 0 26 82 / 41 33

ÖSTERREICHISCHER BERUFSSKILEHRERVERBAND
6314 Niederau 123, Telefon 0 53 32 / 82 17

BUND ÖSTERREICHISCHER FUSSBALLEHRER
1140 Wien, Weststadion, Keisslergasse 6, Telefon 0 22 2 / 94 22 33

VERBAND DER ÖSTERREICHISCHEN SCHILEHRWARTE
1030 Wien, Hetzgasse 42/11, Telefon 0 22 2 / 73 32 42 (ab 19 Uhr)

ÖSTERREICHISCHER SPORTLEHRERVERBAND
1041 Wien, Prinz-Eugen-Straße 12,
Telefon (Präs. Prof. Pils-Samek) 0 22 36 / 61 80

VERBAND ÖSTERREICHISCHER TENNISLEHRER
1030 Wien, Hainburger Straße 36/4, Telefon 0 22 2 / 75 33 45

LANDESSPORTORGANISATIONEN
LANDESSPORTBEIRÄTE
LANDESSPORTRÄTE
LANDESSPORTÄMTER

VERBINDUNGSSTELLE DER BUNDESLÄNDER
beim Amt der nö. Landesregierung
1014 Wien, Schenkenstraße 4, Telefon 0 22 2 / 66 37 61
Dienstzeit: Montag bis Freitag von 8 bis 16 Uhr

Leiter: V. Hofrat Dr. Alfred Korn

BURGENLAND

AMT DER BURGENLÄNDISCHEN LANDESREGIERUNG
7000 Eisenstadt, Landhaus, Telefon 0 26 82 / 600 / 667
Dienstzeit
Montag bis Donnerstag von 7.30 bis 12 Uhr und von 12.30 bis 16 Uhr,
Freitag von 7.30 bis 13 Uhr

Landessportorganisation: dzt. noch nicht existent

Beamteter Referent: W. Hofrat. Dr. Vera Fister

Landessportreferent: Landeshauptmann Theodor Kery

KÄRNTEN

AMT DER KÄRNTNER LANDESREGIERUNG
Abteilung 6, Landessportsekretariat
9010 Klagenfurt, Viktringer Ring 15, Telefon 0 42 22 / 536, Klappe 30 6 25
Dienstzeit
Montag bis Donnerstag von 7.30 bis 16 Uhr, Freitag von 7.30 bis 13 Uhr

Landessportreferent: Landeshauptmann Leopold Wagner

Landessportsekretär: Stefan Genser

Mit großer Freude konnte 1984 eine weitere Steigerung der Zahl der Sportvereine und Betriebssportgemeinschaften registriert werden. Dazu wurde eine große Zahl von Sportstätten fertiggestellt.

Mit der Eröffnung der Landessportschule Faakersee auf dem Gelände des Bundessportheimes ging ein langjähriger Wunsch der Kärntner Sportfamilie in Erfüllung. Damit soll auch in Zukunft neben der Förderung des Breitensportes sichergestellt werden, daß Aktive Kärntens auch weiterhin viele Meistertitel und internationale Siege und Plazierungen erzielen können. Diese Erfolge im Leistung- und Spitzensport basieren in erster Linie auf dem vorbildlichen Einsatz von Aktiven, Funktionären und Gönnern des Sports.

Tausende internationale und nationale Veranstaltungen bestätigen den Ruf Kärntens als Veranstalterland. Damit trägt der Sport entscheidend dazu bei, den Ruf Kärntens als Wintersportland in immer stärkerem Maße im In- und Ausland zu festigen. Die Vorbereitung, Organisation und Durchführung solcher internationaler Großveranstaltungen wäre ohne die ehrenamtliche Mitarbeit vieler tausender Funktionäre und Helfer im Lande nicht möglich. Wie sehr diese Tätigkeit internationale Anerkennung findet, beweist die Tatsache, daß in den letzten Monaten Kärnten als Bewerberland für die Ausrichtung der Straßenbewerbe der Rad-Weltmeisterschaft 1987 für Amateure und Professionals aufgetreten ist und zur Ausrichtung übertragen erhalten hat. Die Stadt Villach bewirbt sich gemeinsam mit Kranjska Gora und Tarvis sich sogar um die Durchführung der Olympischen Winterspiele für 1992 oder 1996.

Die finanzielle Förderung des Sportes durch das Land Kärnten ist auch im Jahr 1985 gewährleistet. Damit soll ebenfalls die so erfolgreiche Weiterentwicklung des Sportwesens in diesem Bundesland von der öffentlichen Hand unterstützt werden.

NIEDER-ÖSTERREICH

AMT DER NIEDERÖSTERREICHISCHEN LANDESREGIERUNG
Abteilung I/4 – Sportangelegenheiten
1014 Wien, Herrengasse 13, Telefon 0 22 2 / 63 57 11, Kl. 26 99
Sprechstunden: Dienstag von 8 bis 12 Uhr

Politischer Referent: Landesrat Liese Prokop
Beamteter Sportreferent: Wirkl. Hofrat Dr. Johann Wagner

Landessportrat
1014 Wien, Herrengasse 13, Telefon 0 22 2 / 63 57 11, Kl. 26 04

Landessportschule und Sportfachrat
2344 Maria Enzersdorf, Johann-Steinböck-Straße 5, Telefon 0 22 36 / 26 7 39

Das Sportbudget und die zusätzlichen Mittel betrugen 1984 52 Millionen, wovon allein für den Sportstättenbau rund 35 Millionen zur Verfügung gestellt wurden. Die Tatsache, daß es in Niederösterreich 788 wettkampffähige Rasenspielfelder gibt, zeigt, daß ein Großteil der Förderungsmittel für Fußballplätze samt Nebenanlagen verwendet wird.

Es werden aber auch neue Schwerpunkte bei der Förderung gesetzt:
Gemeinsam mit dem NÖ Fußballverband wurde eine Aktion ins Leben gerufen, bei der durch die Regenerierung der Rasenfläche weit höhere Kosten einer Generalsanierung vermieden werden.
Mit einer großzügigen Förderung hilft das Land durch den Einbau von Wärmepumpen Energie zu sparen.
Durch die große Zahl der Rasenspielfelder ist es für die Vereine notwendig geworden, entsprechende Rasenpflegegeräte, wie Rasenmäher, Bewässerungsanlagen, Vertikutiergeräte usw., anzuschaffen. Auch bei dieser empfindlichen finanziellen Belastung der Vereine hilft das Land NÖ.
Die Erhalter bzw. Betreiber von Hallenbädern haben mit überdimensionalen Energiekosten zu kämpfen. Es besteht nunmehr die Möglichkeit, nach Beratung durch die Energiewirtschaftsstelle des Landes energiesparende bzw. wärmedämmende Maßnahmen zu treffen. Für ein dafür aufgenommenes Darlehen übernimmt das Land die Zinsen.
Da es vielen Vereinen nicht mehr möglich ist, die hohen Gebühren für die Benützung der Sporthallen aufzubringen, hat der Landessportrat ein Förderungsmodell für jene Vereine erarbeitet, die unbedingt eine entsprechend große Halle zur Ausübung ihrer Sportart benötigen.
Ferner werden gefördert:
Der Ankauf kostenaufwendiger Sportgeräte, die Durchführung von Sportveranstaltungen von überörtlichem Interesse (1984 u. a. Europameisterschaft im Voltigieren und 1985 u. a. BadmintonJugend-Europameisterschaft), die administrativen Aufgaben der Dach- und Fachverbände, der Spitzensport, der Einsatz von geprüften Trainern und Lehrwarten, die 25 Jugendsportausbildungs- und Traininszentren und 12 Hauptschulen mit sportlichem Schwerpunkt mit insgesamt rund 17 Mill. S.
Die breitgestreute Ausbildungsmöglichkeit hat das sportliche Geschehen auf allen Ebenen im gesamten Land schon bisher positiv beeinflußt und wird vorrangig weitergeführt. Abschließend wird bemerkt, daß viele sportliche Erfolge der NÖ-Leistungsathleten das Sportjahr 1984 prägten, was schon aus der Tatsache hervorgeht, daß in der Österreichischen Olympiamannschaft in Los Angeles 29 Teilnehmer aus NÖ vertreten waren.
Ergänzend zu den bisherigen gesetzlichen Aufgaben der NÖ-Landessportschule werden im Einver-nehmen mit den Landesdach- und Fachverbänden Aus- und Fortbildungskurse für Trainer, Lehrwarte, Schiedsrichter und Kampfrichter durchgeführt.
Abschließend wird noch bemerkt, daß für den Sportstättenbau direkt oder indirekt Förderungen aus dem Schulbaufonds, aus dem Fremdenverkehr, dem zentralen Orteprogramm und aus den Bedarfszuweisungen an die Gemeinden in einem Ausmaß von rund 200 Millionen gewährt wurden.

OBER-ÖSTERREICH

AMT DER OBERÖSTERREICHISCHEN LANDESREGIERUNG – LANDESSPORTBÜRO UND LANDESSPORTORGANISATION OÖ.
4020 Linz, Stockbauernstraße 8, Telefon 0 73 2 / 66 98 01-03
Dienstzeit: Montag bis Freitag von 8 bis 13 Uhr und
Montag, Dienstag, Donnerstag von 15 bis 18 Uhr

Landessportreferent: Landeshauptmannstellvertreter Hofrat Gerhard Possart

Landessportsekretär Rechnungsdirektor Konsulent Regierungsrat Rudolf Mahringer

Die Landessportorganisation umfaßt zum Jahreswechsel 84/85 2.185 Sportverbände und -vereine mit rund 330.000 Sportlern. Der Zuwachs betrug neuerlich 45 Vereine. Nur mehr 32 Kleinstgemeinden Oberösterreichs haben keinen organisierten Vereinssport. Die Betreuung der 49 Dach- und Fachverbände und deren finanzielle Förderung aus Landesmitteln war das Hauptanliegen. Mit einem Landesbeitrag von 14 Millionen konnten zehntausende wertvolle Aktivitäten und Veranstaltungen gefördert werden, die zur körperlichen und gesundheitlichen Ertüchtigung der gesamten Bevölkerung wesentlich beitrugen. Erfreulich war neuerlich die Leistungssportbilanz: 16 Medaillen bei Welt- und Europameisterschaften und eine Olympiamedaille, 98 Staatsmeistertitel und 400 Landesmeistertitel in 46 Sportarten wurden erreicht. Höchst bedeutungsvoll ist dabei die sprunghaft gesteigerte Streuung der Leistungssportvereine auf 73 Orte.
37 neue Sportstätten mit einem Baukostenvolumen von rund 260 Millionen Schilling konnten 1984 in Betrieb genommen worden. Damit ist der Landes-Sportstättenplan bereits vorzeitig zu 99% erfüllt. Mit Ende des Jahres 1984 stehen 3.842 verschiedenste Sportanlagen zur Verfügung. Eine derartige Sportstättendichte hat kein anderes Bundesland bisher erreicht. Seit 1971 wurden 3.000 Sportanlagen der verschiedenen Kategorien neu errichtet.

Anlagen	1970	1984
Sportplätze incl. Trainingsplätze	284	943
Turn- und Sporthallen	208	968
Freischwimmbäder	134	253
Hallenschwimmbäder	2	109
Tennisanlagen	75 (219 Plätze)	416 (1.216 Plätz)
Asphaltstockanlagen	0	277 (842 Bahnen)
Schießanlagen	53	144
Reitanlagen	23	283
Wintersportanlagen	23	283
Flugsportanlagen	9	31
Wassersportanlagen	19	57
Div. spez. Anlagen	28	258
Summe	842	3.842

Der umfangreiche Sportbetrieb in 60 Sportzweigen sowie der Sportstättenbau wurden 1984 durch 2.130 Einzelmaßnahmen des Landessportressorts mit fast 80 Millionen Schilling gefördert. Der Einsatz dieser Steuermittel erscheint in Anbetracht der vielfältigen gemeinnützigen Leistungen der Vereine und Verbände für einen Großteil aller Oberösterreicher gerechtfertigt und nicht zu hoch bemessen.
1985 steht unter dem Motto Jahr des o. ö. Jugendsportes. Die Dach- und Fachverbände sowie Vereine und Gemeinden sind aufgerufen, bei allen Veranstaltungen ganz besonders die Jugend anzusprechen. Das Ziel: Kein Jugendlicher wird aus der Schulpflicht entlassen, ohne des Schwimmens kundig zu sein; jeder Schüler erwirbt die OÖ-Schülersportnadel, jeder Jugendliche das Jugend-ÖSTA.

SALZBURG

AMT DER SALZBURGER LANDESREGIERUNG – SPORTREFERAT
5020 Salzburg, Aignerstraße 14
Telefon 0 66 2 / 41 5 61, Dw. Kl. 25 18 oder 25 24, oder 0 66 2 / 20 2 80

Landessportreferent: Landesrat Dr. Othmar Raus
Leiter des Sportreferates: Dr. Peter Pilsl

Landessportorganisation Salzburg
5020 Salzburg, Aignerstraße 14, Haus des Sports
Telefon 0 66 2 / 41 5 61, Dw. Kl. 25 18 oder 24 25, oder 0 66 2 / 20 2 80
Dienstzeit: Montag bis Freitag von 8 bis 17 Uhr

Vorsitzender der Landessportorganisation
Landesrat Dr. Othmar Raus

Landessportsekretär: Dr. Peter Pilsl

Organisation des Salzburger Sportes
Landessportorganisation, bestehend aus 50 Sport-Dach- und -Fachverbänden, 946 Sportvereinen und 58 alpinen Vereinen

LSO Salzburg

Die Tätigkeit der Landessportorganisation Salzburg war 1984 durch zwei Schwerpunkte gekennzeichnet. Einerseits ging es darum, die schon bestehenden Serviceleistungen für Vereine, Verbände und Sportler weiter auszubauen. Zum anderen bemühte sich die Landessportorganisation, den direkten Kontakt zu den Salzburger Sportgremien weiter zu verstärken. Anfang Juni fand eine in dieser Form erstmals durchgeführte umfassende Besprechung mit den Landesfachverbänden statt. Am 23. November wurde der **1. Landessporttag** abgehalten, zu dem alle mit dem Sport in Salzburg befaßten Organisationen eingeladen waren. Sein Hauptzweck bestand in einem Meinungsaustausch über grundsätzliche und aktuelle Probleme des Sports im Bundesland Salzburg.

Der neue Vorsitzende der LSO, Landesrat Dr. Othmar Raus, der die Nachfolge des zum Bundesminister berufenen bisherigen Landessportchefs Dr. Herbert Moritz angetreten hatte, erläuterte dabei insbesondere seine Vorstellungen über spezielle Aktivitäten im Jahr der Jugend 1985 und kündigte gleichzeitig eine Novellierung des aus dem Jahr 1947 stammenden Salzburger Landessportgesetzes an.

Die wichtigsten Aktivitäten der LSO Salzburg im Jahr 1984 können stichwortartig folgendermaßen zusammengefaßt werden:

Um einen Beitrag zu einem einheitlichen Erscheinungsbild von Salzburger Sportlern bei größeren nationalen und internationalen Wettkämpfen zu leisten, besteht für die Landeskader der Fachverbände die Möglichkeit, einen Trainingsanzug, Sportschuhe und eine Tasche kostengünstig über die LSO zu beziehen. Trainingsanzug und Tasche sind mit dem Landeswappen und der Aufschrift Salzburg gekennzeichnet.

Entsprechend ihren Leistungen wurden alle von den Fachverbänden gemeldeten Sportler von der LSO in 6 Kadergruppen eingeteilt (Gruppe 1: Sportler mit hervorragenden internationalen Erfolgen bis Gruppe 6: Salzburger Sportler, die bei österreichischen Nachwuchsbewerben erfolgreich waren). Dieses Röntgenbild des Salzburger Sports wird einerseits für die Höhe der Förderungs-beiträge an die Landesfachverbände herangezogen, andererseits ermöglicht es aufgrund der jährlichen Erstellung eine sehr gute Standortbestimmung des Salzburger Sports.

Die LSO hat in Abstimmung mit der Bundessportorganisation eine Liste derjenigen Sportdisziplinen zusammengestellt, in denen der Titel eines Salzburger Landesmeisters errungen werden kann.

In Zusammenarbeit mit einer Salzburger Tageszeitung führte die Landessportorganisation 1984 erstmals eine Wahl der Salzburger Sportlerin und des Salzburger Sportlers des Jahres durch.

Nachdem bei den Dach- und Fachverbänden und den Vereinen festgestellt wurde, daß das Interesse für eine kostengünstige Zurverfügungstellung von Kleinbussen sehr groß ist, hat die LSO zwei VW-Busse angemietet, die allen Verbänden und Vereinen in Salzburg für einen Betrag von 300 S pro Tag zur Verfügung stehen.

Am 19. November startete die LSO Salzburg im Freizeitzentrum Thalgau eine neue Aktion unter dem Titel Sportlerservice. Dabei können zunächst etwa 25 Salzburger Spitzen- und Nachwuchssportler jeden Montag die Sauna besuchen und eine Betreuung durch geprüfte Sportmasseure in Anspruch nehmen. Vorgesehen ist auch, diesen Sportlern eine sportärztliche Beratung anzubieten.

11 Salzburger Landesfachverbände haben ihr Interesse für die Einrichtung einer Außenstelle der Heeres-Sport- und Nahkampfschule (HSNS) in Salzburg angemeldet. Die Landessportorganisation hofft, daß es möglich sein wird, diese Außenstelle möglichst bald in Betrieb zu nehmen.

Zum zweiten Mal führte die LSO 1984 eine spezielle Jugendförderungsaktion durch, die vorerst mit 250.000 Schilling dotiert war. Eine finanzielle Unterstützung kommt denjenigen Verbänden und Vereinen zu, die sich durch eine besonders gute Jugendarbeit auszeichnen.

Von besonderer Bedeutung wird die Eröffnung des Universitäts- und Landessportzentrums Rif sein.
Die Bauarbeiten laufen planmäßig, mit der Aufnahme des Probebetriebes im Sportzentrum Rif ist für Anfang 1986 zu rechnen.

Im Rahmen der Partnerschaft zwischen Salzburg und Trient und als Mitglied der beiden Arbeitsgemeinschaften ARGE ALP und ALPE ADRIA konnten 1984 die internationalen Sportbeziehungen weiter intensiviert werden.

In den kommenden Jahren wird Salzburg der Schauplatz einiger Großsportveranstaltungen sein. 1985 findet in Mauterndorf die WM im Segelkunstflug und in St. Johann die EM im Pool-Billard, 1986 in Radstadt/Untertauern die WM im Feld-Bogenschießen statt.

STEIERMARK

LANDESSPORTORGANISATION STEIERMARK
8010 Graz, Radetzkystraße 3/I, Telefon 0 31 6 / 70 31 / 21 82 und 21 83
Dienstzeit: Montag bis Freitag von 8 bis 16 Uhr

Landessportsekretär: OAR Richard Stiger

Präsidium der LSO
Reg.-Rat Anton Neuwirth
Hofrat Dr. Ernest Brauchart
Landesrat a. D. Hannes Bammer

Politischer Sportreferent
Landesrat Dipl.-Ing. Franz Hasiba

Landesturnanstalt
8010 Graz, Jahngasse 3, Telefon 0 31 6 / 72 3 95

Präsident Dr. Hans Wisiak (Union) hat seine Funktion als Präsident der Landessportorganisation zurückgelegt. An seine Stelle trat Hofrat Dr. Ernest Brauchart.

Zur traditionellen Ehrung der steirischen Spitzensportler und Staatsmeister 1984 wurden von Landeshauptmann Dr. Josef Krainer 215 Sportler, die insgesamt 167 Staatsmeistertitel, Meistertitel und Placierungen bei internationalen Veranstaltungen errungen haben, in die Grazer Burg eingeladen. Zur besten steirischen Sportlerin 1984 wurde Edith Hrovat gewählt, die als Ehrengeschenk den mit diesem Titel verbundenen bronzenen Diskuswerfer erhielt. Eine besondere Ehrung wurde auch Lea Sölkner zuteil, die für ihre Gesamtleistung einen Ehrenpreis erhielt.

1984 fanden in der Steiermark wieder verschiedene Großveranstaltungen statt. Hervorzuheben wäre vor allem die von der Landessportorganisation durchgeführten Alpen Adria-Jugend-Sommerspiele, an denen 10 Regionen des südeuropäischen Raumes in der Leichtathletik, Tischtennis und Volleyball teilnahmen.

An den von der LSO durchgeführten Fortbildungslehrgängen für Trainer und Lehrwarte, an speziellen Lehrwartefortbildungslehrgängen und an der bungsleiterausbildung nahmen insgesamt 522 Personen teil.

Einen neuen Untersuchungsrekord meldet das Institut für Sportmedizin, Zweigstelle Graz (Prim. Dr. Helmut Staudacher). An 60 Untersuchungstagen wurden 223 Sportler sportmedizinischn Tests unterworfen.

TIROL

AMT DER TIROLER LANDESREGIERUNG
Abteilung If – Sportangelegenheiten
6010 Innsbruck, Landhaus, Telefon 0 52 22 / 28 7 01 / 382 (Durchwahl)
Dienstzeit
Montag bis Donnerstag von 8 bis 13 und 14 bis 18 Uhr, Freitag von 8 bis 13 Uhr

Politischer Sportreferent: Landesrat Fridolin Zanon

Beamteter Sportreferent (Vorstand der Abteilung If): Hofrat Dr. Wolfgang Girardi

Tiroler Landessportrat
6010 Innsbruck, Landhaus (Telefonnummer und Dienststunden wie oben)

Eine ganz neue Idee auf dem Gebiet der Sportförderung ist die vorgesehene Unterstützung durch sogenannte Sportsonderaktionen. Diese Sportsonderaktionen sollen die sportliche Leistung der Jugend in den Fachverbänden heben. Die Aktionen werden von den Verbänden durchgeführt und gehen über das übliche Maß der Jugendbetreuung hinaus. Es sollen vor allem jene Sportarten berücksichtigt werden, die durch ihre Vorbildwirkung möglichst viele Jugendliche dem Sport zuführen. Übermäßig teure Sportarten müssen von diesen Aktionen ausgeschlossen werden. Lehrgänge sollen nur von geprüften Lehrkräften durchgeführt werden. Zu den genannten Aktionen zählen Fachverbands-Spitzenlehrgänge über eine längere Dauer, Trainingsaufenthalte von Jugendlichen, Traineraustausch, Traineraufenthalte im Ausland, Unterstützung von Aktionen im Zusammenhang mit der Schule, Trainerfortbildung durch Spitzenlehrkräfte u. a. m.

Alle Aktionen dieser Art werden von den Verbänden unter genauer Angabe des sportlichen Programmes, des finanziellen Aufwandes und des angestrebten Zieles an das Sportamt eingegeben, vom Landessportrat diskutiert, begutachtet und schließlich von der Landesregierung bzw. vom Landessportreferenten beschlossen.

Seit 1982 ist im Sportförderungsfond eine Post A- und B-Liga-Förderung vorhanden. Daraus werden fast 40 Tiroler Vereine, die mit ihren Mannschaften an österreichischen A- oder B-Liga-Bewerben teilnehmen, gefördert. So wurden 1983 580.000 S und 1984 650.000 S zur Auszahlung gebracht.

VORARLBERG

AMT DER VORARLBERGER LANDESREGIERUNG UND LANDESSPORTBEIRAT
6901 Bregenz, Landhaus, Telefon 0 55 74 / 511-0
Dienstzeit: Montag bis Freitag von 8 bis 12 und von 14 bis 18 Uhr

Landessportreferent: Landesrat Fredy Mayer
Beamteter Sportreferent: Mag. Dido Albl

Landessportstätte
Vorarlberger Landessportschule, 6850 Dornbirn, Birkenwiese, Telefon 0 55 72 / 64 4 65; Bettenzahl: 45

Finanzielle Förderung
1984 hat der Vorarlberger Landtag 20,7 Millionen Schilling für sportmedizinische Untersuchungen, Errichtung von Sportstätten, Jugendsportplätzen, zur Bergführer- und Skilehrerausbildung, an Vorarlberger Sportverbände, die Förderung des Mannschaftsspitzensports, von Nachwuchsmannschaften bei gesamtösterreichischen Bewerben, verschiedenen Beiträgen und an Gemeinden zur Großsanierung von Sportstätten bewilligt.

Bergführer und Schilehrer
Der Pflichtverband der Skilehrer wurde aufgelöst, sein Rechtsnachfolger ist der Vorarlberger Skilehrerverband . Im August 1984 trat das neue Vorarlberger Skischulgesetz in Kraft, welches einerseits am genossenschaftlichen Prinzip der Führung festhält, andererseits aber den internen Betrieb der Skischule sowie Befugnisse des Skilehrerverbandes neu regelt.

Landessportschule
Die Landessportschule in Dornbirn ist auf Grund der vorbildlichen Einrichtung fast ganzjährig mit Kursen belegt. An Wochentagen nützen 20 Verbände in ca. 100 bungsstunden das vielfältige Übungsangebot. Die Wochenenden sind durch Kurse fast ausgebucht.

Schülersportabzeichen
Das Vorarlberger Schülersportabzeichen wird Schülerinnen und Schülern im 11. und 12. Lebensjahr in Bronze sowie im 13. und 14. Lebensjahr in Silber als Anerkennung für vielseitige Leistungen auf dem Gebiet der Leibesübungen verliehen.

Servicestelle
Beim Amt der Vorarlberger Landesregierung besteht eine Servicestelle, in welcher die Dach- und Fachverbände, die Vereine sowie die Bergführer- und Skischulen beraten werden und die Sportlehrer sich über Probleme des Berufes informieren können.

Sportstättenbauten 1984
Von Land und Gemeinden wurden mehr als 73 Millionen Schilling für 17 Sportstätten aufgewendet.

Sportmedizinisches Institut
Am Institut für Sportmedizin in Feldkirch wurden 399 Untersuchungen an 341 Sportlern vorgenommen. 80 Athletinnen und 261 Athleten aus 28 Sportarten nützten die Möglichkeit eines medizinischen Leistungstests.

WIEN

AMT DER WIENER LANDESREGIERUNG
Magistratsabteilung 51 – Sportangelegenheiten
1082 Wien, Ebendorferstraße 4, Telefon 0 22 2 / 42 8 00 / 27 93 Durchwahl
Dienstzeit: Montag bis Freitag von 7.30 bis 15.30 Uhr

Politischer Landessportreferent: Amtsführender Stadtrat Franz Mrkvicka
Beamteter Landessportreferent: Senatsrat Dr. Heinrich Matzke
Wiener Landessportorganisation
Wiener Landessportrat
Wiener Landessportfachrat
1082 Wien, Ebendorferstraße 4

Das Investitionsprogramm in den von der Wiener Stadthalle-Kiba Betriebs- und Veranstaltungs-Ges.m.b.H. im Wege eines Geschäftsführungsauftrages betriebenen Sportanlagen der Stadt Wien wird weiterhin schrittweise verwirklicht.

Außerdem wurde die Generalsanierung des Wiener Praterstadions im Herbst 1984 in Angriff genommen. Diese Sanierung beinhaltet: Tragwerksanierung, Oberflächensanierung, Einbau von Sitzanlagen, Überdachung der Sektoren B + E, Wiederherstellung der Garderobenanlagen, Sanitäranlagen für Akteure und Besucher, Erneuerung der Flutlichtanlage, Revitalisierung der LA-Anlagen, Erneuerung des Hauptspielfeldes.

Die Kosten für diese Arbeiten, die gemäß Vereinbarung zwischen Bund und Stadt Wien zu gleichen Teilen geteilt werden, sollen 372 Millionen Schilling betragen.

Der Bau der Jugendsportanlage in Favoriten wurde mit einer Baurate von 10 Millionen S abgeschlossen. Die Sportanlage enthält neben dem Garderobengebäude einen kleinen Turnsaal, einen Rasenplatz als Hauptspielfeld, einen Trainingsplatz mit halbharter Decke, eine Trainingswiese, eine Schulleichtathletikanlage sowie 4 Tennisplätze.

Die im Frühjahr 1980 begonnene Generalsanierung der Sporthalle in der städtischen Wohnhausanlage in Wien 21, Karl Seitz-Hof, wurde abgeschlossen. Diese Generalinstandsetzung beinhaltete die Renovierung der großen und der kleinen Turnhalle sowie den Einbau eines Mehrzweckraumes.

In einigen Fällen baut die Stadt Wien nicht selber, sondern unterstützt durch Subventionen den Neu- oder Umbau von Sportanlagen. So wurden dem ASKÖ-Landesverband Wien 10 Millionen für die Eissportanlage Eisenring Süd zur Verfügung gestellt.

Über Wunsch berät die Magistratsabteilung 51 auch die Wiener Sportorganisationen bei der Durchführung von Bauvorhaben.

Die Gremien der Wiener Landessportorganisation (Wiener Landessportrat und Landessportpräsidium sowie Wiener Landessportfachrat und Fachausschuß) stellen eine geeignete Plattform für alle zur Lösung der Probleme des Wiener Sports erforderlichen Beratungen dar.

Dem Wiener Landessportrat obliegt die Verteilung von Subventionsmitteln für die Fachverbände und den Leistungssport. Aus Mitteln der Leistungssportförderung wird allen Vereinen, deren Mannschaften an in mehreren Phasen ausgetragenen gesamtösterreichischen Meisterschaften der beiden obersten Spielklassen teilnehmen, ein Prozentsatz der Fahrtkosten rückvergütet (S 1,200.000,–). Bei der Teilnahme an Europacupbewerben wurde rund ein Drittel der Fahrtkosten ersetzt, wobei die Entschädigungshöhen je nach der Entfernung gestaffelt waren (S 200.000,–). Für die Förderung der Tätigkeit von Verbandstrainern wurden S 494.000,– angewiesen.

Für die Förderung von Spitzensportlern wurden 1984 S 494.000,– aufgewendet.

Im Rahmen des Sportförderungspakets der Stadt Wien stellt die Aktion „Komm zum Sport“ eine Besonderheit dar. Diese Aktion wurde 1984 leicht verändert. Anstatt der Möglichkeit, die Spiele im Rahmen dieser Aktion bei freiem Eintritt zu besuchen, werden seit 1983 verbilligte Karten aufgelegt. Der Erlös aus dem Kartenverkauf kommt anderen Vereinen zugute. Auf diese Weise gelang es, die im Voranschlag vorgesehenen Mittel in der Höhe von S 4,1 Mio. um ca. S 500.000,– zu erhöhen. Außerdem bestand dadurch die Möglichkeit, den Solidaritätsgedanken zwischen den Vereinen zu fördern.

Die Magistratsabteilung 51 betrieb im Jahr 1984 19 Jugendspielplätze und 18 öffentlich zugängliche Ball- und Kleinkinderspielplätze, die den städtischen Schulen, Kindergärten und Horten sowie privaten Jugend-, Turn- und Sportorganisationen kostenlos zur Benützung überlassen wurden. Die 9 von der Stadt Wien verwalteten Sporthallen wurden den Dach- und Fachverbänden wochentags für Trainings- und an Wochenenden für den Meisterschaftsbetrieb kostenlos zur Verfügung gestellt. Weitere 7 Spielplätze und 97 Sportanlagen wurden Wiener Sportorganisationen zur Verfügung gestellt. 5 Sportanlagen werden von der Magistratsabteilung 51 selbst geführt.

Auf dem Cobenzl wird vom Landesskiverband Wien für die Stadt Wien eine Langlaufloipe betrieben, die sich steigender Beliebtheit erfreut. Für die Benützer stehen Umkleidekabinen mit Kästchen sowie Brausen bereit. Der Verleih von Langlaufskiern ergänzt das Service.

Auf Grund des großen Interesses am Langlaufsport wurden von der Stadt Wien im Jahr 1984 im Prater, im Schwarzenbergpark, auf der Donauinsel, im Gelände des Böhmischen Praters, auf den Steinhofgründen und im Donaupark Langlaufloipen präpariert und der Bevölkerung zur Verfügung gestellt.

Die städtischen Turnsäle, Schwimmhallen, Sporthallen und Spielplätze sowie die von der Wiener Stadthalle-Kiba Betriebs- und Veranstaltungs-Ges.m.b.H. verwalteten Trainings- und Wettkampfanlagen werden den Sportorganisationen kostenlos zur Verfügung gestellt.

Die Sportorganisationen werden bei der Errichtung von Baulichkeiten und der Durchführung von Sportveranstaltungen durch die Gewährung namhafter Subventionen unterstützt und erhalten weitere Beihilfen für die Durchführung von Erhaltungs- bzw. für die zum Betrieb notwendigen Verwaltungsmaßnahmen.

Mit den Jugendsportaktionen Sportplatz der offenen Tür, Jugendeislaufaktion, Fahrt zum Schnee, Jugendschwimmaktion, Talent-Leistungsschwimmen und Talent-Turnen wird der direkte Kontakt zur Wiener Jugend gesucht. Diese Aktionen wurden in Zusammenarbeit mit dem Verein Wiener Jugendkreis und diversen Fachverbänden durchgeführt.

Beim Sportplatz der offenen Tür haben Kinder und Jugendliche und auf einigen Anlagen abends auch Erwachsene die Möglichkeit, unter Anleitung erfahrener Sportlehrer Leichtathletik, Ballspiele, Wasserskilauf, Rollschuhlauf und Tennis zu betreiben.

Die Aktion fand auf 15 Sportanlagen bei einer Gesamtbeteiligung von 35.055 Jugendlichen und 2.675 Erwachsenen statt.

Bei der Jugendeislaufaktion in der Wiener Donauparkhalle wurden Normalkurse, Kleinkinderkurse, Mutter und Kind-Kurse, ein Perfektionskurs und ein Eishockeykurs angeboten und von 23.990 Teilnehmern frequentiert.

An der Aktion Talent-Leistungsschwimmen nahmen 6.720 Kinder, an der Aktion Talent-Spezial 1.472 Kinder und an der Aktion Spielschwimmen (ab 4 Jahre) 2.374 Kinder teil.

In Zusammenarbeit mit dem Turnverband wurde die Aktion Talent-Turnen durchgeführt. Die Auswahl und Aufnahme der Kinder in Leistungsriegen erfolgt jährlich nach der Wiener Meisterschaft. Vier Trainerinnen und Trainer betreuten 11.918 Turnerinnen und Turner.

XEROX
0001
2289
XEROX
3078
3050
4095
3203
XEROX
2722